建築構造力学
の基礎

藤井 大地
崎野 良比呂 著

丸善出版

まえがき

　本書の前著となる『はじめて学ぶ建築構造力学』（森北出版，2008）は，近畿大学工学部建築学科の半世紀にわたる構造力学教育の伝統を踏まえ，一級建築士資格を取得する上で，最低限学んでおくべき構造力学・材料力学の基礎についてまとめたものです．また，前著では，不静定力学のたわみ角法を有限要素法の視点から見直すことで，構造設計における解析手法として普及しつつあった有限要素法の仕組みについても学べる内容に発展させました．

　前著は，刊行以来15年間，本学科の静定力学・同演習，材料力学・同演習，不静定力学Ⅰ・同演習，不静定力学Ⅱ・同演習の教科書として，多くの学生に愛読されてきました．しかしながら，15年も経過すると，教員の教え方も熟成され，前著の内容をさらに講義に沿ったものに見直したいという要望が出てきました．そこで，本学科の60年にわたる構造力学教育の集大成として，構造力学科目の現役の担当者である藤井大地と崎野良比呂で，前著を徹底的に見直し，書名も『建築構造力学の基礎』に改め，丸善出版から新刊書として刊行する運びとなりました．また，本書は，すでに出版されている『建築構造設計・解析入門』[2]と『Excelで解く構造力学（第2版，3次元解析編，振動解析編，最適設計編）』[3]～[6]の基礎編としての活用も念頭においています．

　本書の構成は前著とほぼ同じですが，教員が教えやすいように，演習問題をどのように解いていくかを前面に押し出し，しかも，その理論的背景も手を抜かずに解説を加えています．

本書第 1 章では，構造力学の基礎として，力の合成と分解，力の釣り合い，示力図・連力図の描き方について解説しています．第 2 章では，静定骨組の反力の計算法について解説しています．第 3 章では，静定骨組の応力（軸力，せん断力，曲げモーメント）の計算法について解説しています．以上が静定力学・同演習で教えている内容です．

第 4 章では，材料力学の基礎として，軸力と変形の関係，せん断力と変形の関係，曲げモーメントと変形の関係について解説しています．第 5 章では，断面に生じる最大応力度を求めるために必要となる断面諸量（断面 2 次モーメント，断面係数など）の計算法について解説しています．第 6 章では，構造設計（許容応力度設計）の基礎として，はりの設計，柱の設計，トラス部材の設計の基本について解説しています．以上が材料力学・同演習で教えている内容です．

第 7 章では，単純ばり，片持ばりの変位の計算法について解説しています．第 8 章では，静定ラーメンと静定トラスの変位の計算法について解説しています．第 9 章では，不静定骨組の応力の計算法について解説しています．以上が不静定力学Ⅰ・同演習で教えている内容です．

第 10 章では，構造解析の基礎として，たわみ角法とマトリクス法による不静定ラーメンの応力計算について解説しています．第 11 章では，手計算が可能な固定モーメント法と D 値法による不静定ラーメンの応力計算について解説しています．第 12 章では，耐力計算の基礎として，仮想仕事法による骨組の崩壊荷重計算について解説しています．以上が不静定力学Ⅱ・同演習で教えている内容です．

本書は，地方の私立大学で，できない学生になんとか構造力学を理解させ，一級建築士試験にチャレンジできる実力を身につけさせたいと，我々の先輩方が悪戦苦闘して取り組まれた伝統の産物です．本書出版にあたり，本学科の構造力学教育に貢献された，森村毅先生，在永末徳先生，故花井正實先生，大田和彦先生に，深く感謝いたします．

最後に，本書の出版に際して，多大なるご尽力とご支援を賜った丸善出版株式会社企画・編集部の萩田小百合氏・南一輝氏に厚くお礼申し上げます．

令和 6 年 9 月

著者しるす

目　　　次

第1章　構造力学の基礎・・1
　1.1　はじめに・・・1
　1.2　力の定義と力の釣り合い・・・・・・・・・・・・・・・・・・・・・・・・・・・・・・・・・1
　　1.2.1　力のモーメント・・・・・・・・・・・・・・・・・・・・・・・・・・・・・・・・・・・・1
　　1.2.2　力の合成と分解・・・・・・・・・・・・・・・・・・・・・・・・・・・・・・・・・・・2
　　1.2.3　力の釣り合い・・・・・・・・・・・・・・・・・・・・・・・・・・・・・・・・・・・・・4
　1.3　示力図と連力図・・5
　　1.3.1　平行な力の釣合力と合力・・・・・・・・・・・・・・・・・・・・・・・・・・・5
　　1.3.2　方向が異なる力の釣合力と合力・・・・・・・・・・・・・・・・・・・・・7
　1.4　演習問題・・・8
　　1.4.1　力の定義と力の釣り合い・・・・・・・・・・・・・・・・・・・・・・・・・・・8
　　1.4.2　示力図と連力図・・・・・・・・・・・・・・・・・・・・・・・・・・・・・・・・・・9
　1.5　まとめ・・・10

第2章　静定骨組の反力・・・・・・・・・・・・・・・・・・・・・・・・・・・・・・・・・・・・・・11
　2.1　はじめに・・・11
　2.2　静定はりの反力・・・・・・・・・・・・・・・・・・・・・・・・・・・・・・・・・・・・・・・11
　　2.2.1　単純ばりの反力・・・・・・・・・・・・・・・・・・・・・・・・・・・・・・・・・11
　　2.2.2　片持ばりの反力・・・・・・・・・・・・・・・・・・・・・・・・・・・・・・・・・14
　2.3　静定ラーメンの反力・・・・・・・・・・・・・・・・・・・・・・・・・・・・・・・・・・16

		2.3.1 単純ばり型ラーメンの反力 · 16
		2.3.2 片持ばり型ラーメンの反力 · 17
		2.3.3 3ヒンジラーメンの反力 · 18
	2.4	演習問題 · 20
		2.4.1 静定はりの反力 · 20
		2.4.2 静定ラーメンの反力 · 21
	2.5	まとめ · 22

第3章 静定骨組の応力 · 23

	3.1	はじめに · 23
	3.2	静定はりの応力 · 23
		3.2.1 単純ばりの応力 · 23
		3.2.2 片持ばりの応力 · 30
		3.2.3 ゲルバーはりの応力 · 34
	3.3	静定ラーメンの応力 · 35
		3.3.1 単純ばり型ラーメンの応力 · 35
		3.3.2 片持ばり型ラーメンの応力 · 38
		3.3.3 3ヒンジラーメンの応力 · 39
	3.4	静定トラスの応力 · 42
		3.4.1 切断法による解法 · 42
		3.4.2 節点法による解法 · 44
	3.5	演習問題 · 48
		3.5.1 静定はりの応力 · 48
		3.5.2 静定ラーメンの応力 · 49
		3.5.3 静定トラスの応力 · 50
	3.6	まとめ · 50

第4章 材料力学の基礎 · 51

	4.1	はじめに · 51
	4.2	軸力と変形の関係 · 51
		4.2.1 ヤング係数 · 51
		4.2.2 垂直応力度と垂直ひずみ度 · 53

	4.2.3 荷重と変位の関係	55
4.3	せん断力と変形の関係	56
	4.3.1 せん断弾性係数とポアソン比	56
	4.3.2 せん断応力度とせん断ひずみ度	58
4.4	曲げモーメントと変形の関係	59
	4.4.1 曲げモーメントによる変形	59
	4.4.2 曲げモーメントと応力度	61
	4.4.3 微積分を用いた公式の導出	63
4.5	演習問題	65
	4.5.1 軸力と変形の関係	65
	4.5.2 せん断力と変形の関係	65
	4.5.3 曲げモーメントと変形の関係	66
4.6	まとめ	66

第 5 章 断面諸量の計算 ... 67

5.1	はじめに	67
5.2	断面 1 次モーメントと図心	67
	5.2.1 断面積と断面 1 次モーメントの定義	67
	5.2.2 図心の計算	69
5.3	断面 2 次モーメントと断面係数	71
	5.3.1 断面 2 次モーメントと断面係数の定義	71
	5.3.2 断面 2 次モーメントと断面係数の計算	73
5.4	断面相乗モーメントと主軸	74
	5.4.1 断面相乗モーメントと主軸の定義	74
	5.4.2 主軸角と主断面 2 次モーメントの計算	76
	5.4.3 主軸角と主断面 2 次モーメントの導出	78
5.5	演習問題	81
	5.5.1 断面の図心	81
	5.5.2 断面 2 次モーメントと断面係数	81
	5.5.3 主軸角と主断面 2 次モーメント	82
5.6	まとめ	82

第 6 章　構造設計の基礎　　83

- 6.1　はじめに　　83
- 6.2　はりの設計　　83
  - 6.2.1　曲げモーメントに対する設計　　83
  - 6.2.2　せん断力に対する設計　　87
  - 6.2.3　形状係数の導出　　91
- 6.3　柱の設計　　93
  - 6.3.1　曲げモーメントと軸力に対する設計　　93
  - 6.3.2　座屈に対する検討　　97
- 6.4　トラス部材の設計　　101
- 6.5　演習問題　　104
  - 6.5.1　はりの設計　　104
  - 6.5.2　柱の設計　　105
  - 6.5.3　トラス部材の設計　　106
- 6.6　まとめ　　106

第 7 章　静定はりの変位　　107

- 7.1　はじめに　　107
- 7.2　弾性曲線方程式を用いる方法　　107
  - 7.2.1　弾性曲線方程式の導出　　108
  - 7.2.2　弾性曲線方程式による解法　　109
  - 7.2.3　片持ばりの解法　　112
  - 7.2.4　単純ばりの解法　　116
  - 7.2.5　片持ばりの応用問題の解法　　118
  - 7.2.6　単純ばりの応用問題の解法　　120
- 7.3　モールの定理を用いる方法　　123
  - 7.3.1　モールの定理とその解法　　123
  - 7.3.2　片持ばりの解法　　128
  - 7.3.3　単純ばりの解法　　130
  - 7.3.4　応用問題の解法　　132
- 7.4　演習問題　　136
  - 7.4.1　弾性曲線方程式を用いる方法　　136

		7.4.2 モールの定理を用いる方法 ································ 137
7.5	まとめ ·· 138

第 8 章　静定骨組の変位 ································ 139

- 8.1 はじめに ·· 139
- 8.2 静定ラーメンの変位 ·· 139
  - 8.2.1 仮想仕事式の導出とその解法 ······························ 139
  - 8.2.2 片持ばりの解法 ·· 144
  - 8.2.3 単純ばりの解法 ·· 146
  - 8.2.4 片持ばり型ラーメンの解法 ································ 147
  - 8.2.5 単純ばり型ラーメンの解法 ································ 150
- 8.3 静定トラスの変位 ·· 152
  - 8.3.1 仮想仕事式の導出とその解法 ······························ 153
  - 8.3.2 静定トラスの解法 ··· 154
- 8.4 演習問題 ·· 158
  - 8.4.1 静定ラーメンの変位 ·· 158
  - 8.4.2 静定トラスの変位 ··· 159
- 8.5 まとめ ··· 160

第 9 章　不静定骨組の応力 ································ 161

- 9.1 はじめに ·· 161
- 9.2 不静定ラーメンの応力 ·· 161
  - 9.2.1 基本問題の解法 ·· 161
  - 9.2.2 不静定ラーメンの解法 ······································· 165
- 9.3 合成骨組の応力 ··· 169
  - 9.3.1 基本問題の解法 ·· 169
  - 9.3.2 交差ばりの解法 ·· 172
- 9.4 演習問題 ·· 175
  - 9.4.1 不静定ラーメンの応力 ······································· 175
  - 9.4.2 合成骨組の応力 ·· 176
- 9.5 まとめ ··· 176

第 10 章　構造解析の基礎 ・・・・・・・・・・・・・・・・・・・・・・・・・・・・・・・・・・・・・・・ 177

10.1　はじめに ・・ 177
10.2　たわみ角法 ・・・ 177
　10.2.1　たわみ角法とマトリクス法の概要 ・・・・・・・・・・・・・・・・・・・ 178
　10.2.2　基本問題における要素方程式 ・・・・・・・・・・・・・・・・・・・・・・・ 179
　10.2.3　基本問題の解法 ・・・・・・・・・・・・・・・・・・・・・・・・・・・・・・・・・・・ 181
　10.2.4　中間荷重がある問題の解き方 ・・・・・・・・・・・・・・・・・・・・・・・ 185
　10.2.5　不静定ラーメンの解法（節点移動がない場合）・・・・・・・ 191
　10.2.6　不静定ラーメンの解法（節点移動がある場合）・・・・・・・ 194
10.3　マトリクス法 ・・・ 202
　10.3.1　不静定ラーメンの解法（節点移動がない場合）・・・・・・・ 203
　10.3.2　不静定ラーメンの解法（節点移動がある場合）・・・・・・・ 207
10.4　演習問題 ・・・ 209
　10.4.1　たわみ角法 ・・・・・・・・・・・・・・・・・・・・・・・・・・・・・・・・・・・・・・・ 209
　10.4.2　マトリクス法 ・・・・・・・・・・・・・・・・・・・・・・・・・・・・・・・・・・・・・ 210
10.5　まとめ ・・・ 210

第 11 章　手計算による構造解析 ・・・・・・・・・・・・・・・・・・・・・・・・・・・・・ 211

11.1　はじめに ・・・ 211
11.2　固定モーメント法 ・・ 211
　11.2.1　基本問題の解法 ・・・・・・・・・・・・・・・・・・・・・・・・・・・・・・・・・・・ 211
　11.2.2　不静定ラーメンの解法 ・・・・・・・・・・・・・・・・・・・・・・・・・・・・・ 216
11.3　D 値法 ・・・ 223
　11.3.1　D 値法による解法 ・・・・・・・・・・・・・・・・・・・・・・・・・・・・・・・・・ 223
　11.3.2　せん断力分布係数の導出 ・・・・・・・・・・・・・・・・・・・・・・・・・・・ 231
11.4　演習問題 ・・・ 234
　11.4.1　固定モーメント法 ・・・・・・・・・・・・・・・・・・・・・・・・・・・・・・・・・ 234
　11.4.2　D 値法 ・・・ 235
11.5　まとめ ・・・ 236

第 12 章　耐力計算の基礎 ・・・・・・・・・・・・・・・・・・・・・・・・・・・・・・・・・・・・・ 237

12.1　はじめに ・・・ 237

12.2 骨組の崩壊荷重 · 237
    12.2.1 基本問題の解法 · 237
    12.2.2 不静定ラーメンの解法 · 241
  12.3 演習問題 · 243
  12.4 まとめ · 244

参考文献 · 245

索　引 · 247

演習問題解答例のダウンロード

本書の各章の演習問題の解答例は，以下の方法によりダウンロードできます．

下記の URL

https://www.maruzen-publishing.co.jp/info/n20881.html

にアクセス後，圧縮ファイル enshukaitorei.zip をダウンロードし，解凍時に下記のパスワードを入力します．

　　　パスワード：kouzokaito

なお，第 3 章および第 7 章〜第 11 章の演習問題に関しては，『Excel で解く構造力学　第 2 版』[3] の Excel VBA ソフト（構造力学.xlsm）でも解いています．ただし，本ソフトで得られる解は数値解であるため，荷重，要素長さ，断面定数などが変数で与えられている問題では，変数の値を 1 として計算しています．これらのファイルも，「構造力学_第 3 章.xlsm」，「構造力学_第 7 章.xlsm」，「構造力学_第 8 章.xlsm」，「構造力学_第 9 章.xlsm」，「構造力学_第 10 章.xlsm」，「構造力学_第 11 章.xlsm」として上記の圧縮ファイルの中に保存してありますので参考にしてください．なお，ソフトの使い方については，『Excel で解く構造力学　第 2 版』の第 5 章を参照してください．

謝辞：本解答例は，近畿大学大学院システム工学研究科博士後期課程 3 年の加藤智治氏が作成してくれました．ここに記して感謝いたします．

第 1 章　構造力学の基礎

1.1　は じ め に

　建築物は，外からの力（**外力**または**荷重**と呼ぶ）に対して，主に**柱**やはり（**梁**）あるいは**筋交い（ブレース）**などの**線材**から構成される**骨組**によって抵抗します．したがって，そのような骨組を構成する**部材**（**要素**とも呼ぶ）に生じる力（**内力**または**応力**）を求め，予測される外力（荷重）に対して，部材が壊れないように設計するのが建築物の**構造設計**です．そして，これから学ぶ**構造力学**は，そのような骨組部材に生じる内力（応力）を求めるための学問です．
　本章では，まず，構造力学の基礎中の基礎である**力の釣り合い**について学びます．

1.2　力の定義と力の釣り合い

1.2.1　力のモーメント

　まず，図 1.1 の黒枠の問題を見てください．これは，図に示す 50 kN の力に対する O 点まわりの**力のモーメント**を求める問題です．図に示すように，力は，大きさと方向を持つベクトルで表されます．また，力の単位は，N（ニュートン）で表され，kN の k は，1000 倍であることを表します（50 kN = 50,000 N）．なお，この N という単位は，質量に重力加速度（9.81 m/s^2）が掛けられたもので，体重 70 kg の人は，70×9.81 = 687 N の力を体重計に加えていることになります．

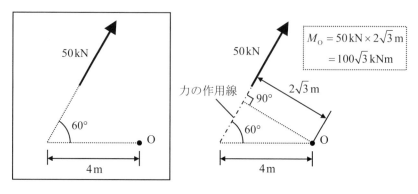

図 1.1 モーメントを求める問題とその解法

なお,体重計は,実際には重量を計測しているのですが,現在使われている**国際単位系**（SI 単位系）では,質量を表示していることになります.

さて,図 1.1 は,力のモーメント（以下単に**モーメント**とも呼ぶ）を求める問題ですが,モーメントとは,50 kN の力（ベクトル）が O 点を回転させる力の働きを指します.このモーメントは,図 1.1 の右に示すように,O 点から**力の作用線**上に垂線を引き,O 点から力の作用線への垂直距離（以下**腕の長さ**と呼ぶ）と力の大きさを掛けたものになります.したがって,O 点まわりのモーメントを M_O で表すと,$M_O = 50 \text{kN} \times 2\sqrt{3} \text{m} = 100\sqrt{3} \text{kNm}$ となります.なお,**モーメントの単位**は,Nm になることに注意してください.

1.2.2 力の合成と分解

力は,大きさと方向を持つため,同じ方向の力は,足したり,引いたりできますが,方向が異なると単純に足したり,引いたりすることはできません.そこで,ここでは,2 つの力を足した力（**合力**と呼ぶ）を求める方法を考えてみましょう.

図 1.2 に示す例題は,異なる方向を向いた 50 kN と 80 kN の力の合力を求める問題です.この問題の解法の 1 つは,図の中央に示すように,三角定規を用いて,2 つの力のベクトルの終点から力の平行線（**力の平行四辺形**）を描き,2 つのベクトルの始点と力の平行線の交点を結ぶ力（合力）を描く方法です.このような方法を**図解法**と呼びます.

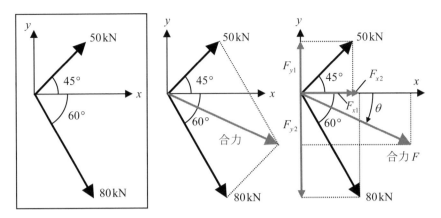

図 1.2 2 つの力の合力を求める問題とその解法

　もうひとつの方法は，図の右側に示すように，それぞれの力の x, y 軸方向の**分力**（1 つの力を 2 つの方向の力に分解したもの）を求め，x 軸方向の分力の和と y 軸方向の分力の和から合力を求める方法です．この場合，図に示すように，50 kN の x, y 方向の分力を F_{x1}, F_{y1}，80 kN の x, y 方向の分力を F_{x2}, F_{y2} とすると，合力 F の x, y 方向の分力 F_x, F_y は次式から求められます．

$$F_x = F_{x1} + F_{x2} = 50\cos 45° + 80\cos 60° = 25\sqrt{2} + 40 = 75.36 \text{ kN}$$
$$F_y = F_{y1} + F_{y2} = 50\sin 45° - 80\sin 60° = 25\sqrt{2} - 40\sqrt{3} = -33.93 \text{ kN}$$
(1.1)

これから，合力 F の大きさ $|F|$ と角度 θ は，次式から求められます．

$$|F| = \sqrt{F_x^2 + F_y^2} = \sqrt{75.36^2 + 33.93^2} = 82.65 \text{ kN}$$
$$\theta = \tan^{-1}\left(\frac{F_y}{F_x}\right) = -\tan^{-1}\left(\frac{33.93}{75.36}\right) = -24.2°$$
(1.2)

　このような方法を**数式解法**と呼びます．なお，次項以降に出てくる数式解法による力の釣り合いでは，方向の異なる力を x, y 軸方向の力に分解して，x, y 軸方向の分力の総和を 0 にする方法が用いられます．

1.2.3 力の釣り合い

次に，図 1.3 に示す問題で力の釣り合いについて考えてみましょう．図 1.3 の問題は，糸で吊るされた棒に，80 kN と 50 kN の力を加えた場合の，左右両方の糸の張力 T_1 と T_2 を求める問題です．この場合，力は，いずれも y 軸方向ですから，力同士の足し算・引き算が可能です．そこで，y 軸方向下向きを正（+）として，力の総和を計算すると，次式が成り立ちます．

$$-T_1 - T_2 + 80 + 50 = 0 \quad \Rightarrow \quad T_1 + T_2 = 130 \, \text{kN} \tag{1.3}$$

ただし，これだけでは糸の張力は求まりません．もうひとつ，1.2.1 項に示した力のモーメントの総和が 0 となる条件（**モーメントの釣り合い**）が必要になるわけです．モーメントの釣り合いは，どこの点で計算してもかまいません．ここでは，図の O 点まわりのモーメントの釣り合いを考えてみましょう．この場合，図の右に示すように，すべての力は棒の**材軸**（中心軸）に対して直角ですから，時計まわりの回転を正（+）と考えると，モーメントの釣合式は，次のようになります．

$$T_1 \times 0\,\text{m} + 80\,\text{kN} \times 2\,\text{m} + 50\,\text{kN} \times 4\,\text{m} - T_2 \times 6\,\text{m} = 0 \tag{1.4}$$

ここで，それぞれの項は，（力×O 点からの腕の長さ）になっており，時計まわりの回転が正（+），反時計まわりの回転が負（−）になっていることに注意してください．この場合，(1.4)式から $T_2 = 60\,\text{kN}$ が求まり，これを(1.3)式に代入すると，$T_1 = 70\,\text{kN}$ が求まります．

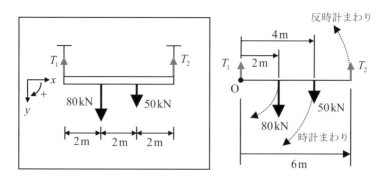

図 1.3　糸の張力を求める問題とその解法

1.3 示力図と連力図

1.2.3 項より，複数の力が釣り合うには，力の総和が 0 になることと，任意点まわりのモーメントの総和が 0 になることが必要であることがわかりました．さらにここでは，複数の力（ベクトル）と釣り合う**釣合力**，または複数の力を合わせた**合力**を作図によって求める方法（**図解法**）を考えてみましょう．

1.3.1 平行な力の釣合力と合力

まず，図 1.4 に示す 2 つの平行な力①と力②の釣合力を求めてみます．まず，2 つの力の総和が 0 になるには，図の中央に示す**示力図**を描きます．示力図の描き方は，まず，①の力を平行移動して図の位置に移します．次に，①の力の終点（矢先）に②の力の始点を平行移動します．最後に，②の力の終点から①の力の始点に向けてベクトルを描きます．これが①の力と②の力の釣合力になります．なぜなら，①と②の力と釣合力の総和が 0 になるためです．

ただし，示力図を描くだけでは，モーメントの総和が 0 となる釣合力の作用線の位置を特定することができません．この作用線の位置を求めるのが，図の右に示される**連力図**です．この連力図の描き方は，まず，適当な位置に O 点を置きます．この O を**極点**と呼びます．次に，極点 O から，①の力の始点と終点に線を引き，O 点と①の力の始点を結んだ線を 1，O 点と①の力の終点を結んだ線を 2 とします．これらの線を**極線**と呼びます．同様に，極点 O から，②の力の終点に極線を引き，これを 3 とします．

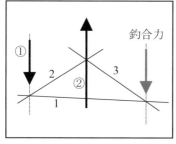 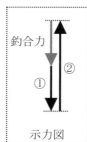 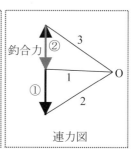

図 1.4　平行な 2 つの力と釣り合う力を作図によって求める方法

次に，図 1.4 の左の黒枠内で作図を行い，釣合力の作用線位置を求めます．まず，①の力の作用線上に，連力図の極線 1 と極線 2 を平行移動し，①の力の作用線と極線 1 と極線 2 の作用線が 1 点に交わるように作図します（Step 1）．次に，②の力の作用線と極線 2 の作用線の交点に，極線 3 を平行移動し，②の力の作用線と極線 2 と極線 3 の作用線が 1 点に交わるように作図します（Step 2）．最後に，極線 3 と極線 1 の作用線の交点を求め，この交点を通る作用線上に釣合力を平行移動します（Step 3）．以上のように釣合力の作用位置が求められます．

この連力図の原理は，図 1.5 に示すように，以上の過程を分解して，極線を図に示すような力のベクトルと考えれば理解できます．図では，各三角形は示力図となっており，Step 1 では，①の力と極線 1 と 2 のベクトルが釣り合います．同様に，Step 2 では，②の力と極線 2 と 3 のベクトルが釣り合い，Step 3 では，釣合力と極線 1 と 3 のベクトルが釣り合います．しかも，図に示すように，極線 1, 2, 3 は，それぞれの三角形が重なることで互いに打ち消し合います．そして，Step 1 の連力図では，①の力と極線 1 と 2 が 1 点で交わるためモーメントは生じません．同様に Step 2 では，②の力と極線 2 と 3 が 1 点で交わり，Step 3 では，釣合力と極線 1 と 3 が 1 点で交わるためモーメントは生じません．したがって，各ステップの三角形の力はそれぞれ力の総和とモーメントの総和が 0 となるため釣り合っていることがわかります．したがって，図 1.4 の釣合力が図に示す作用線上にあることで，①の力と②の力と釣合力が釣り合うことになるわけです．

なお，①と②の力の合力は，次式より，釣合力の反対向きの力となります．

$$[①の力]+[②の力]+[釣合力]=0 \Rightarrow -[釣合力]=[合力] \tag{1.5}$$

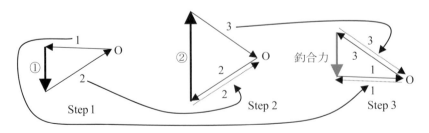

図 1.5　連力図の作図の分解

1.3.2 方向が異なる力の釣合力と合力

図 1.6 は，①，②，③，④の力の釣合力を求める問題です．図の右に示す図は，示力図と連力図を示しています．この場合の示力図は，図 1.4 の問題のように，力同士が重ならないので，示力図を個別に描く必要はありません．

まず，示力図の描き方は，①，②，③，④の力を三角定規を用いて平行移動し，力のベクトルの始点と終点が連続するように描きます．なお，力の並べ方は，始点同士，終点同士がぶつからなければ，どのような並べ方でも大丈夫ですが，なるべく扇形のように並べると作図が容易です．そして，釣合力は，①，②，③，④と連続する力のベクトルで，最後の力のベクトル（④）の終点から最初の力のベクトル（①）の始点に向けてベクトルを作成することで求まります．なお，合力を求める場合は，矢印の向きを釣合力の反対向きにします．

ここで，①，②，③，④の力と釣合力がなぜ釣り合うかは，図 1.7 に示すように，これらの力を x, y 軸上に分解してみるとわかります．図に示すように，これらの力の x, y 軸方向の分力の総和は 0 になっています．

次に，図 1.6 の連力図は，三角定規を用いた平行移動で，①の力と極線 1, 2 が 1 点に交わるように作図します．これが a 点となります．続いて，②の力の作用線と極線 2, 3，③の力の作用線と極線 3, 4，④の力と極線 4, 5 が 1 点に交わるように作図します．これらの点が，b 点，c 点，d 点になります．最後に，極線 1 と極線 5 が交わる e 点に，釣合力と平行な作用線を引き，釣合力を平行移動します．

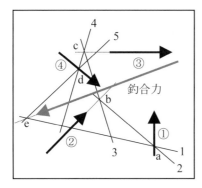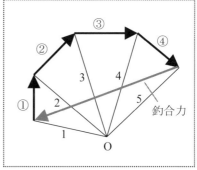

図 1.6　方向が異なる 4 つの力と釣り合う力を作図によって求める方法

8　第1章　構造力学の基礎

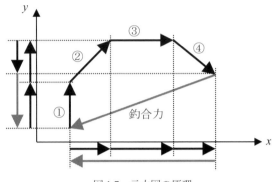

図1.7　示力図の原理

1.4　演習問題

1.4.1　力の定義と力の釣り合い

（A）以下の問題のO点まわりの力のモーメントを求めなさい．ただし，モーメントの符号は，時計まわりを正（＋）とします．

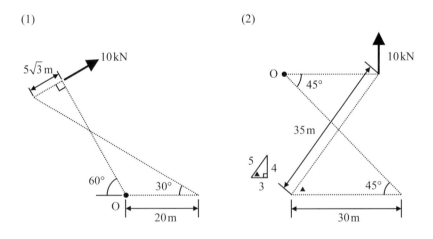

（B）以下の問題の糸の張力（T_1, T_2）を求めなさい．

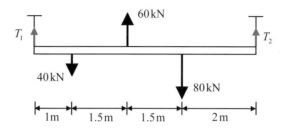

1.4.2 示力図と連力図

示力図と連力図を用いて，以下の問題の合力（釣合力と反対向きの力）を求めなさい．

(1)

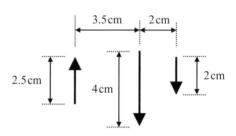

(2)

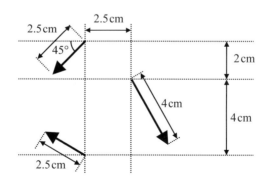

1.5 ま と め

　本章の 1.2 節では，力が，大きさと方向を持つベクトルで表されること，また，力の働きとして，ある点を回転させるモーメントと呼ばれる物理量があることを学び，さらに，複数の方向の異なる力は，x, y 軸方向の力に分解され，x, y 方向の分力の総和と，任意点のモーメントの総和が 0 になることで力の釣り合いが成り立つことを学びました．

　1.3 節では，示力図と連力図を用いて，複数の力の釣合力または合力を求める方法を学びました．ここでは，釣合力の大きさと方向は示力図によって求まり，釣合力の作用線の位置が連力図によって求まること，さらに，合力は釣合力の反対方向に作用する力であることを学びました．

　第 2 章と第 3 章で学ぶ静定力学では，以上の力の釣合式が解法の基本となるため，本章の内容をよく理解しておいてください．

第 2 章　静定骨組の反力

2.1　はじめに

　建築構造力学は，柱やはりなどからなる**骨組構造物**に外力が加わったときの各部材の**内力**（**応力**）を求める学問ですが，この内力を求めるためには，骨組構造物を支える基礎（**支点**）からの**反力**を求める必要があります．そこで，本章では，骨組構造物の中でも，力の釣合式だけで内力を求めることができる**静定骨組**の反力を計算する方法を学びます．

2.2　静定はりの反力

2.2.1　単純ばりの反力

　図 2.1 の黒枠内の問題を見てください．これは，はり（梁）の両端をピン支点とローラー支点で支持したモデルで，**単純ばり**と呼ばれます．構造力学では，実際にはボリュームを持ったはり材をこのような一本の線でモデル化します．また，はりの両端を支える支持部は，実際には図 2.2 に示されるような支持形式で，**ピン支点**では，水平移動と垂直移動は拘束されますが，回転は自由です．また，**ローラー支点**では，垂直移動のみ拘束され，水平移動と回転は自由です．図 2.1 では，このような単純ばりの C 点に，30 kN の力が水平から 60° の角度で加わっています．構造力学では，このように 1 点に加わる力を**集中荷重**と呼びます．

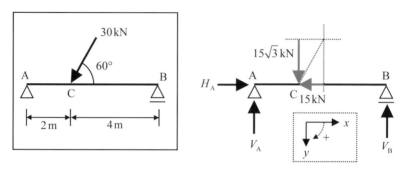

図 2.1　単純ばりの反力を求める問題（集中荷重）

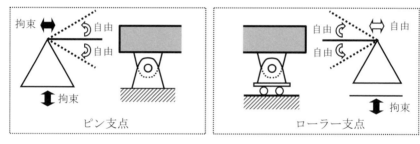

図 2.2　ピン支点とローラー支点のモデル化

　図 2.1 の問題は，**支点**（はりを支える点）A，B の**反力**を求める問題ですが，反力とは，支点の移動の拘束によって生じる反発力で，**ピン支点**では，水平方向と垂直方向の反力が生じ，**ローラー支点**では，垂直方向のみの反力が生じます．

　図 2.1 の右に，その解法が示してありますが，手順としては，まず，各支点の反力を定義します．ここでは，A 点の垂直方向の反力を V_A，水平方向の反力を H_A，B 点の垂直方向の反力を V_B と定義しています．ここで，V は vertical，H は horizontal に由来しています．次に，30 kN の斜めの集中荷重を水平方向と垂直方向に分解し，それぞれの方向の分力を求めます．そして，第 1 章で学んだ力の釣合式を用いて反力を求めます．

　ここで，以下の説明を簡単にするために，問題を解くための数学的なルールを定めておきます．まず，座標軸は，特に断りのない限り，図 2.1 右の図に示される座標軸を用いることとします．すなわち，x 軸は右向きを正，y 軸は下向きを正

とします．この場合，**右手直交座標系**では，回転の正方向は時計まわり（右まわり）となることに注意してください．次に，x 軸方向の分力の総和を $\sum X$，y 軸方向の分力の総和を $\sum Y$，O 点まわりのモーメントの総和を $\sum M_O$ という記号で表します．以上の記号を用いると，力が釣り合う条件は，$\sum X = 0$，$\sum Y = 0$，$\sum M_O = 0$ の 3 つとなります．

それでは，以上のルールを用いて，図 2.1 の問題を解いてみましょう．ただし，モーメントの総和は，任意点で計算できるため，ここでは，A 点まわりのモーメントの総和を計算します．次式は，それぞれの釣合式の計算を示しています．

$$\begin{aligned}
&\sum X = 0:\ H_A - 15 = 0 \ \Rightarrow\ H_A = 15\,\mathrm{kN}\ (\rightarrow) \\
&\sum M_A = 0:\ -V_B \times 6 + 15\sqrt{3} \times 2 = 0 \ \Rightarrow\ V_B = 5\sqrt{3}\,\mathrm{kN}\ (\uparrow) \\
&\sum Y = 0:\ -V_A - V_B + 15\sqrt{3} = 0 \ \Rightarrow\ V_A = 10\sqrt{3}\,\mathrm{kN}\ (\uparrow)
\end{aligned} \tag{2.1}$$

なお，反力の方向（式中の $(\rightarrow), (\uparrow)$ など）は，正（＋）で求まれば，反力の定義と同じ方向で，負（－）で求まれば，定義とは反対方向になります．

次に，図 2.3 の黒枠内の問題を解いてみます．図に示す問題では，部材長さ 1 m あたり 20 kN となる**分布荷重（等分布荷重）**が加わっています．このような問題の反力を求めるためには，図の右に示すように，まず，分布荷重の合力を求めます．この場合の合力は，分布荷重値（20 kN/m）と部材長さ（5 m）を掛けたものになります．また，合力の作用点は，AB 間の中心になります．

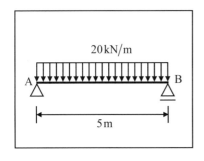 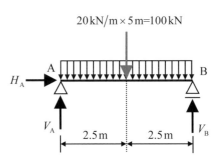

図 2.3　単純ばりの反力を求める問題（分布荷重）

図 2.3 右に示すように，反力を定義すると，次のような釣合式から反力を求めることができます．

$$\sum X = 0: \quad H_A = 0 \quad \Rightarrow \quad H_A = 0\,\text{kN} \ (\,/\,)$$
$$\sum M_A = 0: \quad -V_B \times 5 + 100 \times 2.5 = 0 \quad \Rightarrow \quad V_B = 50\,\text{kN} \ (\uparrow) \quad (2.2)$$
$$\sum Y = 0: \quad -V_A - V_B + 100 = 0 \quad \Rightarrow \quad V_A = 50\,\text{kN} \ (\uparrow)$$

最後に，図 2.4 の黒枠内の問題を解いてみます．図では，A 点に 10 kNm の**モーメント荷重**が加わっています．この場合，図の右のように反力を定義すると，次のような釣合式から反力を求めることができます．

$$\sum X = 0: \quad H_A = 0 \quad \Rightarrow \quad H_A = 0\,\text{kN} \ (\,/\,)$$
$$\sum M_A = 0: \quad -V_B \times 5 + 10 = 0 \quad \Rightarrow \quad V_B = 2\,\text{kN} \ (\uparrow) \quad (2.3)$$
$$\sum Y = 0: \quad -V_A - V_B = 0 \quad \Rightarrow \quad V_A = -2\,\text{kN} \ (\downarrow)$$

上式で，モーメント荷重は，モーメントの釣合式のみに関係することに注意してください．

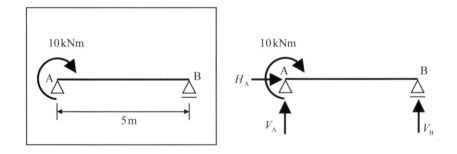

図 2.4　単純ばりの反力を求める問題（モーメント荷重）

2.2.2　片持ばりの反力

次に，図 2.5 の黒枠内に示す問題を解いてみましょう．これは，はりの片方の端部を固定したモデルで，**片持ばり**と呼ばれます．固定された支持部は，図 2.6

に示す支持形態がモデル化されたもので，このような支点を**固定支点**と呼びます．固定支点では，水平移動，垂直移動，回転が拘束されるため，水平方向反力，垂直方向反力の他に，回転に対する**モーメント反力**が生じます．

図 2.5 の問題では，図 2.1 の問題と同様に，30 kN の斜めの集中荷重を x, y 方向に分解し，固定支点の反力を図の右のように定義すると，x 方向，y 方向，B 点まわりのモーメントの釣合式から，次のように反力が求まります．

$$\begin{aligned}
\sum X = 0: & \quad H_B - 15 = 0 \Rightarrow H_B = 15\,\text{kN} \ (\rightarrow) \\
\sum Y = 0: & \quad -V_B + 15\sqrt{3} = 0 \Rightarrow V_B = 15\sqrt{3}\,\text{kN} \ (\uparrow) \\
\sum M_B = 0: & \quad M_B - 15\sqrt{3} \times 5 = 0 \Rightarrow M_B = 75\sqrt{3}\,\text{kNm} \ (\curvearrowleft)
\end{aligned} \quad (2.4)$$

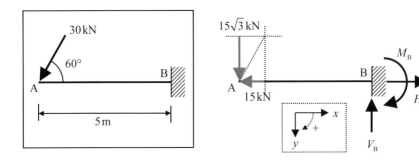

図 2.5 片持ばりの反力を求める問題（集中荷重）

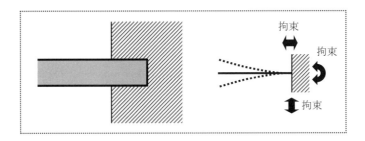

図 2.6 固定支点のモデル化

次に，図 2.7 に示す分布荷重が加わる問題を解いてみます．これは，図 2.3 の問題と同様に，分布荷重の合力を求め，反力を図の右のように定義すると，次のような釣合式から反力が求まります．

$$\sum X = 0: \quad H_A = 0 \quad \Rightarrow \quad H_A = 0 \text{kN} \ (\,/\,)$$
$$\sum Y = 0: \quad -V_A + 150 = 0 \quad \Rightarrow \quad V_A = 150 \text{kN} \ (\uparrow)$$
$$\sum M_A = 0: \quad M_A - 150 \times 2.5 = 0 \quad \Rightarrow \quad M_A = 375 \text{kNm} \ (\curvearrowleft)$$
(2.5)

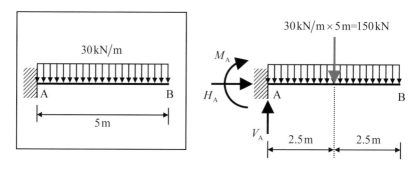

図 2.7　片持ばりの反力を求める問題（分布荷重）

2.3　静定ラーメンの反力

2.3.1　単純ばり型ラーメンの反力

次に，図 2.8 の黒枠内の問題の反力を考えてみましょう．図に示す構造を**ラーメン**と呼びます．ラーメン（rahmen）は，ドイツ語で「枠」という意味で，英語では，frame（骨組）を意味する言葉です．図 2.8 の問題では，水平力が加わっていますが，ラーメンは，このような水平力に対して，柱とはりが協働して抵抗することが特徴です．ただし，そうなるためには，柱とはりが剛に接合されていることが必要です．このような接合形式を一般に**剛接合**と呼んでいます．

図 2.8 の問題は，A 点がピン支点，B 点がローラー支点で支持されていますので，**単純ばり型ラーメン**と呼ばれます．したがって，反力は，図 2.1 の問題と同様に，図の右側のように定義されます．

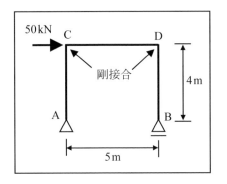 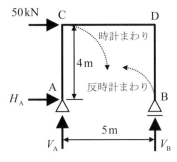

図 2.8　単純ばり型ラーメンの反力を求める問題

　反力の計算方法は，これまでと同様で，図 2.1 と同様の座標系を用いると，釣合式は次のようになります．

$$\sum X = 0: \quad H_A + 50 = 0 \Rightarrow H_A = -50\,\text{kN} \ (\leftarrow)$$
$$\sum M_A = 0: \quad -V_B \times 5 + 50 \times 4 = 0 \Rightarrow V_B = 40\,\text{kN} \ (\uparrow) \quad (2.6)$$
$$\sum Y = 0: \quad -V_A - V_B = 0 \Rightarrow V_A = -40\,\text{kN} \ (\downarrow)$$

　なお，モーメントの釣合式では，V_B が反時計まわり，50 kN が時計まわりのモーメントになることに注意してください．また，反力の符号と矢印は同じ意味になりますが，ここでは，符号をそのままにして，矢印を実際の方向としています．

2.3.2　片持ばり型ラーメンの反力

　次に，図 2.9 の黒枠内の問題の反力を考えてみましょう．この問題では，A 点が固定支点となっているため，**片持ばり型ラーメン**と呼ばれます．

　図 2.9 の右に示すように，図 2.5 と同様に反力と座標系を定義し，図 2.7 と同様に分布荷重の合力を求めると，次式の釣合式により，反力が計算できます．

$$\sum X = 0: \quad H_A - 40 = 0 \Rightarrow H_A = 40\,\text{kN} \ (\rightarrow)$$
$$\sum Y = 0: \quad -V_A = 0 \Rightarrow V_A = 0\,\text{kN} \ (/) \quad (2.7)$$
$$\sum M_A = 0: \quad M_A - 40 \times 3 = 0 \Rightarrow M_A = 120\,\text{kNm} \ (\circlearrowleft)$$

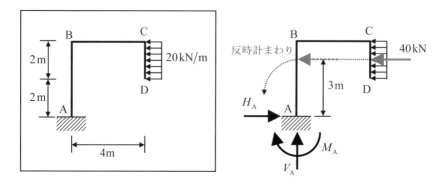

図 2.9　片持ばり型ラーメンの反力を求める問題

2.3.3　3 ヒンジラーメンの反力

　最後に，図 2.10 の黒枠内に示す問題の反力を考えてみましょう．図に示す問題は，ラーメンを支える支点がいずれもピン支点で，はりの中央部に**ヒンジ**と呼ばれる接合部（剛接合に対して**ピン接合**とも呼ぶ）がある問題です．この**ヒンジ（ピン接合）**は，図 2.11 に示すような回転が自由となる接合形態をモデル化したものです．図に示すように，これは，ピン支点と同様の構造であるため，2 つのピン支点とヒンジを合わせて **3 ヒンジラーメン**と呼ばれます．

　図 2.10 右に示すように，この場合の反力は，4 つあり，これに対して，釣合式は 3 つですから，釣合式以外にもうひとつ条件が必要になります．これが，C 点のヒンジの条件です．

　まず，x, y 方向と A 点まわりのモーメントの釣合式は次のようになります．

$$\sum X = 0: \quad H_A + H_B = 0 \tag{2.8a}$$

$$\sum Y = 0: \quad -V_A - V_B = 0 \quad \Rightarrow \quad V_A + V_B = 0 \tag{2.8b}$$

$$\sum M_A = 0: \quad -V_B \times 4 + H_B \times 1 + 70 = 0 \quad \Rightarrow \quad 4V_B - H_B = 70 \tag{2.8c}$$

　次に，ヒンジの条件は，図 2.12 に示すように，ヒンジ点で左右 2 つの構造に分け，どちらの構造でも，ヒンジ点（C 点）まわりのモーメントの総和が 0 となる条件になります．

2.3 静定ラーメンの反力　19

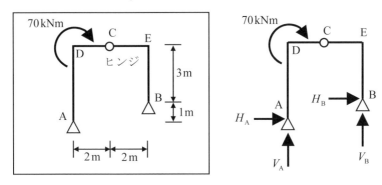

図 2.10　3 ヒンジラーメンの反力を求める問題

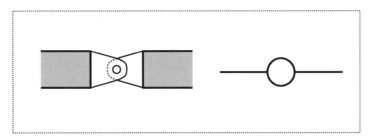

図 2.11　ヒンジ（ピン接合）のモデル化

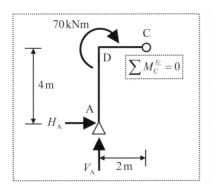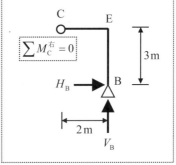

図 2.12　ヒンジで内力モーメントが 0 になる条件

20　第2章　静定骨組の反力

　図 2.12 で，ヒンジ点で構造を2つに分ける理由は，この場合のヒンジ点のモーメントが次章で学ぶ**内力のモーメント**(**曲げモーメント**と呼ぶ)になるためです．

　この場合，左か右のどちらか1つの条件を用いればよいのですが，ここでは，試しに両方の条件を求めてみます．

$$\sum M_C^{\text{左}} = 0: \quad V_A \times 2 - H_A \times 4 + 70 = 0 \quad \Rightarrow \quad 2V_A - 4H_A = -70 \tag{2.9a}$$

$$\sum M_C^{\text{右}} = 0: \quad -V_B \times 2 - H_B \times 3 = 0 \quad \Rightarrow \quad 2V_B + 3H_B = 0 \tag{2.9b}$$

まず，(2.9b)式を用いて解くと，次のようになります．

$$\begin{aligned}
&(2.8c)\text{式} - (2.9b)\text{式} \times 2 \text{より} \quad -7H_B = 70 \quad \Rightarrow \quad H_B = -10\,\text{kN} \ (\leftarrow) \\
&(2.8a)\text{式より} \quad H_A = 10\,\text{kN} \ (\rightarrow) \\
&(2.8c)\text{式より} \quad V_B = 15\,\text{kN} \ (\uparrow) \\
&(2.8b)\text{式より} \quad V_A = -15\,\text{kN} \ (\downarrow)
\end{aligned} \tag{2.10}$$

　(2.9a)式を用いて解く場合は，(2.8a)式と(2.8b)式より，$H_B = -H_A$，$V_B = -V_A$ を求め，これを(2.8c)式に代入した式と(2.9a)式の連立方程式を解くことで，$H_A = 10\,\text{kN}$ が求まり，これを他の式に代入することで，(2.10)式と同じ解が求まります．

2.4　演　習　問　題

2.4.1　静定はりの反力

以下の静定はりの反力を求めよ．

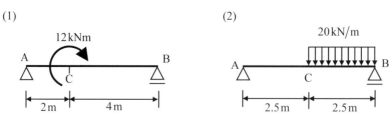

(3)
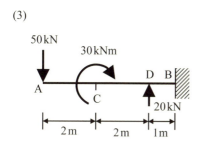

(4)
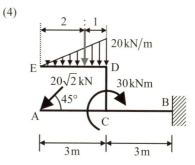

2.4.2 静定ラーメンの反力

以下の静定ラーメンの反力を求めよ．

(1)
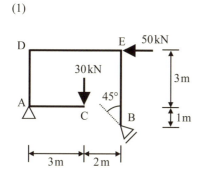

(2)
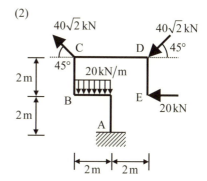

(3)

(4)

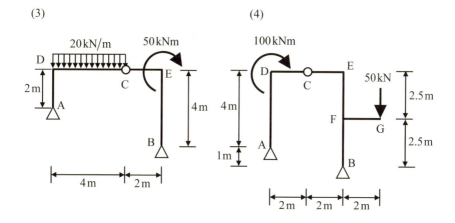

2.5 ま　と　め

　本章の 2.2 節では，力の釣合式を用いて，単純ばりと片持ばりの反力を求める方法について学びました．また，2.3 節では，同様の方法で，単純ばり型ラーメン，片持ばり型ラーメン，3 ヒンジラーメンの反力を求める方法について学びました．
　次章では，部材に生じる応力を求める方法について学びます．

第3章　静定骨組の応力

3.1　は じ め に

　本章では，柱やはりなどからなる**骨組構造物**に外力が加わったときの各部材の内力（応力）を求める方法を学びます．ただし，本章で扱う問題は，前章と同様に力の釣合式のみで内力が求まる**静定骨組**です．なお，構造力学では，部材（線材）の断面に生じる内力を**応力**と呼び，断面内に分布する単位面積あたりの内力を**応力度**と呼ぶのが一般的です．したがって，本書でもその呼び方を用います．

3.2　静定はりの応力

3.2.1　単純ばりの応力

　図 3.1 の黒枠内の問題を見てください．これは，2.2.1 項で学んだ単純ばりの問題です．ここでは，この問題の応力を求めます．単純ばりの応力を求める場合，まず，ピン支点とローラー支点の反力を求める必要があります．これらの反力を図の右のように定義し，斜めの集中荷重を x, y 方向に分解すると，力の釣合式から反力が次のように求まります．

$$\begin{aligned}
&\sum X = 0: \quad H_A + 25 = 0 \quad \Rightarrow \quad H_A = -25 \, \text{kN} \; (\leftarrow) \\
&\sum M_A = 0: \quad -V_B \times 5 + 25\sqrt{3} \times 3 = 0 \quad \Rightarrow \quad V_B = 15\sqrt{3} \, \text{kN} \; (\uparrow) \\
&\sum Y = 0: \quad -V_A - V_B + 25\sqrt{3} = 0 \quad \Rightarrow \quad V_A = 10\sqrt{3} \, \text{kN} \; (\uparrow)
\end{aligned} \tag{3.1}$$

応力を求めるには，まず，図 3.2 上に示すように，得られた反力を図に書き込みます．そして，図に示すように，応力を求めたい点で切断し，その点（以下**切断面**と呼ぶ）に X_1，X_2 などの記号を付けます．そして，それぞれの切断面で，構造を 2 つに分けます．図 3.2 下は，X_1 で構造を 2 つに分けたものです．ここで，切断面の横に点線枠内に示される力が**応力**と呼ばれるものです．なお，図では，応力と外力・反力を区別するために，外力・反力をグレーで示しています．

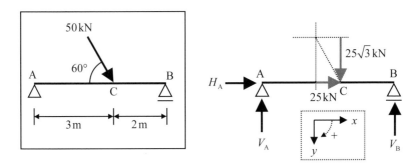

図 3.1 単純ばりの応力を求める問題（集中荷重）

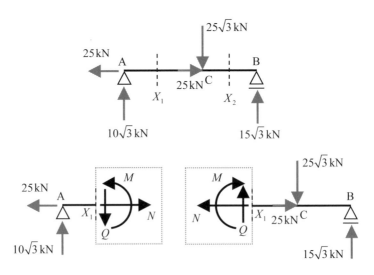

図 3.2 応力を求める切断面と X_1 点で切った場合に現れる応力

図 3.2 に示す応力で，N を **軸力（軸方向力）**，Q を **せん断力**，M を **曲げモーメント** と呼びます．このように応力は，部材を仮想的に切断することによって現れる力で，**骨組部材（線材）** では，N, Q, M の 3 種の応力が定義されます．なお，図に示すように，切断面から左の構造と右の構造の応力は，大きさが等しく，方向が逆なので，加えると 0 になります．

図 3.3 は，これら 3 つの応力を，部材の**微小要素**を切り出して，2 次元的に表現したものです．図には，**応力の符号**に従った**方向の定義**とその**変形**（点線）を示しています．すなわち，軸力は**引張**になる場合が正（＋）で，**圧縮**になる場合が負（−）です．せん断力は，左右の断面のせん断力が時計まわりに定義される場合が正（＋）で，反時計まわりに定義される場合が負（−）です．曲げモーメントは，下側の表面が引張になる場合が正（＋）で，上側の表面が引張になる場合が負（−）です．

図 3.3 の符号からわかるように，図 3.2 に示す応力は，正（＋）の方向で定義されています．すなわち，図 3.2 左側の構造では，図 3.3 上段（＋）の右側の断面の応力の方向となり，図 3.2 右側の構造では，図 3.3 上段の左側の断面の応力の方向となっています．このように断面の応力は正方向に定義するのが一般的です．

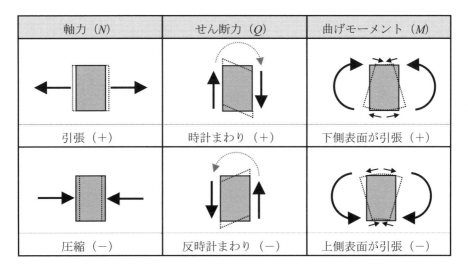

図 3.3　微小要素の応力の定義とその符号

次に，図 3.2 の応力の求め方ですが，力学法則から，図の左側の構造においても，図の右側の構造においても，応力（内力）と外力・反力は釣り合うため，左か右のどちらかの構造で x, y 方向の力と任意点まわりのモーメントの釣合式を立て，これを解くことで応力が求められます．

図 3.4 は，図 3.2 の X_1 断面で切った左側の構造と，図 3.2 の X_2 断面で切った右側の構造の応力を定義したものです．ただし，ここでは，A 点から X_1 までの距離と C 点から X_2 までの距離を x とおき，AC 間および BC 間の応力を x の関数として表しています．この場合，AC 間の応力は，力の釣合式から次のように求められます．なお，モーメントの釣合は，X_1 点でとることに注意してください．これは，軸力とせん断力をモーメントの釣合式に含めないためです．

$$\begin{aligned}
\sum X = 0: & \quad N^{AC}(x) - 25 = 0 \Rightarrow N^{AC}(x) = 25 \text{kN} \\
\sum Y = 0: & \quad Q^{AC}(x) - 10\sqrt{3} = 0 \Rightarrow Q^{AC}(x) = 10\sqrt{3} \text{kN} \\
\sum M_{X_1} = 0: & \quad -M^{AC}(x) + 10\sqrt{3} \times x = 0 \Rightarrow M^{AC}(x) = 10\sqrt{3}x \text{ kNm}
\end{aligned} \quad (3.2)$$

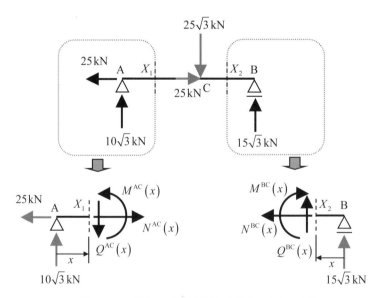

図 3.4　AC 間と BC 間で切断した場合の応力の定義

同様に，BC 間の応力は，次のように求められます．ただし，釣合式は，座標系に影響しないため，以下すべて図 3.1 に示す座標系で釣合式を立てています．

$$\sum X = 0: \quad N^{BC}(x) = 0 \quad \Rightarrow \quad N^{BC}(x) = 0\,\text{kN}$$
$$\sum Y = 0: \quad -Q^{BC}(x) - 15\sqrt{3} = 0 \quad \Rightarrow \quad Q^{BC}(x) = -15\sqrt{3}\,\text{kN} \quad (3.3)$$
$$\sum M_{X_2} = 0: \quad M^{BC}(x) - 15\sqrt{3} \times x = 0 \quad \Rightarrow \quad M^{BC}(x) = 15\sqrt{3}x\,\text{kNm}$$

(3.2)式, (3.3)式からわかるように，応力は，AC 間と BC 間で異なる関数となります．したがって，応力は，**応力図**を描くことによって，これらの変化を表します．図 3.5 は，(3.2)式, (3.3)式の関数を**軸力図（N 図）**，**せん断力図（Q 図）**，**曲げモーメント図（M 図）**として描いたものです．なお，ここでは，y 座標の正方向（下向き）を正（＋）側として描いています．ただし，軸力とせん断力に関しては，必ずしも下側を＋にする必要はありません．その代わり，図中に＋－の符号を付けるのがルールです．一方，曲げモーメントに関しては，図 3.3 に示す微小要素の表面が引張になる側に描くというルールであるため，＋－の符号は省略しても構いません（図 3.4 の曲げモーメントの定義を負（－）方向にしても M 図は同じになります）．

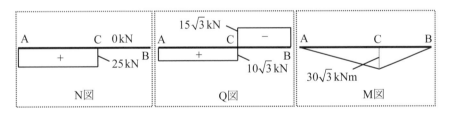

図 3.5　応力図（単純ばり，集中荷重）

次に，図 3.6 の黒枠内に示す等分布荷重が加わる問題の応力を求めてみます．この場合の反力は，(2.2)式で求まっているため，図 3.6 右にその反力を示しています．

図 3.7 は，切断面 X_1 における応力の定義を示しています．ただし，この場合，軸力は生じないため省略しています．

図3.7 右の力の釣合式から，応力（関数）が次のように求められます．

$$\sum Y = 0: \quad Q^{AB}(x) + 20x - 50 = 0 \Rightarrow Q^{AB}(x) = (-20x + 50) \text{kN}$$
$$\sum M_{X_1} = 0: \quad -M^{AB}(x) - 20x \times \frac{x}{2} + 50x = 0 \Rightarrow M^{AB}(x) = (-10x^2 + 50x) \text{kNm}$$
(3.4)

図3.8は，(3.4)式から描いた応力図を示します．

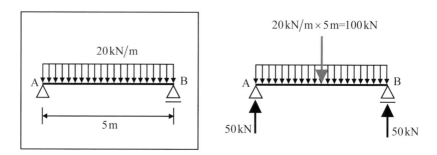

図3.6 単純ばりの応力を求める問題（分布荷重）

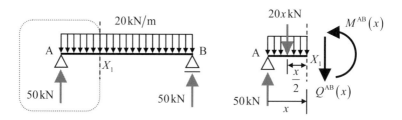

図3.7 X_1点で切った場合の応力の定義と座標

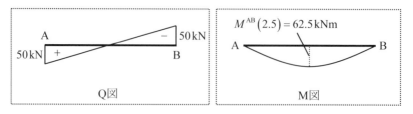

図3.8 応力図（単純ばり，分布荷重）

ここで，(3.2)式, (3.4)式では，次式の関係が成り立っていることがわかります．

$$\frac{dM(x)}{dx} = Q(x) \tag{3.5}$$

すなわち，せん断力は曲げモーメント関数の傾き（微分）を表します．なお，(3.3)式でも同様の関係は成り立ちますが，x 座標が左向きであるため，(3.5)式の右辺に（−）が付きます．よって，曲げモーメントが2次曲線の場合，その最大値（極大値）は，せん断力（傾き）が0になる点になります．(3.4)式の場合，$Q^{AB}(x) = 0$ から $x = 2.5\mathrm{m}$ が求まり，$M^{AB}(2.5) = 62.5\mathrm{kNm}$ が最大値になります．これが曲げモーメント図に示されています．

最後に，図 3.9 に示すモーメント荷重が加わる問題を解いてみます．この場合の反力は，図の右に示すように求まります．図 3.10 は，AC 間と BC 間の応力を定義したものです．このとき，X_1, X_2 断面の応力は次式から求められます．

$$\begin{aligned} \sum Y = 0: \quad & Q^{AC}(x) + 10 = 0 \;\Rightarrow\; Q^{AC}(x) = -10\mathrm{kN} \\ \sum M_{X_1} = 0: \quad & -M^{AC}(x) - 10x = 0 \;\Rightarrow\; M^{AC}(x) = -10x\ \mathrm{kNm} \end{aligned} \tag{3.6a}$$

$$\begin{aligned} \sum Y = 0: \quad & -Q^{BC}(x) - 10 = 0 \;\Rightarrow\; Q^{BC}(x) = -10\mathrm{kN} \\ \sum M_{X_2} = 0: \quad & M^{BC}(x) - 10x = 0 \;\Rightarrow\; M^{BC}(x) = 10x\ \mathrm{kNm} \end{aligned} \tag{3.6b}$$

図 3.11 は，(3.6a), (3.6b)式から描いた応力図を示します．

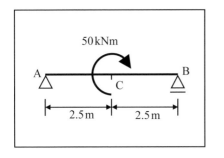
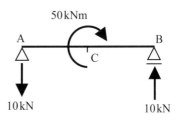

図 3.9 単純ばりの応力を求める問題（モーメント荷重）

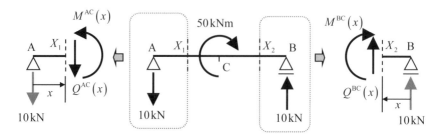

図 3.10　AC 間と BC 間で切断した場合の応力の定義

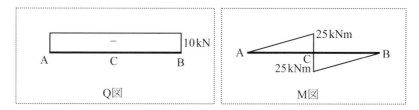

図 3.11　応力図（単純ばり，モーメント荷重）

3.2.2　片持ばりの応力

次に，図 3.12 の黒枠内に示す片持ばりの応力を求めてみましょう．この場合の反力は，(2.4)式で求められていますので，図の右にそれを示しています．

図 3.13 は，AB 間の 1 点（X_1）で切断し，2 つの構造に分けた場合の応力の定義を示しています．ここでは，この左右両方の構造から応力を求めてみましょう．まず，左の構造の力の釣合式より，次式が得られます．

$$\begin{aligned}&\sum X=0: \quad N^{AB}(x)-15=0 \quad \Rightarrow \quad N^{AB}(x)=15\,\text{kN} \\ &\sum Y=0: \quad Q^{AB}(x)+15\sqrt{3}=0 \quad \Rightarrow \quad Q^{AB}(x)=-15\sqrt{3}\,\text{kN} \\ &\sum M_{X_1}=0: \quad -M^{AB}(x)-15\sqrt{3}\times x=0 \quad \Rightarrow \quad M^{AB}(x)=-15\sqrt{3}x\,\text{kNm}\end{aligned} \quad (3.7)$$

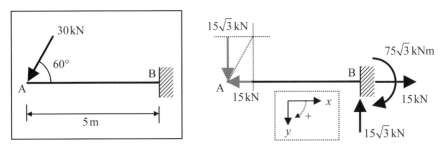

図 3.12 片持ばりの応力を求める問題（集中荷重）

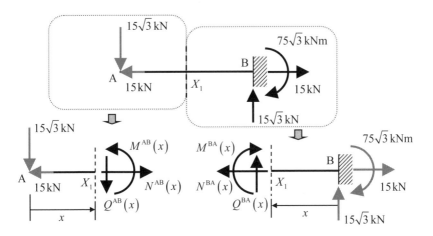

図 3.13 X_1 で 2 つの構造に分離した場合の切断面の応力の定義

一方，右の構造の力の釣合式より，次式が得られます．

$$\begin{aligned}
\sum X = 0: &\quad -N^{BA}(x)+15=0 \quad \Rightarrow \quad N^{BA}(x)=15\text{kN}\\
\sum Y = 0: &\quad -Q^{BA}(x)-15\sqrt{3}=0 \quad \Rightarrow \quad Q^{BA}(x)=-15\sqrt{3}\text{kN}\\
\sum M_{X_1} = 0: &\quad M^{BA}(x)-15\sqrt{3}\times x+75\sqrt{3}=0 \quad \Rightarrow \quad M^{BA}(x)=15\sqrt{3}(x-5)\text{kNm}
\end{aligned} \qquad (3.8)$$

(3.7)式から応力図を描くと，図 3.14 のようになります．また，(3.8)式から描いても同じ図になります．したがって，片持ばりでは，反力計算を必要としない**自由端側**で応力を求める方が効率的です．

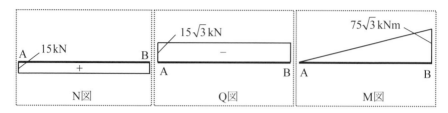

図 3.14 応力図（片持ばり，集中荷重）

次に，図 3.15 に示す分布荷重が加わる問題を解いてみます．図の右下には，切断面から右側の構造の応力の定義が示してあります．ただし，この場合，軸力は生じないため省略しています．この場合の力の釣合式は次のようになります．

$$\sum Y = 0: \quad -Q^{BA}(x) + 10x = 0 \quad \Rightarrow \quad Q^{BA}(x) = 10x \text{ kN}$$
$$\sum M_{X_1} = 0: \quad M^{BA}(x) + 10x \times \frac{x}{2} = 0 \quad \Rightarrow \quad M^{BA}(x) = -5x^2 \text{ kNm}$$
(3.9)

(3.9)式によって応力図を描くと，図 3.16 に示すようになります．この場合は，2 次曲線になるため，中間点の値を計算すると，より正確な曲線が描けます．また，この場合 B 点で，せん断力（曲げモーメントの傾き）が 0 になるので，B 点が曲げモーメント関数の極小値になります．

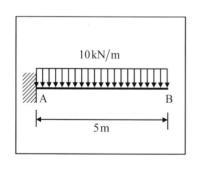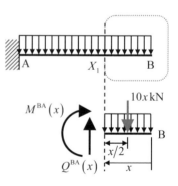

図 3.15 片持ばりの応力を求める問題（分布荷重）

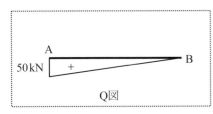
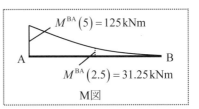

図 3.16 応力図（片持ばり，分布荷重）

最後に，図 3.17 に示すモーメント荷重が作用する問題を解きます．図の右の応力の定義にしたがって釣合式を立てると，次のように応力が求まります．

$$\begin{aligned}\sum Y = 0: \quad & Q^{AB}(x) = 0 \quad \Rightarrow \quad Q^{AB}(x) = 0 \,\text{kN} \\ \sum M_A = 0: \quad & -M^{AB}(x) - 20 = 0 \quad \Rightarrow \quad M^{AB}(x) = -20 \,\text{kNm}\end{aligned} \qquad (3.10)$$

図 3.18 は，(3.10)式から描いた応力図を示します．

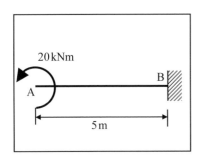
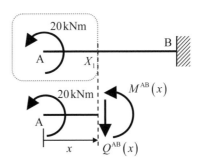

図 3.17 片持ばりの応力を求める問題（モーメント荷重）

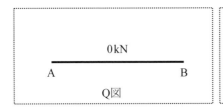
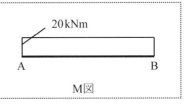

図 3.18 応力図（片持ばり，モーメント荷重）

3.2.3 ゲルバーはりの応力

2.3.3 項で取り上げた 3 ヒンジラーメンと同様に，反力が 4 つ存在し，支点以外にヒンジが存在する構造として**ゲルバーはり**があります．ここでは，図 3.19 の黒枠内に示すゲルバーはりの応力を求めてみましょう．

まず，図 3.19 右に示すように反力を定義すると，次の釣合式を順に解くことにより反力を求めることができます．ただし，$H_A = 0$ kN です．

$$\begin{aligned}
&\sum M_D^{\text{左}} = 0: \quad V_A \times 4 - 80 \times 2 = 0 \Rightarrow V_A = 40 \text{kN} (\uparrow) \\
&\sum M_C = 0: \quad V_A \times 8 - V_B \times 4 - 240 \times 2 = 0 \Rightarrow V_B = -40 \text{kN} (\downarrow) \\
&\sum Y = 0: \quad -V_A - V_B - V_C + 240 = 0 \Rightarrow V_C = 240 \text{kN} (\uparrow)
\end{aligned} \quad (3.11)$$

次に，図 3.20 のそれぞれの点線枠内の構造で，釣合式を立て，X_1, X_2 断面の応力を求めると，次のようになります．ただし，ヒンジ点（D 点）では曲げモーメント関数は変化しないため，AC 間は 1 つの関数で定義します．なお，軸力は生じないため省略しています．

$$\begin{aligned}
&\sum Y = 0: \quad Q^{AC}(x) + 20x - 40 = 0 \Rightarrow Q^{AC}(x) = (-20x + 40) \text{kN} \\
&\sum M_{X_1} = 0: \quad -M^{AC}(x) - 20x \times \frac{x}{2} + 40 \times x = 0 \Rightarrow M^{AC}(x) = (-10x^2 + 40x) \text{kNm} \\
&\sum Y = 0: \quad -Q^{BC}(x) + 20x + 40 = 0 \Rightarrow Q^{BC}(x) = (20x + 40) \text{kN} \\
&\sum M_{X_2} = 0: \quad M^{BC}(x) + 20x \times \frac{x}{2} + 40 \times x = 0 \Rightarrow M^{BC}(x) = (-10x^2 - 40x) \text{kNm}
\end{aligned} \quad (3.12)$$

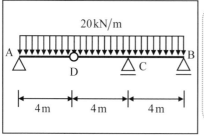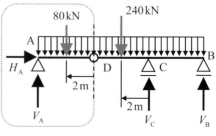

図 3.19　ゲルバーはりの曲げモーメントを求める問題

図 3.21 は，(3.12)式からせん断力図と曲げモーメント図を描いたものです．図に示すように，この場合，$Q^{AC}(x) = -20x + 40 = 0$ となる点（$x = 2\,\mathrm{m}$）で曲げモーメントが極小値（$M^{AC}(2) = 40\,\mathrm{kNm}$）となります．また，BC 間では，中央の曲げモーメント（$M^{BC}(2) = 120\,\mathrm{kNm}$）を求めて BC 間を曲線で描いています．

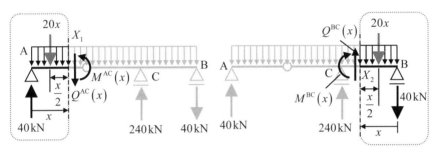

図 3.20　切断面の応力の定義（ゲルバーはり）

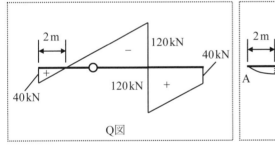
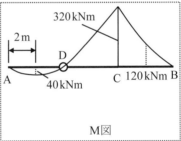

図 3.21　応力図（ゲルバーはり）

3.3　静定ラーメンの応力

3.3.1　単純ばり型ラーメンの応力

図 3.22 の黒枠内に示す**単純ばり型ラーメン**の応力を求める問題を解いてみましょう．図の右には，2.3.1 項に示した方法で求められた反力を示しています．

図 3.23 は，柱，はりの各切断面で切ったときの応力と各区間の x の定義を示しています．

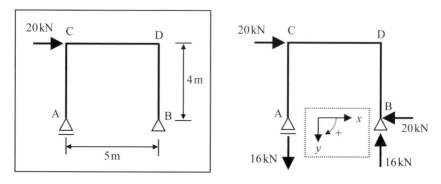

図 3.22　単純ばり型ラーメンの応力を求める問題

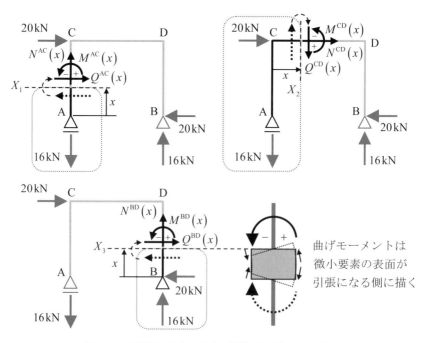

図 3.23　切断面の応力の定義（単純ばり型ラーメン）

図 3.23 に示すように，軸力は切断面から出ていく方向，せん断力はペアのせん断力（破線）と時計まわりになる方向に定義します．曲げモーメントは，ラーメ

ンの内側から外側に向けて定義するのが一般的ですが，その反対向きに定義しても構いません．ただし，曲げモーメント図を描くときは，微小要素の表面が引張になる側に描くため，正（＋）で求まった場合は，定義した曲げモーメントの起点側に，負（－）で求まった場合は，定義した曲げモーメントの終点側（矢先側）に描くことになります．図には，その＋－が示してあります．なお，柱BDでは，曲げモーメントの方向を一般的な定義とは反対方向に向けています．

図3.23のそれぞれの点線枠の構造で，釣合式を立て，X_1, X_2, X_3 断面の応力を求めると，次のようになります．

$$
\begin{aligned}
&\text{AC間：} &&\sum Y = 0: \; -N^{AC}(x) + 16 = 0 \;\Rightarrow\; N^{AC}(x) = 16\,\text{kN} \\
& &&\sum X = 0: \; Q^{AC}(x) = 0 \;\Rightarrow\; Q^{AC}(x) = 0\,\text{kN} \\
& &&\sum M_{X_1} = 0: \; -M^{AC}(x) = 0 \;\Rightarrow\; M^{AC}(x) = 0\,\text{kNm} \\
&\text{CD間：} &&\sum X = 0: \; N^{CD}(x) + 20 = 0 \;\Rightarrow\; N^{CD}(x) = -20\,\text{kN} \\
& &&\sum Y = 0: \; Q^{CD}(x) + 16 = 0 \;\Rightarrow\; Q^{CD}(x) = -16\,\text{kN} \\
& &&\sum M_{X_2} = 0: \; -M^{CD}(x) - 16x = 0 \;\Rightarrow\; M^{CD}(x) = -16x\,\text{kNm} \\
&\text{BD間：} &&\sum Y = 0: \; -N^{BD}(x) - 16 = 0 \;\Rightarrow\; N^{BD}(x) = -16\,\text{kN} \\
& &&\sum X = 0: \; Q^{BD}(x) - 20 = 0 \;\Rightarrow\; Q^{BD}(x) = 20\,\text{kN} \\
& &&\sum M_{X_3} = 0: \; -M^{BD}(x) + 20x = 0 \;\Rightarrow\; M^{BD}(x) = 20x\,\text{kNm}
\end{aligned}
\quad (3.13)
$$

図3.24は，(3.13)式から，応力図を描いたものです．

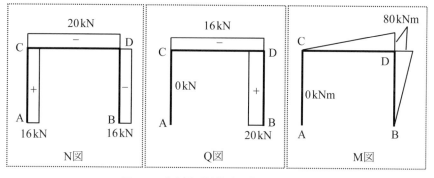

図3.24　応力図（単純ばり型ラーメン）

なお，軸力図とせん断力図は，ラーメンの内側を正（＋）にするのが一般的ですが，正負の符号を付けるので，自分でルールを決めても構いません．

3.3.2 片持ばり型ラーメンの応力

次に，図 3.25 の黒枠内に示す**片持ばり型ラーメン**の応力を求めてみましょう．この場合，反力は必要ありませんが，図の右に反力も示しています．

図 3.26 のそれぞれの点線枠内の構造で，釣合式を立て，X_1, X_2, X_3 断面の応力を求めると，次のようになります．

$$
\begin{aligned}
&\text{DC間：}
\begin{cases}
\sum Y = 0: & -N^{DC}(x) = 0 \Rightarrow N^{DC}(x) = 0\,\text{kN} \\
\sum X = 0: & Q^{DC}(x) - 20x = 0 \Rightarrow Q^{DC}(x) = 20x\,\text{kN} \\
\sum M_{X_1} = 0: & M^{DC}(x) + 20x \times \dfrac{x}{2} = 0 \Rightarrow M^{DC}(x) = -10x^2\,\text{kNm}
\end{cases}\\
&\text{CB間：}
\begin{cases}
\sum X = 0: & -N^{CB}(x) - 40 = 0 \Rightarrow N^{CB}(x) = -40\,\text{kN} \\
\sum Y = 0: & -Q^{CB}(x) = 0 \Rightarrow Q^{CB}(x) = 0\,\text{kN} \\
\sum M_{X_2} = 0: & M^{CB}(x) + 40 \times 1 = 0 \Rightarrow M^{CB}(x) = -40\,\text{kNm}
\end{cases} \quad (3.14)\\
&\text{BA間：}
\begin{cases}
\sum Y = 0: & N^{BA}(x) = 0 \Rightarrow N^{BA}(x) = 0\,\text{kN} \\
\sum X = 0: & -Q^{BA}(x) - 40 = 0 \Rightarrow Q^{BA}(x) = -40\,\text{kN} \\
\sum M_{X_3} = 0: & M^{BA}(x) - 40 \times (x-1) = 0 \Rightarrow M^{BA}(x) = 40(x-1)\,\text{kNm}
\end{cases}
\end{aligned}
$$

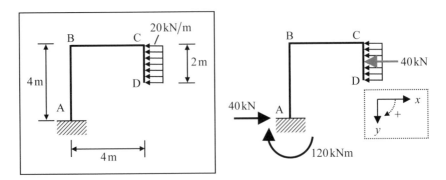

図 3.25　片持ばり型ラーメンの応力を求める問題

図 3.27 は，(3.14)式から応力図を描いたものです．ただし，曲げモーメント図は，図 3.26 の定義において，正の場合はモーメントの起点側，負の場合は矢先側に描くことに注意してください．

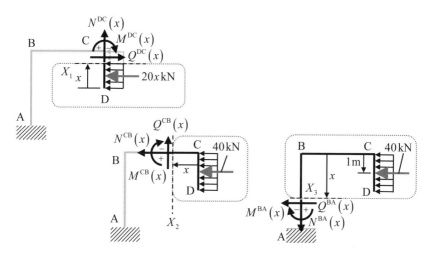

図 3.26 切断面の応力の定義（片持ばり型ラーメン）

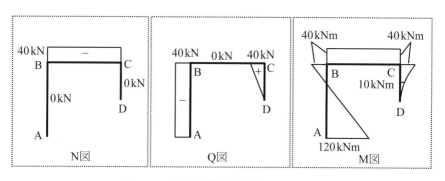

図 3.27 応力図（片持ばり型ラーメン）

3.3.3 3ヒンジラーメンの応力

次に，図 3.28 の黒枠内に示す 3 ヒンジラーメンの曲げモーメントを求めてみましょう．この問題では，まず，ピン支点の反力を求める必要があるため，図の右

のように反力を定義すると，x, y 方向と A 点まわりのモーメントの釣合式およびヒンジ点（C 点）の右側の構造で C 点まわりのモーメントの総和が 0 になる条件から次式が得られます．

$$\sum X = 0: \quad H_A + H_B = 0 \tag{3.15a}$$

$$\sum Y = 0: \quad -V_A - V_B + 60 = 0 \quad \Rightarrow \quad V_A + V_B = 60 \tag{3.15b}$$

$$\sum M_A = 0: \quad -V_B \times 6 + H_B \times 1 + 60 \times 2 = 0 \quad \Rightarrow \quad 6V_B - H_B = 120 \tag{3.15c}$$

$$\sum M_C^{\text{右}} = 0: \quad -V_B \times 2 - H_B \times 3 = 0 \quad \Rightarrow \quad 2V_B + 3H_B = 0 \tag{3.15d}$$

ここで，(3.15c)式－(3.15d)式×3 から $H_B = -12\,\text{kN}(\leftarrow)$ が得られ，(3.15c)式より $V_B = 18\,\text{kN}(\uparrow)$，(3.15a)式より $H_A = 12\,\text{kN}(\rightarrow)$，(3.15b)式より $V_A = 42\,\text{kN}(\uparrow)$ が得られます．

続いて，図 3.29 のそれぞれの点線枠内の構造で，釣合式を立て，X_1, X_2, X_3, X_4 断面の応力を求めると，次のようになります．

$$\begin{aligned}
\sum M_{X_1} = 0: &\quad -M^{AD}(x) - 12 \times x = 0 \quad \Rightarrow \quad M^{AD}(x) = -12x\,\text{kNm} \\
\sum M_{X_2} = 0: &\quad -M^{DE}(x) + 42 \times x - 12 \times 4 = 0 \quad \Rightarrow \quad M^{DE}(x) = (42x - 48)\,\text{kNm} \\
\sum M_{X_3} = 0: &\quad M^{FE}(x) - 18 \times x + 12 \times 3 = 0 \quad \Rightarrow \quad M^{FE}(x) = (18x - 36)\,\text{kNm} \\
\sum M_{X_4} = 0: &\quad M^{BF}(x) + 12 \times x = 0 \quad \Rightarrow \quad M^{BF}(x) = -12x\,\text{kNm}
\end{aligned} \tag{3.16}$$

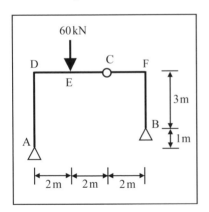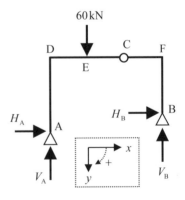

図 3.28　3 ヒンジラーメンの曲げモーメントを求める問題

図 3.30 は，(3.16)式から曲げモーメント図を描いたものです．

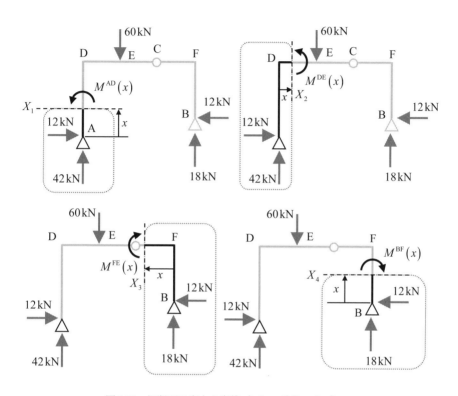

図 3.29 切断面の応力の定義（3 ヒンジラーメン）

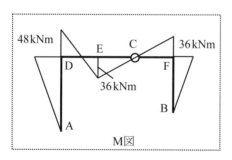

図 3.30 曲げモーメント図（3 ヒンジラーメン）

3.4 静定トラスの応力

図 3.31 の黒枠内に示す問題を見てください．図に示す構造は，**静定トラス**と呼ばれ，部材同士が**ピン接合（ヒンジ）**で連結されているため，部材には曲げモーメントが生じません．また，荷重も節点への集中荷重のみを考えるため，軸力は各部材で一定となり，関数として扱う必要がありません．

このようなトラスの応力を求める方法としては，**切断法**と**節点法**があります．切断法は，最大軸力が生じている部材など，一部の部材の軸力のみを求める場合に用いられ，節点法は，すべての部材の軸力を求める場合に用いられます．たとえば，第 8 章で学ぶ静定トラスの変位を求める計算などでは，すべての部材の軸力が必要になります．

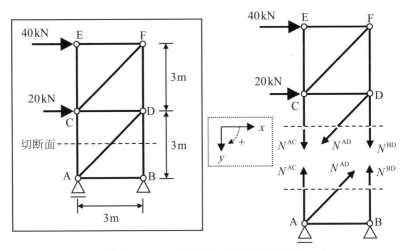

図 3.31　静定トラスの軸力を求める問題（切断法その 1）

3.4.1　切断法による解法

ここでは，図 3.31 の問題を**切断法**で解いてみます．図 3.31 には，切断面が指定されていますから，この切断面で 2 つの構造に分け，そこに現れる軸力を力の釣合式を用いて求めます．ただし，力の釣合式は 3 つであるため，切断面に現れる未知の軸力は 3 つ以内である必要があります．図 3.31 の右に示すように，切断面

で2つの構造に分けると，そこに各部材の軸力が定義されます．この場合，下側の構造で軸力を求めると反力の計算が必要になるため，上側の構造の力の釣合式から軸力を求めます．まず，N^{AD} の x, y 方向の分力を求めると，$-N^{AD}/\sqrt{2}, N^{AD}/\sqrt{2}$ が得られます．これらを用いて，D点（N^{AD} と N^{BD} の交点）まわりのモーメントの釣合式と，x, y 方向の力の釣合式を立てると，次のように軸力が求められます．

$$\sum M_D = 0: \quad -N^{AC} \times 3 + 40 \times 3 = 0 \quad \Rightarrow \quad N^{AC} = 40 \text{kN} \quad (\text{引張})$$
$$\sum X = 0: \quad -\frac{N^{AD}}{\sqrt{2}} + 20 + 40 = 0 \quad \Rightarrow \quad N^{AD} = 60\sqrt{2} \text{kN} \quad (\text{引張}) \quad (3.17)$$
$$\sum Y = 0: \quad N^{AC} + \frac{N^{AD}}{\sqrt{2}} + N^{BD} = 0 \quad \Rightarrow \quad N^{BD} = -100 \text{kN} \quad (\text{圧縮})$$

ここで，図3.31右の軸力は，図3.3の正（+）の方向に定義されていることに注意してください．この定義に従えば，正（+）の軸力は**引張力**，負（-）の軸力は，**圧縮力**となります．

次に，図3.32の黒枠内に示す問題を解いてみます．図3.32には，切断面が指定されていますから，この切断面で2つの構造に分け，ここでも，支点を含まない左側の構造で力の釣合式を立てます．まず，N^{BD}, N^{BE} の x, y 方向の分力を求めると，$\left(\sqrt{3}N^{BD}/2, -N^{BD}/2\right)$ と $\left(\sqrt{3}N^{BE}/2, N^{BE}/2\right)$ が得られます．これらを用いて，B点（N^{BD} と N^{BE} の交点）まわりのモーメントの釣合式と，x, y 方向の力の釣合式を立てると，次のようになります．

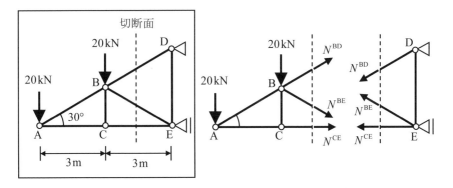

図3.32　静定トラスの軸力を求める問題（切断法その2）

$$\sum M_{\mathrm{B}} = 0: \quad -N^{\mathrm{CE}} \times \frac{3}{\sqrt{3}} - 20 \times 3 = 0 \quad \Rightarrow \quad N^{\mathrm{CE}} = -20\sqrt{3}\,\mathrm{kN} \;(\text{圧縮})$$

$$\sum X = 0: \quad \frac{\sqrt{3}N^{\mathrm{BD}}}{2} + \frac{\sqrt{3}N^{\mathrm{BE}}}{2} + N^{\mathrm{CE}} = 0 \quad \Rightarrow \quad N^{\mathrm{BD}} + N^{\mathrm{BE}} = 40 \qquad (3.18)$$

$$\sum Y = 0: \quad -\frac{N^{\mathrm{BD}}}{2} + \frac{N^{\mathrm{BE}}}{2} + 20 + 20 = 0 \quad \Rightarrow \quad N^{\mathrm{BD}} - N^{\mathrm{BE}} = 80$$

上式の x, y 方向の釣合式から，$N^{\mathrm{BD}} = 60\,\mathrm{kN}\;(\text{引張})$，$N^{\mathrm{BE}} = -20\,\mathrm{kN}\;(\text{圧縮})$ が求まります．

3.4.2 節点法による解法

次に，図 3.31 と同じ問題を**節点法**で解いてみます．なお，以下の図では，部材接合部のピン接合（ヒンジ）表示は省略しています．節点法の場合，図 3.33 に示すように，節点まわりで切断して，x, y 方向の力の釣合式のみを用いて軸力を求めます（モーメントの釣合式は使用しません）．このため，節点法では，未知の軸力が 2 つ以下の節点から，順に解いていくことになります．

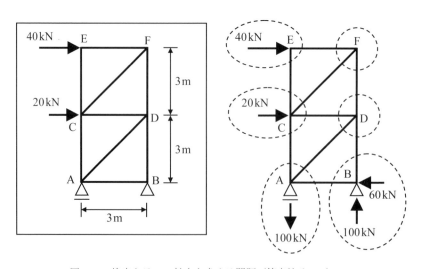

図 3.33　静定トラスの軸力を求める問題（節点法その 1）

この問題では，未知の軸力が 2 つ以下の節点は，E 点または B 点になります．ただし，B 点の釣り合いを計算するには，あらかじめ反力を求めておく必要があります．ここでは，E 点から始めるものとすると，E 点の釣合式から N^{EF} と N^{EC} が求められます．そうすると，F 点の未知の軸力が 2 つになります（N^{EF} が既知となるため）．そこで，F 点の釣合式から N^{FC} と N^{FD} が求められます．そうすると，C 点の未知の軸力が 2 つになります（N^{FC} と N^{EC} が既知となるため）．このようにして，すべての軸力を求めるのが節点法です．

また，節点法では，軸力図の表記方法を図 3.34 に示すものに改めます．すなわち，正（＋）の軸力は，節点から出る方向の矢印で，負（－）の軸力は，節点に入る方向の矢印で表します．なお，この矢印の方向で見ると，正（＋）の軸力が部材を圧縮しているように見えるので注意してください．

それでは，図 3.33 の問題を具体的に解いてみましょう．図 3.35 は，各節点での未知の軸力の定義と，以下の計算によって得られた軸力図を示しています．

まず，図 3.35 の E 点の釣合式より，

$$\sum X = 0: \quad N^{EF} + 40 = 0 \quad \Rightarrow \quad N^{EF} = -40 \text{kN} \ (圧縮)$$
$$\sum Y = 0: \quad N^{EC} = 0 \quad \Rightarrow \quad N^{EC} = 0 \text{kN} \tag{3.19}$$

ここで，$N^{EF} = -40 \text{kN}$ が既知となるので，図 3.35 の F 点の釣合式より，

$$\sum X = 0: \quad -N^{FC}/\sqrt{2} + 40 = 0 \quad \Rightarrow \quad N^{FC} = 40\sqrt{2} \text{kN} \ (引張)$$
$$\sum Y = 0: \quad N^{FC}/\sqrt{2} + N^{FD} = 0 \quad \Rightarrow \quad N^{FD} = -40 \text{kN} \ (圧縮) \tag{3.20}$$

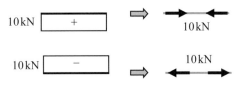

図 3.34　軸力図の表記方法の変更

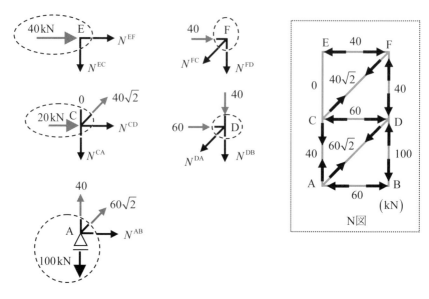

図 3.35　節点法数式解法により節点の軸力を求めるための計算と軸力図

ここで，$N^{EC} = 0\,\mathrm{kN}$，$N^{FC} = 40\sqrt{2}\,\mathrm{kN}$ が既知となるので，図 3.35 の C 点の釣合式より，

$$\begin{aligned}\sum X &= 0：\quad N^{CD} + 20 + 40 = 0 \quad \Rightarrow \quad N^{CD} = -60\,\mathrm{kN}\ (圧縮)\\ \sum Y &= 0：\quad N^{CA} - 40 = 0 \quad \Rightarrow \quad N^{CA} = 40\,\mathrm{kN}\ (引張)\end{aligned} \tag{3.21}$$

ここで，$N^{CD} = -60\,\mathrm{kN}$，$N^{FD} = -40\,\mathrm{kN}$ が既知となるので，図 3.35 の D 点の釣合式より，

$$\begin{aligned}\sum X &= 0：\quad -N^{DA}/\sqrt{2} + 60 = 0 \quad \Rightarrow \quad N^{DA} = 60\sqrt{2}\,\mathrm{kN}\ (引張)\\ \sum Y &= 0：\quad N^{DA}/\sqrt{2} + N^{DB} + 40 = 0 \quad \Rightarrow \quad N^{DB} = -100\,\mathrm{kN}\ (圧縮)\end{aligned} \tag{3.22}$$

最後に，$N^{DA} = 60\sqrt{2}\,\mathrm{kN}$ が既知となるので，図 3.35 の A 点の釣合式より，

$$\sum X = 0：\quad N^{AB} + 60 = 0 \quad \Rightarrow \quad N^{AB} = -60\,\mathrm{kN}\ (圧縮) \tag{3.23}$$

が求まります.

次に,図 3.36 に示した図 3.32 と同じ問題を節点法で解いてみます.ただし,ここでは,1.3 節に示した**示力図**を用いる方法を示します.図 3.36 右には,支点の反力と節点まわりの切断図を示しています.1.3 節に示したように,示力図が閉じれば,x, y 方向の力が釣り合うので,数式解法より簡単に未知の軸力を求めることができます.ここでは,A → C → B → E の順で解きます.

図 3.37 は,各節点での示力図とその結果を記入した軸力図を示します.まず,A 点の示力図では,A 点の荷重 20 kN を描き,AC と AB に平行な力で,示力図が閉じるように作図します.そうすると,$N^{AC} = 20\sqrt{3}\,\text{kN}$,$N^{AB} = 40\,\text{kN}$ が求まります.そして,得られた軸力を軸力図の AC 上,AB 上の A 点付近に示力図と同じ方向で描き,これとペアになる軸力を AC 上の C 点,AB 上の B 点付近に方向を反対にして描きます.次に,C 点の示力図では,既知の $N^{CA} = 20\sqrt{3}\,\text{kN}$ を描き,CB と CE に平行な力で,示力図が閉じるように作図します.そうすると,$N^{CE} = 20\sqrt{3}\,\text{kN}$,$N^{CB} = 0\,\text{kN}$ が求まります.これらを軸力図にペアの力とともに描きます.同様に,B 点の示力図では,荷重 20 kN と既知の $N^{BA} = 40\,\text{kN}$ を描き,示力図が閉じるように作図し,得られた N^{BE}, N^{BD} を軸力図に描きます.最後に,E 点の示力図では,既知の $N^{BE} = 20\,\text{kN}$,$N^{CE} = 20\sqrt{3}\,\text{kN}$ を描き,示力図が閉じるように作図し,得られた N^{ED} を軸力図に描きます.なお,ここでは,示力図から E 点の反力も求まっています.

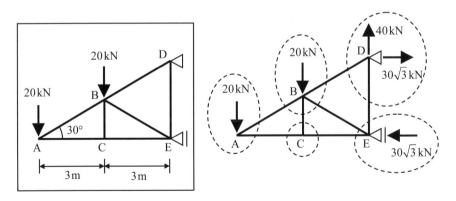

図 3.36　静定トラスの軸力を求める問題(節点法その 2)

48　第3章　静定骨組の応力

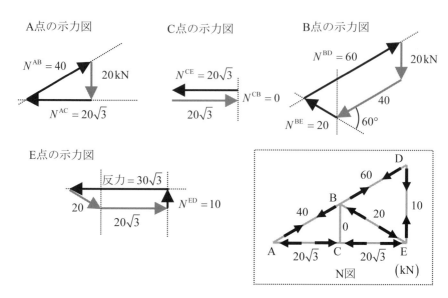

図3.37　節点法図解法により節点の軸力を求めるための示力図と軸力図

3.5　演　習　問　題

3.5.1　静定はりの応力

以下の静定はりの応力を求めよ．

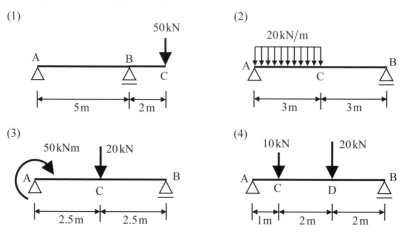

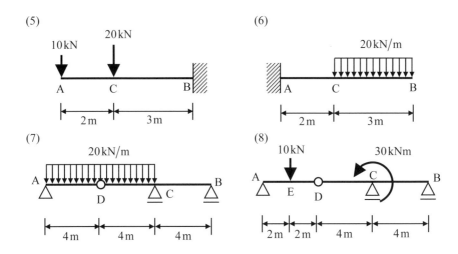

3.5.2 静定ラーメンの応力

以下の静定ラーメンの応力を求めよ．

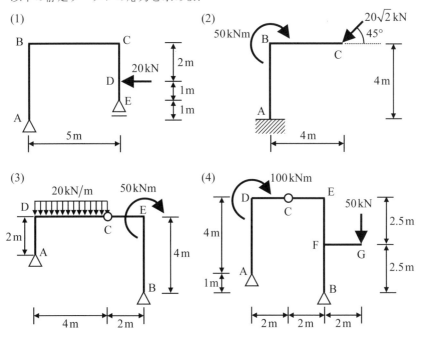

3.5.3 静定トラスの応力

以下の静定トラスの軸力を切断法と節点法を用いて求めよ．ただし，切断法の場合は，指定されている切断面の軸力のみを求めればよい．

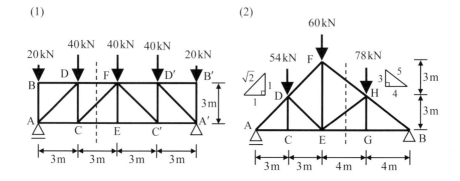

3.6 まとめ

本章では，力の釣合式を用いて，単純ばり，片持ばり，ゲルバーはり，ラーメン，トラスの応力を求める方法について学びました．以上が，静定力学で学ぶ内容となります．

次章以降では，構造設計に必要となる材料力学の基礎を学び，また，構造設計の基礎となる許容応力度設計について学んでいきます．

第4章　材料力学の基礎

4.1　は　じ　め　に

　前章までに示した骨組構造物の応力計算は，壊れない建築物を設計するために行われるものですが，骨組構造物が壊れるか壊れないかは，骨組部材に生じる応力だけでは判断できません．なぜなら，その骨組部材がどのような**材料**でできているかが関係するからです．骨組部材として一般に用いられるのは，鋼材，コンクリート，木材などですが，そのような材料で作られる骨組部材が，計算された応力に耐えられるかどうかは，その材料の**剛性**や**強度**といった物理特性によります．そして，そのような剛性や強度を知るためには，**材料実験**における**荷重と変位の関係**や**応力度とひずみ度の関係**を知る必要があります．

　そこで本章では，このような材料の力学特性を知るための学問である**材料力学の基礎**について学びます．

4.2　軸力と変形の関係

4.2.1　ヤング係数

　まず，図4.1の黒枠の問題を見てください．これは，直径150 mm，高さ300 mmの円筒形**コンクリート供試体**（部材の強度や耐性などの性能を確認するために作製される試料）に200 kNの圧縮荷重を加えたとき，荷重の方向の縮み量が0.16 mmだった場合のコンクリート材料の**ヤング係数**（**剛性**）を求める問題です．

このヤング係数の定義を導くために，図 4.1 の問題を，図の右に示すように，線材にモデル化し，線材の長さを l，荷重を P，軸力を N，荷重点の縮み量（以下**変位**と呼ぶ）を Δl という記号で表します．このとき，変位 Δl は荷重 P に比例すると仮定し，その比例定数を α（アルファ）とすると，次式が成り立ちます．

$$P = \alpha \Delta l \tag{4.1}$$

この比例定数として考えられるのは，コンクリートの硬さ（**剛性**と呼ぶ），供試体の断面の大きさ（**断面積**と呼ぶ），供試体の長さ（ l ）が考えられます．ただし，同じ荷重（ P ）に対して，コンクリートの剛性と断面積は，それらが大きくなるほど変位（ Δl ）は小さくなるのに対して，供試体の長さは，長くなるほど変位は大きくなります．そこで，コンクリートの剛性を E，供試体の断面積を A という記号で表すと，(4.1)式は次式となります．

$$P = \frac{EA}{l} \Delta l \tag{4.2}$$

ここで，この材料の剛性を表す記号 E を**ヤング係数**と呼びます．

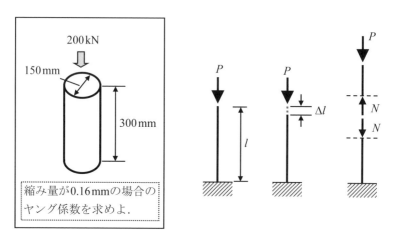

図 4.1　コンクリートのヤング係数を求める問題

図 4.1 の問題では，$P = 200\,\text{kN}$，$l = 300\,\text{mm}$，$\Delta l = 0.16\,\text{mm}$，断面の円の直径 150mm となっているので，円周率 π を 3.14 とすると，断面積は $A = 3.14 \times (150/2)^2$ となります．したがって，(4.2)式より，ヤング係数は次のように求められます．

$$E = \frac{P}{A} \times \frac{l}{\Delta l} = \frac{200}{3.14 \times (150/2)^2} \times \frac{300}{0.16} = 21.23\,\text{kN/mm}^2 = 21.23 \times 10^3\,\text{N/mm}^2 \quad (4.3)$$

4.2.2 垂直応力度と垂直ひずみ度

図 4.1 のような材料実験のデータから骨組構造物の安全性を確かめるには，荷重の大きさ，部材断面の大きさ，部材長さに依存しない物理量が必要になります．そこで，荷重を応力（軸力）で表し，(4.2)式を，**垂直応力度 σ（シグマ），垂直ひずみ度 ε（イプシロン）**という物理量を導入して，次のように変形します．

$$\frac{P}{A} = E\frac{\Delta l}{l} \Rightarrow \frac{N}{A} = E\frac{\Delta l}{l} \Rightarrow \sigma = E\varepsilon \quad (4.4)$$

ここで，$\sigma = N/A$，$\varepsilon = \Delta l/l$ は，重要な公式ですから憶えておいてください．

それでは，垂直応力度 σ，垂直ひずみ度 ε，伸縮量 Δl の計算に慣れるために，図 4.2 に示す問題を解いてみましょう．

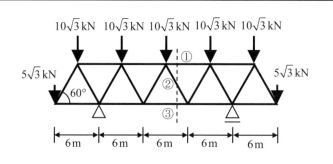

図 4.2 部材の軸力，垂直応力度，垂直ひずみ度，伸縮量を求める問題

まず，①，②，③部材の軸力は，図 4.3 に示すように，3.4.1 項に示した切断法によって求まります．次に，垂直応力度は，次式から求められます．ただし，部材の断面積は $A = 3.14 \times (25/2)^2 = 490.6 \, \text{mm}^2$ で計算しています．

$$\begin{aligned}
&部材① : \quad \sigma_1 = 0 \, \text{N}/\text{mm}^2 \\
&部材② : \quad \sigma_2 = N_2/A = -(10 \times 10^3)/490.6 = -20.4 \, \text{N}/\text{mm}^2 \\
&部材③ : \quad \sigma_3 = N_3/A = (5 \times 10^3)/490.6 = 10.2 \, \text{N}/\text{mm}^2
\end{aligned} \tag{4.5}$$

ここで，**応力度の単位**は N/mm^2 で表すのが一般的です．次に，垂直ひずみ度は，(4.4)式から $\varepsilon = \sigma/E$ となるので，次式から求められます．

$$\begin{aligned}
&部材① : \quad \varepsilon_1 = 0 \\
&部材② : \quad \varepsilon_2 = \sigma_2/E = -20.4/(2.5 \times 10^5) = -8.16 \times 10^{-5} \\
&部材③ : \quad \varepsilon_3 = \sigma_3/E = 10.2/(2.5 \times 10^5) = 4.08 \times 10^{-5}
\end{aligned} \tag{4.6}$$

ただし，**ひずみ度の単位**はありません．最後に，伸縮量は，$\varepsilon = \Delta l/l$ から $\Delta l = \varepsilon l$ となるので，(4.6)式と部材長さから次のように求められます．

$$\begin{aligned}
&部材① : \quad \Delta l_1 = 0 \, \text{mm} \\
&部材② : \quad \Delta l_2 = \varepsilon_2 l = -8.16 \times 10^{-5} \times 6000 = -0.490 \, \text{mm} \\
&部材③ : \quad \Delta l_3 = \varepsilon_3 l = 4.08 \times 10^{-5} \times 6000 = 0.245 \, \text{mm}
\end{aligned} \tag{4.7}$$

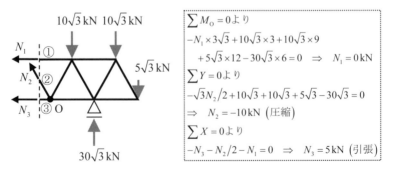

図 4.3 切断法による軸力の求め方

4.2.3 荷重と変位の関係

材料実験に対する理解をもう少し深めるために，図 4.4 に示す問題を解いてみましょう．図では，材料Aと材料Bのヤング係数と断面積をそれぞれ E_1, A_1, E_2, A_2 としています．ここで，圧縮荷重を P とおくと，この問題は，(4.1)式の α を求める問題となります．この問題のポイントは，2 つの材料の縮み量 Δl は共通だということです．そこで，圧縮荷重を 2 つに分けて，材料 A に加わる圧縮荷重を P_1，材料 B に加わる圧縮荷重を P_2 とおきます．ただし，$P = P_1 + P_2$ です．そうすると，(4.4)式より，次式が成り立ちます．

$$P_1 = \frac{E_1 A_1}{l} \Delta l = \frac{(2 \times 10^4) \times (3 \times 10^3)}{500} \Delta l = 120 \Delta l$$
$$P_2 = \frac{E_2 A_2}{l} \Delta l = \frac{(3 \times 10^4) \times (2 \times 10^3)}{500} \Delta l = 120 \Delta l \tag{4.8}$$

したがって，圧縮荷重 P と縮み量 Δl の関係は次のように求められます．

$$P = P_1 + P_2 = 240 \Delta l \tag{4.9}$$

ただし，荷重の単位は N，Δl の単位は mm となります．

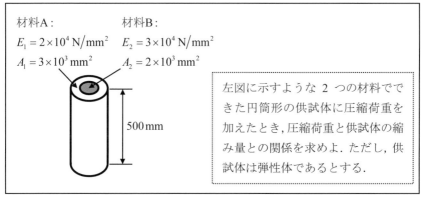

図 4.4　2 つの材料からなる供試体の荷重と変位の関係を求める問題

4.3 せん断力と変形の関係

4.3.1 せん断弾性係数とポアソン比

次に，せん断力に対する変形について考えてみます．図 4.5 は，コンクリートのせん断実験のモデルを示したものです．図中のせん断力図（Q 図）に示すように，この場合，AB 間と CD 間でせん断力が一定となります．図の左に，AB 間の微小要素のせん断力とせん断変形の関係を示していますが，この場合のせん断力による変位は Δh，変形は $\theta = \Delta h / h$ で表されます．また，せん断に対する剛性を G という記号で表すと，(4.2)式と同様に，せん断力に対しても次式が成り立ちます．

$$Q = GA\left(\frac{\Delta h}{h}\right) \tag{4.10}$$

ここで，このせん断に対する剛性 G を**せん断弾性係数**と呼びます．

ただし，このせん断弾性係数 G は，せん断実験からではなく，図 4.1 に示す供試体の鉛直荷重による実験から求めるのが一般的です．これを，図 4.6 に示す問題で考えてみましょう．

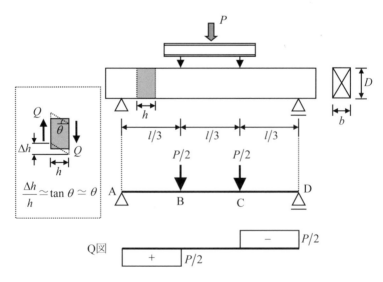

図 4.5　コンクリートのせん断実験モデル

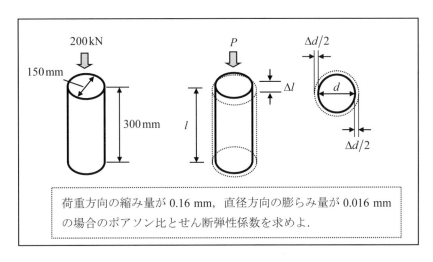

図 4.6 コンクリートのポアソン比とせん断弾性係数を求める問題

　図 4.6 は，図 4.1 と同じ問題ですが，供試体を圧縮した場合，荷重方向に縮むだけでなく，断面の直径方向に膨らみます．この横方向の変形を**横ひずみ度**と呼び，次式で定義します．なお，記号については図を参照してください．

$$\varepsilon_{横} = \Delta d / d \tag{4.11}$$

一方，(4.4)式で定義した荷重方向のひずみ度（$\varepsilon = \Delta l/l$）を**縦ひずみ度**と呼びます．そして，この縦ひずみ度と横ひずみ度の比を**ポアソン比**と呼び，ν（ニュー）という記号で表します．すなわち，次のように定義されます．

$$\nu = -\frac{\varepsilon_{横}}{\varepsilon} = -\frac{(\Delta d/d)}{(\Delta l/l)} \tag{4.12}$$

このポアソン比は，一般に，0〜0.5 の間となり，鋼材では 0.3，コンクリートでは 0.2 程度になることが知られています．
　次に，せん断剛性（G）は，理論的に次式で表されます（式の導出は難易度が高いので省略します）．

$$G = \frac{E}{2(1+\nu)} \tag{4.13}$$

以上の公式から，図 4.6 に示す問題を解くと，まず，ポアソン比は，(4.12)式より，次のように求められます．

$$\nu = -\frac{\varepsilon_{横}}{\varepsilon} = -\frac{(0.016/150)}{(-0.16/300)} = 0.2 \tag{4.14}$$

せん断弾性係数は，(4.3)式と(4.13)式により，次のように求められます．

$$G = \frac{E}{2(1+\nu)} = \frac{21.23 \times 10^3}{2 \times (1+0.2)} = 8.85 \times 10^3 \, \text{N/mm}^2 \tag{4.15}$$

4.3.2 せん断応力度とせん断ひずみ度

次に，(4.10)式を(4.4)式と同様に，次のように変形します．

$$\frac{Q}{A} = G\left(\frac{\Delta h}{h}\right) \tag{4.16}$$

そして，上式の左辺の Q/A を $\bar{\tau}$ という記号で表して，これを**平均せん断応力度**と呼びます．また，右辺の $\Delta h/h$ を γ（ガンマ）という記号で表して，これを**せん断ひずみ度**と呼びます．この場合，(4.16)式は次のように表せます．

$$\frac{Q}{A} = G\left(\frac{\Delta h}{h}\right) \;\Rightarrow\; \bar{\tau} = G\gamma \tag{4.17}$$

ここで，$\bar{\tau}$ の上付バーは，平均値であることを表すのですが，これは，**せん断応力度** τ（タウ）は，断面内で均一ではないためです．図 4.7 は，垂直応力度とせん断応力度の断面内の分布を描いたものですが，せん断応力度は，断面の縁で 0 になり，断面の中央で最大となります．ここでは，この**最大せん断応力度**を τ_{max} という記号で表し，$\bar{\tau}$ を基準として次のように表します．

$$\tau_{max} = k\bar{\tau} \tag{4.18}$$

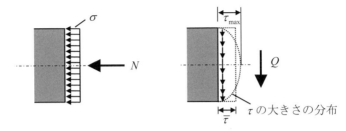

図 4.7 垂直応力度とせん断応力度の断面内の大きさの分布

(4.18)式の k は，**形状係数**と呼ばれるもので，断面形状によって決まる係数です．たとえば，長方形断面では，$k = 1.5$ となります．

それでは，図 4.5 に示す問題で，断面に生じる最大せん断応力度を求めてみましょう．ただし，ここでは，$P = 60\,\text{kN}$，はり幅 $b \times$ はり成 D は，$120\,\text{mm} \times 200\,\text{mm}$ とします．図 4.5 では，せん断力 Q は，AB 間，CD 間で $P/2$ となるため，はりの最大せん断応力度は次式から求められます．

$$\tau_{max} = k\bar{\tau} = k\left(\frac{Q}{A}\right) = 1.5 \times \left(\frac{30 \times 10^3}{120 \times 200}\right) = 1.875\,\text{N}/\text{mm}^2 \quad (4.19)$$

4.4 曲げモーメントと変形の関係

4.4.1 曲げモーメントによる変形

次に，曲げモーメントに対する変形について考えてみます．図 4.8 は，図 4.5 と同じモデルですが，今度は，BC 間で曲げモーメントが一定になることを利用して，コンクリートの曲げ実験を行うものと考えてください．この場合，曲げモーメントによる微小要素の変形は，図 4.8 の左図のようになります．この場合の変形量は，**曲率**と呼ばれる角度 θ の変化率で表され，ϕ（ファイ）という記号を用いて表します（ϕ の詳しい定義に関しては 4.4.3 項を参照）．また，図に示す ρ（ロー）は，**曲率半径**と呼ばれ，曲率と曲率半径には次の関係が成り立ちます．

$$\phi = \frac{1}{\rho} \quad (4.20)$$

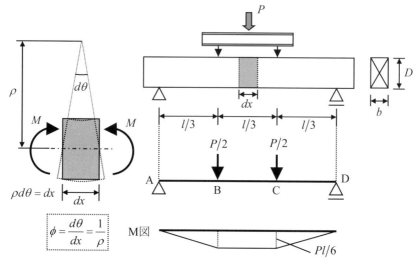

図 4.8 コンクリートの曲げ実験モデル

また,曲げモーメントと曲率の関係は次式で表されます(4.4.3 項参照).

$$M = EI\phi \tag{4.21}$$

ここで,I は**断面 2 次モーメント**と呼ばれる定数で,図 4.8 に示す,**はり幅** b,**はり成** D の長方形断面では,次式となります.

$$I = \frac{bD^3}{12} \tag{4.22}$$

なお,この断面 2 次モーメントの計算法は,次章で説明します.

ここでは,まず,(4.21)式と(4.22)式を用いて,図 4.8 の問題の曲率を計算してみましょう.ただし,ここでは,$P=60\,\mathrm{kN}$,$l=1200\,\mathrm{mm}$,$E=10\,\mathrm{kN/mm^2}$,はり断面は,$b \times D = 150\,\mathrm{mm} \times 300\,\mathrm{mm}$ とします.まず,図 4.8 の M 図より,BC 間の曲げモーメントは次式から求められます.

$$M = \frac{Pl}{6} = \frac{60 \times 10^3 \times 1200}{6} = 12 \times 10^6 \,\mathrm{Nmm} = 12\,\mathrm{kNm} \tag{4.23}$$

次に，(4.22)式から，断面 2 次モーメントは次のように計算されます．

$$I = \frac{150 \times 300^3}{12} = 3.375 \times 10^8 \text{ mm}^4 \tag{4.24}$$

ここで，**断面 2 次モーメントの単位**は，長さの 4 乗になることに注意してください．よって，(4.21)式より，曲率が次のように求まります．

$$\phi = \frac{M}{EI} = \frac{12 \times 10^6}{(10 \times 10^3) \times (3.375 \times 10^8)} = 3.556 \times 10^{-5} (1/\text{mm}) \tag{4.25}$$

なお，(4.20)式より，**曲率の単位**は長さ分の 1 になることに注意してください．

4.4.2 曲げモーメントと応力度

次に，曲げモーメントによる断面内の応力度について考えてみましょう．

図 4.9 は，図 4.8 の BC 間の断面内の応力度分布を示したものです．図に示すように曲げモーメントによる応力度分布は，断面の中央で 0 になり断面の縁で最大になります．また，図の右に示す図の記号を用いると，曲げモーメントは次式で表されます．

$$M = Tj = Cj \tag{4.26}$$

ただし，T と C は引張側および圧縮側の合力で，**縁応力度**を $\sigma_{縁}$ という記号で表すと，次式から計算されます．

$$T = C = \sigma_{縁} bD / 4 \tag{4.27}$$

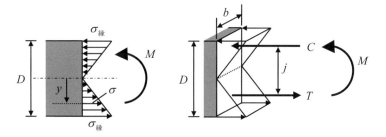

図 4.9 曲げモーメントが加わる場合の応力度

また、j は、三角形分布荷重の合力が、断面の中央から 2：1 の比の距離に作用することから、$j = (2/3)D$ となります．したがって、曲げモーメント M は、断面の縁応力度と次式の関係があることがわかります．

$$M = \frac{\sigma_{縁} bD}{4} \times \frac{2D}{3} = \frac{bD^2}{6} \sigma_{縁} \tag{4.28}$$

また、上式から**縁応力度**は、次式から求められることがわかります．

$$\sigma_{縁} = M \bigg/ \left(\frac{bD^2}{6}\right) = \frac{M}{Z} \tag{4.29}$$

上式の Z を**断面係数**と呼び、長方形断面では、$Z = bD^2/6$ となります．

また、図 4.9 に示す σ は、次式で表されます（4.4.3 項参照）．

$$\sigma = \frac{M}{I} y \tag{4.30}$$

上式を用いて、縁応力度を求めると、

$$\sigma_{縁} = \sigma\left(\frac{D}{2}\right) = \frac{M}{I}\left(\frac{D}{2}\right) \tag{4.31}$$

となり、長方形断面の断面 2 次モーメントが(4.22)式になることから、これを上式に代入すると、(4.29)式と一致することがわかります．

それでは、以上の公式を用いて、図 4.8 の問題で、$P = 60\,\text{kN}$，$l = 1200\,\text{mm}$，$E = 10\,\text{kN/mm}^2$，はり断面を $b \times D = 150\,\text{mm} \times 300\,\text{mm}$ とした場合の縁応力度を求めてみましょう．まず、曲げモーメントは、(4.23)式から $M = 12 \times 10^6\,\text{Nmm}$ となり、断面 2 次モーメントは、(4.24)式から $I = 3.375 \times 10^8\,\text{mm}^4$ となるため、(4.31)式より、

$$\sigma_{縁} = \frac{M}{I}\left(\frac{D}{2}\right) = \frac{12 \times 10^6}{3.375 \times 10^8} \times \left(\frac{300}{2}\right) = 5.333\,\text{N/mm}^2 \tag{4.32}$$

逆に、(4.28)式から曲げモーメントを求めてみると、

$$M = \frac{bD^2}{6}\sigma_{\text{縁}} = \frac{150 \times 300^2}{6} \times 5.333 = 12 \times 10^6 \text{ Nmm} = 12 \text{ kNm} \tag{4.33}$$

となり，もとの曲げモーメントと一致します．

4.4.3 微積分を用いた公式の導出

ここでは，補足として，微積分を用いた(4.21)式の導出法を示します．

図 4.10 は，曲げ変形している部材の一部を示しています．ただし，部材の材軸（中心軸）と断面は垂直であると仮定します．このとき，材軸の接線の傾きは，はりのたわみを表す関数 $v(x)$ の x に関する微分 $v'(x)(= dv(x)/dx = \theta(x))$ で表されます．また，材軸と断面が垂直であることから，断面の傾きも $v'(x)$ となります．

このとき，断面の x 方向の変位 $u(x,y)$ は，次式で表すことができます．

$$u(x,y) = -yv'(x) = -y\theta(x) \tag{4.34}$$

ひずみ度と変位の関係式[3]より，x 方向のひずみ度 ε は次式となります．

$$\varepsilon = \frac{\partial u(x,y)}{\partial x} = -y\frac{dv'(x)}{dx} = -yv''(x) = -y\theta'(x) = -y\phi(x) \tag{4.35}$$

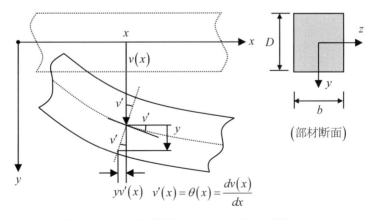

図 4.10　はりの曲げ変形における x, y 方向の変位

ここで，$\phi(x)$ は，(4.20)式で定義される曲率で，たわみ関数 $v(x)$ の 2 回微分（または，たわみ角関数 $\theta(x)$ の 1 回微分）で表されることがわかります(図 4.8 参照)．

次に，(4.4)式の応力度とひずみ度の関係より次式が得られます．

$$\sigma = E\varepsilon = -Ey\phi(x) \tag{4.36}$$

また，曲げモーメント $M(x)$ は，積分形式で表すと次のように書けます．

$$M(x) = \int_A y\sigma \, dA \tag{4.37}$$

ここで，A は断面の領域，dA は断面の面積素（微小面積要素）を表します．

(4.37)式に(4.36)式を代入すると，次式のように，(4.21)式が導かれます．

$$M(x) = \int_A y\{-Ey\phi(x)\} dA = -E\left(\int_A y^2 \, dA\right)\phi(x) = -EI\phi(x) \tag{4.38}$$

ここで，断面 2 次モーメント I の定義は次式となります．

$$I = \int_A y^2 \, dA \tag{4.39}$$

これを，図 4.10 に示す長方形断面で計算すると，

$$I = \int_A y^2 \, dA = \int_{-\frac{D}{2}}^{\frac{D}{2}} y^2 b \, dy = b\left[\frac{y^3}{3}\right]_{-\frac{D}{2}}^{\frac{D}{2}} = \frac{bD^3}{12} \tag{4.40}$$

となり，(4.22)式と一致します．この計算については，次章で詳しく説明します．

また，(4.38)式より得られる $\phi(x) = -M(x)/EI$ を(4.36)式に代入すると，(4.30)式が得られます．ただし，(4.38)式の右辺にはマイナスが付いています．これは，材料力学では，曲げモーメントの正負でどちらに曲がるかがわかるため，(4.21)式では，このマイナスを省略しているためです．なお，第 7 章にも，(4.38)式の右辺にマイナスが付く理由を示していますので参照してください．

4.5 演習問題

4.5.1 軸力と変形の関係

(1) 下図のトラス構造物において，①～③部材の軸力を求めなさい．また，部材の直径が 30 mm，ヤング係数が $2.0 \times 10^4 \, \text{N/mm}^2$ の円形鋼棒で構成されているとき，①～③部材の垂直応力度，垂直ひずみ度，伸縮量を求めなさい．

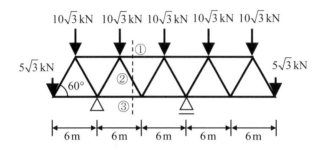

4.5.2 せん断力と変形の関係

(1) 下図のはりのせん断力を求め，応力図を示しなさい．また，$P = 60 \, \text{kN}$，$l = 2 \, \text{m}$，はり幅 b ×はり成 D が $100 \, \text{mm} \times 200 \, \text{mm}$ で与えられている場合の AB 間，BC 間，CD 間の最大せん断応力度を求めなさい．

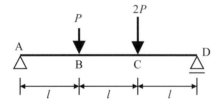

(2) 直径 32 mm，長さ 1000 mm の丸鋼供試体に 170 kN の引張荷重を加えたとき，供試体表面に貼付した 2 軸ひずみゲージは，縦ひずみ度 0.00104 を，横ひずみ度 0.00031 を計測した．この場合の丸鋼のヤング係数とポアソン比を求めなさい．また，丸鋼のせん断弾性係数を求めなさい．

4.5.3 曲げモーメントと変形の関係

(1) 下図に示すはりの曲げモーメントを求め，応力図を示しなさい．次に，はり幅 b×はり成 D が $200\,\mathrm{mm} \times 300\,\mathrm{mm}$ で与えられている場合の断面 2 次モーメント I を求め，最大曲げモーメント位置での曲率と縁応力度を求めなさい．ただし，$w = 20\,\mathrm{kN/m}$，$l = 8\,\mathrm{m}$，ヤング係数を $E = 20\,\mathrm{kN/mm^2}$ とする．

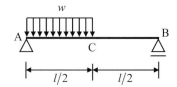

4.6 ま と め

本章では，材料力学の基礎として，部材断面に分布する応力度の最大値を求める方法について学びました．また，材料実験で，ヤング係数，せん断弾性係数，ポアソン比などを求める方法や，材料実験で必要となる応力度とひずみ度の関係，曲げモーメントと曲率の関係についても学びました．

なお，本章では，微分や積分を用いた式の導出などは極力省いたため，少し物足りないと感じられる読者もおられたと思いますが，その辺について詳しく知りたい方は，『Excel で解く構造力学　第 2 版』[3]で学ぶことができます．また，4.4.3 項の微分積分を用いた式の導出については，第 7 章で必要になりますから，第 7 章を学ぶときに再度復習してみてください．

次章では，曲げモーメントと曲率の関係で出てきた断面 2 次モーメントの計算法について学びます．

第5章 断面諸量の計算

5.1 はじめに

　前章で学んだように，部材の応力から断面内の**最大応力度**を求めるためには，**断面積** A, **断面 2 次モーメント** I, **断面係数** Z などの**断面諸量**が必要になります．また，曲げモーメントに対する断面 2 次モーメントは，断面の**中立軸**（断面の図心を通る軸）を回転軸として計算する必要がありますが，この図心位置の計算には，**断面 1 次モーメント**が必要になります．さらに，図心を原点とする直交軸のうち，断面 2 次モーメントが最大（または最小）となる軸を**断面の主軸**と呼びますが，この断面の主軸の計算には，**断面相乗モーメント**が必要になります．

　本章では，以上のような断面諸量の計算法について学びます．

5.2 断面 1 次モーメントと図心

5.2.1 断面積と断面 1 次モーメントの定義

　まず，図 5.1 左は，断面諸量の計算を行う場合の座標系を示します．ここでは，(X, Y) と (x, y) の 2 つの座標系を定義します．このうち，(x, y) は，**図心**と呼ばれる断面の中心を原点 (o) とする座標系です．この場合，**断面積**を積分形式で表すと，次のようになります．

$$A = \int_A dA \tag{5.1}$$

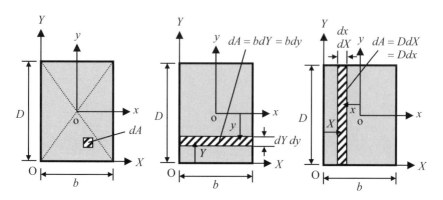

図 5.1　断面の座標系と面積素の定義

ここで，dA は，**面積素**（微小面積要素）を表し，これは，図 5.1 左に示すように，$dX \times dY$ あるいは $dx \times dy$ のような**線素**（微小線要素）の掛け算として表すこともできます．この場合，(5.1)式の断面積は，2 つの座標系で次のように計算できます．

$$A = \int_0^D \int_0^b dX\,dY = \int_0^D [X]_0^b\,dY = b[Y]_0^D = bD$$
$$A = \int_{-\frac{D}{2}}^{\frac{D}{2}} \int_{-\frac{b}{2}}^{\frac{b}{2}} dx\,dy = \int_{-\frac{D}{2}}^{\frac{D}{2}} [x]_{-\frac{b}{2}}^{\frac{b}{2}}\,dy = b[y]_{-\frac{D}{2}}^{\frac{D}{2}} = bD$$
(5.2)

上式より，断面積は，どちらの座標系で計算しても bD になることがわかります．

次に，**断面 1 次モーメント**という物理量を考えてみましょう．まず，(X,Y) 座標に対する断面 1 次モーメントは次式で定義されます．

$$S_X = \int_A Y\,dA, \quad S_Y = \int_A X\,dA \tag{5.3}$$

ここで，S_X は X 軸まわりの断面 1 次モーメント，S_Y は Y 軸まわりの断面 1 次モーメントを表します．(5.3)式を，図 5.1 の中央と右の面積素で計算すると次のようになります．

$$S_X = \int_A Y\,dA = \int_0^D Y b\,dY = b\left[\frac{Y^2}{2}\right]_0^D = bD \times \frac{D}{2} = A \times \frac{D}{2}$$
$$S_Y = \int_A X\,dA = \int_0^b X D\,dX = D\left[\frac{X^2}{2}\right]_0^b = bD \times \frac{b}{2} = A \times \frac{b}{2}$$
(5.4)

ここで，A は(5.2)式の断面積を表します．続いて，図心を原点とする (x, y) 座標に対する断面 1 次モーメントを計算すると次のようになります．

$$S_x = \int_A y\,dA = \int_{-\frac{D}{2}}^{\frac{D}{2}} y b\,dy = b\left[\frac{y^2}{2}\right]_{-\frac{D}{2}}^{\frac{D}{2}} = 0$$
$$S_y = \int_A x\,dA = \int_{-\frac{b}{2}}^{\frac{b}{2}} x D\,dx = D\left[\frac{x^2}{2}\right]_{-\frac{b}{2}}^{\frac{b}{2}} = 0$$
(5.5)

(5.5)式より，図心を原点とする軸（**中立軸**と呼ぶ）の断面 1 次モーメントは，0 になることがわかります．また，(5.4)式より，(X, Y) 座標から**図心位置** (X_o, Y_o) を求めるには，次式を用いればよいことがわかります．

$$X_o = \frac{S_Y}{A} = \frac{b}{2}, \quad Y_o = \frac{S_X}{A} = \frac{D}{2}$$
(5.6)

すなわち，面積が重さを持っていると仮定すると，図心がその**重心**となり，X 軸まわりの断面 1 次モーメント S_X は，X 軸から Y_o の腕の長さを持つ重量 A のモーメント（AY_o），Y 軸まわりの断面 1 次モーメント S_Y は，Y 軸から X_o の腕の長さを持つ重量 A のモーメント（AX_o）になるということです．

5.2.2 図心の計算

次に，図 5.2 の黒枠で示す T 形断面の図心位置 (X_o, Y_o) を求めてみましょう．この場合，左右対称なので，$X_o = 0$ は計算しなくてもわかります．Y_o を求めるためには，X 軸まわりの断面 1 次モーメント S_X を求める必要があります．これを求めるために，図 5.2 右に示すように，断面を 2 つの長方形に分けます．

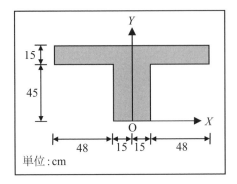
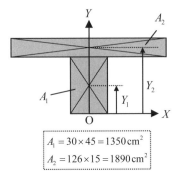

図 5.2　T 形断面の図心座標を求める問題

そして，2 つに分けた長方形の断面積を A_1, A_2 とします．また，この 2 つの長方形の図心は，わかっていますから，X 軸から図心までの距離を Y_1, Y_2 とすると，X 軸まわりの断面 1 次モーメントは次式から計算できます．

$$S_X = A_1 Y_1 + A_2 Y_2 \tag{5.7}$$

また，断面積は $A = A_1 + A_2$ ですから，(5.6)式より，Y_o は次式から計算できます．

$$Y_o = \frac{S_X}{A} = \frac{A_1 Y_1 + A_2 Y_2}{A_1 + A_2} = \frac{1350 \times 22.5 + 1890 \times 52.5}{1350 + 1890} = 40\,\text{cm} \tag{5.8}$$

次に，図 5.3 の黒枠で示す L 形断面の図心位置 (X_o, Y_o) を求めてみましょう．この場合，図 5.3 右に示すように，2 つの長方形に分け，それぞれの長方形の断面積を A_1, A_2 とします．このとき，(5.8)式と同様に，次式から図心位置 (X_o, Y_o) を求めることができます．

$$\begin{aligned}
X_o &= \frac{S_Y}{A} = \frac{A_1 X_1 + A_2 X_2}{A_1 + A_2} = \frac{300 \times 5 + 300 \times 25}{300 + 300} = 15\,\text{cm} \\
Y_o &= \frac{S_X}{A} = \frac{A_1 Y_1 + A_2 Y_2}{A_1 + A_2} = \frac{300 \times 15 + 300 \times 25}{300 + 300} = 20\,\text{cm}
\end{aligned} \tag{5.9}$$

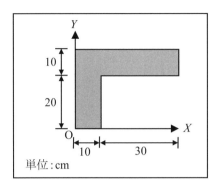 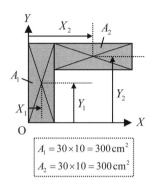

図 5.3　L 形断面の図心座標を求める問題

5.3　断面 2 次モーメントと断面係数

5.3.1　断面 2 次モーメントと断面係数の定義

　第 4 章に示したように，曲げモーメントに対する断面 2 次モーメントは，曲げモーメントによって生じる垂直応力度が 0 になる軸（中立軸）に対して計算されます．この中立軸は，前節に示した図心を原点とする座標軸（断面 1 次モーメントが 0 となる軸）となります．

　図心を原点とする (x,y) 座標に対する**断面 2 次モーメント**を積分形式で定義すると，次のようになります．

$$I_x = \int_A y^2 dA, \quad I_y = \int_A x^2 dA \tag{5.10}$$

これを，図 5.4 に示す長方形断面の面積素を用いて計算すると，次のようになります．

$$I_x = \int_A y^2 dA = \int_{-\frac{D}{2}}^{\frac{D}{2}} y^2 b\,dy = b\left[\frac{y^3}{3}\right]_{-\frac{D}{2}}^{\frac{D}{2}} = b\left(\frac{D^3}{24} + \frac{D^3}{24}\right) = \frac{bD^3}{12}$$

$$I_y = \int_A x^2 dA = \int_{-\frac{b}{2}}^{\frac{b}{2}} x^2 D\,dy = D\left[\frac{x^3}{3}\right]_{-\frac{b}{2}}^{\frac{b}{2}} = D\left(\frac{b^3}{24} + \frac{b^3}{24}\right) = \frac{Db^3}{12}$$

(5.11)

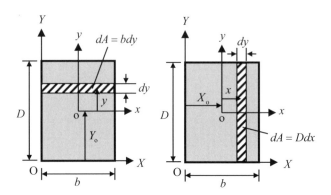

図 5.4　断面の面積素の定義（図心を原点とする軸を用いる場合）

また，(X,Y) 座標に対する長方形断面の断面 2 次モーメント I_X, I_Y を求めると，次のようになります．なお，次式の計算では，(5.5)式を考慮しています．

$$\begin{aligned}
I_X &= \int_A (Y_o + y)^2 dA = \int_A (Y_o^2 + 2Y_o y + y^2) dA \\
&= Y_o^2 \int_A dA + 2Y_o \int_A y\, dA + \int_A y^2 dA = AY_o^2 + I_x \\
I_Y &= \int_A (X_o + x)^2 dA = \int_A (X_o^2 + 2X_o x + x^2) dA \\
&= X_o^2 \int_A dA + 2X_o \int_A x\, dA + \int_A x^2 dA = AX_o^2 + I_y
\end{aligned} \quad (5.12)$$

これは**平行軸定理**と呼ばれ，図心を原点とする座標軸（**図心軸**と呼ぶ）から離れた任意の平行軸に対する断面 2 次モーメントを計算する場合に用いられます．

一方，**断面係数**は，曲げモーメントが作用したときの，断面の縁の応力度（最大応力度）を求めるときに用いられるもので，次式で定義されます．

$$Z_x = \frac{I_x}{(\text{図心から縁までの}y\text{方向距離})}, \quad Z_y = \frac{I_y}{(\text{図心から縁までの}x\text{方向距離})} \quad (5.13)$$

(5.13)式より，図 5.4 に示す長方形断面の断面係数は次のようになります．

$$Z_x = I_x \Big/ \left(\frac{D}{2}\right) = \frac{bD^3}{12} \Big/ \left(\frac{D}{2}\right) = \frac{bD^2}{6}, \quad Z_y = I_y \Big/ \left(\frac{b}{2}\right) = \frac{Db^3}{12} \Big/ \left(\frac{b}{2}\right) = \frac{Db^2}{6} \quad (5.14)$$

また，断面係数を用いると，**縁応力度**は次式から求められます．

$$\sigma_{縁} = \frac{M_x}{Z_x} \quad または \quad \sigma_{縁} = \frac{M_y}{Z_y} \tag{5.15}$$

5.3.2 断面2次モーメントと断面係数の計算

次に，図 5.5 の黒枠内の問題を解いてみましょう．この問題は，I 形断面の中立軸の位置（Y_o），中立軸（$n\text{-}n$）まわりの断面2次モーメント（I_x），断面係数（$Z_x^上, Z_x^下$）を求める問題です．なお，この場合は，上下の縁の断面係数が異なるため，上と下の両方の断面係数を計算する必要があります．

この問題を解く場合も，図 5.5 右に示すように，断面を 3 つの長方形に分け，それぞれの長方形の断面積と断面2次モーメントを図に示す記号で表します．そうすると，まず，図心座標 Y_o は次のように計算されます．

$$Y_o = \frac{S_X}{A} = \frac{A_1 Y_1 + A_2 Y_2 + A_3 Y_3}{A_1 + A_2 + A_3} = \frac{500 \times 5 + 200 \times 20 + 300 \times 35}{500 + 200 + 300} = 17\,\text{cm} \tag{5.16}$$

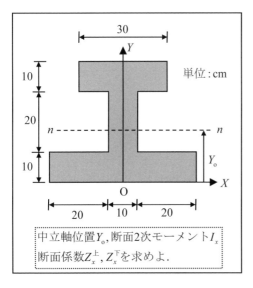
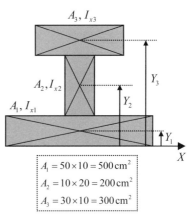

図 5.5　I 形断面の中立軸位置と断面2次モーメントおよび断面係数を求める問題

次に，断面 2 次モーメント I_x は，(5.12)式の平行軸定理を応用すると，次式から計算できます．

$$\begin{aligned}
I_x &= \left(A_1 y_1^2 + I_{x1}\right) + \left(A_2 y_2^2 + I_{x2}\right) + \left(A_3 y_3^2 + I_{x3}\right) \\
&= \left\{A_1 (Y_1 - Y_o)^2 + I_{x1}\right\} + \left\{A_2 (Y_2 - Y_o)^2 + I_{x2}\right\} + \left\{A_3 (Y_3 - Y_o)^2 + I_{x3}\right\} \\
&= \left\{500 \times (5-17)^2 + \frac{50 \times 10^3}{12}\right\} + \left\{200 \times (20-17)^2 + \frac{10 \times 20^3}{12}\right\} \\
&\quad + \left\{300 \times (35-17)^2 + \frac{30 \times 10^3}{12}\right\} = 1.843 \times 10^5 \, \text{cm}^4
\end{aligned} \quad (5.17)$$

ここで，y_1, y_2, y_3 は，図心軸に対するそれぞれの長方形の図心の y 座標を表します．また，**断面 2 次モーメントの単位**は cm^4 になることに注意してください．

次に，(5.13)式で定義される断面係数は，次のように計算できます．

$$\begin{aligned}
Z_x^\text{上} &= \frac{I_x}{(40-Y_o)} = \frac{1.843 \times 10^5}{(40-17)} = 8.013 \times 10^3 \, \text{cm}^3 \\
Z_x^\text{下} &= \frac{I_x}{Y_o} = \frac{1.843 \times 10^5}{17} = 10.84 \times 10^3 \, \text{cm}^3
\end{aligned} \quad (5.18)$$

ここで，**断面係数の単位**は cm^3 になることに注意してください．

縁応力度が(5.15)式から求まることを考えると，(5.18)式では，断面係数の値がより小さい上側の縁応力度が**最大応力度**になることがわかります．

5.4 断面相乗モーメントと主軸

5.4.1 断面相乗モーメントと主軸の定義

次に，**断面相乗モーメント**（I_{xy}）は，次式で定義されます．

$$I_{xy} = \int_A xy \, dA \quad (5.19)$$

これは，図 5.1 左の長方形断面の面積素（$dA = dx \times dy$）で計算すると，次のようになります．

$$I_{xy} = \int_A xy\,dA = \int_{-\frac{D}{2}}^{\frac{D}{2}} \int_{-\frac{b}{2}}^{\frac{b}{2}} xy\,dx\,dy = \int_{-\frac{D}{2}}^{\frac{D}{2}} y\left[\frac{x^2}{2}\right]_{-\frac{b}{2}}^{\frac{b}{2}} dy = 0 \tag{5.20}$$

また，図 5.1 左の (X,Y) 座標に対する長方形断面の断面相乗モーメント I_{XY} を求めてみると，(5.5)式，(5.20)式より，次式の**平行軸定理**が成り立ちます．

$$\begin{aligned}I_{XY} &= \int_A (X_o + x)(Y_o + y)\,dA = \int_A (X_o Y_o + xY_o + yX_o + xy)\,dA \\ &= X_o Y_o \int_A dA + Y_o \int_A x\,dA + X_o \int_A y\,dA + \int_A xy\,dA = AX_o Y_o\end{aligned} \tag{5.21}$$

一方，**断面の主軸**とは，図心を原点とし，断面相乗モーメント (I_{xy}) が 0 となる座標軸のことです．したがって，長方形断面の場合は，図 5.1 に示す (x,y) 軸が主軸となります．しかし，L 形断面（図 5.3）などでは，主軸は，(x,y) 軸から図心を中心に回転した軸になります．ここでは，その回転角を θ とし，主軸の座標系を (ξ,η) で表すと，主軸の回転角 θ は，次式で表されます．

$$\theta = \frac{1}{2}\tan^{-1}\left(\frac{-2I_{xy}}{I_x - I_y}\right) \tag{5.22}$$

また，主軸まわりの断面 2 次モーメントは次式で表されます．

$$\begin{aligned}I_\xi &= \frac{I_x + I_y}{2} + \sqrt{\left(\frac{I_x - I_y}{2}\right)^2 + (I_{xy})^2} \\ I_\eta &= \frac{I_x + I_y}{2} - \sqrt{\left(\frac{I_x - I_y}{2}\right)^2 + (I_{xy})^2}\end{aligned} \tag{5.23}$$

ここで，I_ξ と I_η は，**主断面 2 次モーメント**と呼ばれ，断面の図心を原点とする無数にある直交軸の断面 2 次モーメントの中で，I_ξ は最大の断面 2 次モーメントとなり，I_η は最小の断面 2 次モーメントとなります．したがって，ξ 軸を**強軸**，η 軸を**弱軸**と呼ぶこともあります．なお，ξ（グザイ）と η（イータ）はギリシャ文字です．また，(5.22)式，(5.23)式の導出は，5.4.3 項に示しています．

5.4.2 主軸角と主断面 2 次モーメントの計算

次に，主軸角と主断面 2 次モーメントを求める問題として，図 5.6 に示す問題を解いてみましょう．この問題は，図に示す断面の図心位置 (X_o, Y_o)，断面 2 次モーメント（I_x, I_y），断面相乗モーメント（I_{xy}），主軸の角度（θ）と主断面 2 次モーメント（I_ξ, I_η），さらには，X, Y 軸に対する断面 2 次モーメント（I_X, I_Y）と断面相乗モーメント（I_{XY}）を求める問題です．

図 5.6 右に示すように，断面を 2 つの長方形に分け，各長方形の諸量に図に示す記号を付けると，まず，図心位置 (X_o, Y_o) は，次式から求められます．

$$X_o = \frac{S_Y}{A} = \frac{A_1 X_1 + A_2 X_2}{A_1 + A_2} = \frac{36 \times 4.5 + 12 \times 2.5}{36 + 12} = 4\,\text{cm}$$
$$Y_o = \frac{S_X}{A} = \frac{A_1 Y_1 + A_2 Y_2}{A_1 + A_2} = \frac{36 \times 2 + 12 \times 6}{36 + 12} = 3\,\text{cm}$$
(5.24)

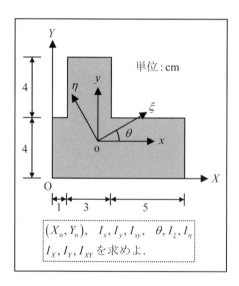
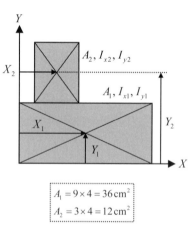

図 5.6　凸形断面の断面諸量を求める問題

また，断面2次モーメントは，次式から求められます．

$$
\begin{aligned}
I_x &= \left\{ A_1(Y_1 - Y_o)^2 + I_{x1} \right\} + \left\{ A_2(Y_2 - Y_o)^2 + I_{x2} \right\} \\
&= \left\{ 36 \times (2-3)^2 + \frac{9 \times 4^3}{12} \right\} + \left\{ 12 \times (6-3)^2 + \frac{3 \times 4^3}{12} \right\} = 208\,\text{cm}^4 \\
I_y &= \left\{ A_1(X_1 - X_o)^2 + I_{y1} \right\} + \left\{ A_2(X_2 - X_o)^2 + I_{y2} \right\} \\
&= \left\{ 36 \times (4.5-4)^2 + \frac{4 \times 9^3}{12} \right\} + \left\{ 12 \times (2.5-4)^2 + \frac{4 \times 3^3}{12} \right\} = 288\,\text{cm}^4
\end{aligned}
\tag{5.25}
$$

次に，断面相乗モーメント I_{xy} は，(5.21)式の平行軸定理を応用すると，次式から求めることができます．

$$
\begin{aligned}
I_{xy} &= A_1 x_1 y_1 + A_2 x_2 y_2 \\
&= A_1(X_1 - X_o)(Y_1 - Y_o) + A_2(X_2 - X_o)(Y_2 - Y_o) \\
&= 36 \times (4.5-4) \times (2-3) + 12 \times (2.5-4) \times (6-3) = -72\,\text{cm}^4
\end{aligned}
\tag{5.26}
$$

ここで，$(x_1, y_1), (x_2, y_2)$ は，図心軸に対するそれぞれの長方形の図心の x, y 座標を表します．また，**断面相乗モーメントの単位**は cm^4 になることに注意してください．

次に，主軸の角度 θ は，(5.22)式より，次のように求められます．

$$
\theta = \frac{1}{2} \tan^{-1} \left(\frac{-2 I_{xy}}{I_x - I_y} \right) = \frac{1}{2} \tan^{-1} \left(\frac{2 \times 72}{208 - 288} \right) = \frac{1}{2} \tan^{-1}(-1.8) = -30.47°
\tag{5.27}
$$

また，主断面2次モーメントは，(5.23)式より，次のように求められます．

$$
\begin{aligned}
I_\xi &= \frac{I_x + I_y}{2} + \sqrt{\left(\frac{I_x - I_y}{2} \right)^2 + (I_{xy})^2} = \frac{208 + 288}{2} + \sqrt{\left(\frac{208 - 288}{2} \right)^2 + (-72)^2} = 330.4\,\text{cm}^4 \\
I_\eta &= \frac{I_x + I_y}{2} - \sqrt{\left(\frac{I_x - I_y}{2} \right)^2 + (I_{xy})^2} = \frac{208 + 288}{2} - \sqrt{\left(\frac{208 - 288}{2} \right)^2 + (-72)^2} = 165.6\,\text{cm}^4
\end{aligned}
$$

$$\tag{5.28}$$

最後に，X, Y 軸に対する断面 2 次モーメント I_X, I_Y と断面相乗モーメント I_{XY} ですが，これは，図心に対する断面積 $A(=A_1+A_2)$，断面 2 次モーメント I_x, I_y，断面相乗モーメント I_{xy} を用いれば，(5.12)式と(5.21)式の平行軸定理から，次のように求まります．ただし，この場合 I_{xy} が 0 とはならないことに注意が必要です．

$$
\begin{aligned}
I_X &= AY_o^2 + I_x = (36+12)\times 3^2 + 208 = 640\,\mathrm{cm}^4 \\
I_Y &= AX_o^2 + I_y = (36+12)\times 4^2 + 288 = 1056\,\mathrm{cm}^4 \\
I_{XY} &= AX_o Y_o + I_{xy} = (36+12)\times 4\times 3 - 72 = 504\,\mathrm{cm}^4
\end{aligned}
\tag{5.29}
$$

5.4.3 主軸角と主断面 2 次モーメントの導出

以下，補足として，(5.22)式の主軸角と(5.23)式の主断面 2 次モーメントの導出法を示します．図 5.7 に示すように，(x, y) 軸と主軸 (ξ, η) のなす角度を θ とすると，次式の座標変換式が成り立ちます．

$$\xi = x\cos\theta + y\sin\theta, \quad \eta = -x\sin\theta + y\cos\theta \tag{5.30}$$

これは，θ に 0° と 90° を代入してみれば理解できるでしょう．

このとき，主軸 (ξ, η) に対する断面相乗モーメントは，(5.19)式より次式で表されます．

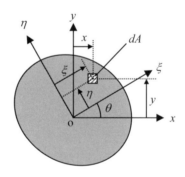

図 5.7 図心を原点とする x, y 軸と主軸の関係

5.4 断面相乗モーメントと主軸

$$I_{\xi\eta} = \int_A \xi\eta\, dA = \int_A (x\cos\theta + y\sin\theta)(-x\sin\theta + y\cos\theta)\, dA$$
$$= \int_A \{(y^2 - x^2)\sin\theta\cos\theta + xy(\cos^2\theta - \sin^2\theta)\}\, dA \tag{5.31}$$

上式に三角関数の 2 倍角の公式

$$\sin 2\theta = 2\sin\theta\cos\theta, \quad \cos 2\theta = \cos^2\theta - \sin^2\theta \tag{5.32}$$

を適用し，(5.10)式と(5.19)式を考慮すると，(5.31)式は次のように表せます．

$$I_{\xi\eta} = \frac{I_x - I_y}{2}\sin 2\theta + I_{xy}\cos 2\theta \tag{5.33}$$

主軸である条件は，$I_{\xi\eta} = 0$ ですから，上式より次式が導かれます．

$$I_{\xi\eta} = \frac{I_x - I_y}{2}\sin 2\theta + I_{xy}\cos 2\theta = 0$$
$$\Rightarrow \quad \tan 2\theta = \frac{-2I_{xy}}{I_x - I_y} \quad \Rightarrow \quad \theta = \frac{1}{2}\tan^{-1}\left(\frac{-2I_{xy}}{I_x - I_y}\right) \tag{5.34}$$

次に，主断面 2 次モーメント I_ξ は，(5.30)式より次のように表されます．

$$I_\xi = \int_A \eta^2\, dA = \int_A (-x\sin\theta + y\cos\theta)^2\, dA$$
$$= \int_A (x^2\sin^2\theta + y^2\cos^2\theta - 2xy\cos\theta\sin\theta)\, dA$$
$$= I_y\sin^2\theta + I_x\cos^2\theta - I_{xy}\sin 2\theta \tag{5.35}$$
$$= I_y\left(\frac{1-\cos 2\theta}{2}\right) + I_x\left(\frac{1+\cos 2\theta}{2}\right) - I_{xy}\sin 2\theta$$
$$= \frac{I_x + I_y}{2} + \left(\frac{I_x - I_y}{2}\cos 2\theta - I_{xy}\sin 2\theta\right)$$

上式の最後の式の括弧内は，三角関数の加法定理を用いると，

$$\left(\frac{I_x - I_y}{2}\cos 2\theta - I_{xy}\sin 2\theta\right) = r\cos(2\theta + \alpha) \tag{5.36}$$
$$= r\cos\alpha\cos 2\theta - r\sin\alpha\sin 2\theta$$

となり，上式の両辺の比較から，

$$r\cos\alpha = \frac{I_x - I_y}{2}, \quad r\sin\alpha = I_{xy} \tag{5.37}$$

となり，これから次式が得られます．

$$r = \sqrt{\left(\frac{I_x - I_y}{2}\right)^2 + \left(I_{xy}\right)^2}, \quad \tan\alpha = \frac{2I_{xy}}{I_x - I_y} \Rightarrow \alpha = -2\theta \tag{5.38}$$

これを(5.36)式に代入し，(5.35)式に戻すと，(5.23)式の I_ξ が導かれます．

続いて，I_η は，(5.30)式より次のように表されます．

$$\begin{aligned}
I_\eta &= \int_A \xi^2 dA = \int_A \left(x\cos\theta + y\sin\theta\right)^2 dA \\
&= \int_A \left(x^2\cos^2\theta + y^2\sin^2\theta + 2xy\cos\theta\sin\theta\right)dA \\
&= I_y \cos^2\theta + I_x \sin^2\theta + I_{xy}\sin 2\theta \\
&= I_y\left(\frac{1+\cos 2\theta}{2}\right) + I_x\left(\frac{1-\cos 2\theta}{2}\right) + I_{xy}\sin 2\theta \\
&= \frac{I_x + I_y}{2} - \left(\frac{I_x - I_y}{2}\cos 2\theta - I_{xy}\sin 2\theta\right)
\end{aligned} \tag{5.39}$$

上式の最後の式の括弧内は，(5.36)式と同じであるため，(5.36)式と(5.38)式により，(5.23)式の I_η が導かれます．

5.5 演習問題

5.5.1 断面の図心

以下の断面の図心位置 (X_o, Y_o) を求めよ．

(1)　　　　　　　　　　　　　(2)

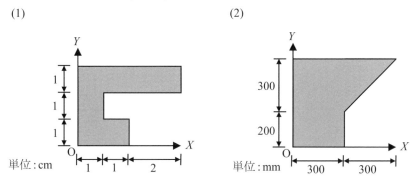

5.5.2 断面2次モーメントと断面係数

以下の断面の図心位置 Y_o，断面2次モーメント I_x，断面係数 $Z_x^{上}$, $Z_x^{下}$ を求めよ．
ただし，n–n は断面の中立軸を表す．

(1)　　　　　　　　　　　　　(2)

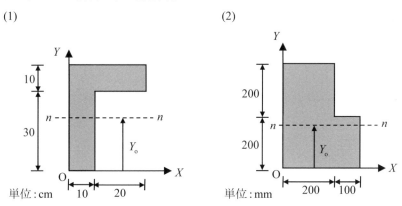

5.5.3 主軸角と主断面2次モーメント

下図に示す断面について次の断面諸量を求めよ．(1) 図心 (X_o, Y_o)，(2) 断面2次モーメント（I_x, I_y），(3) 断面相乗モーメント（I_{xy}），(4) 主軸の角度（θ）と主断面2次モーメント（I_ξ, I_η），(5) X, Y 軸に対する断面2次モーメント（I_X, I_Y）と断面相乗モーメント（I_{XY}）．

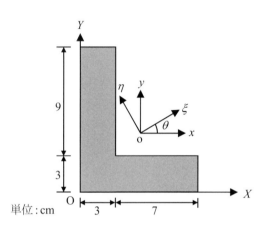

5.6 ま と め

本章では，部材断面の最大応力度を求めるために必要となる断面諸量の計算方法について学びました．断面積，断面1次モーメント，断面2次モーメント，断面相乗モーメントについては積分形式の定義を示し，また，補足として，断面の主軸，主断面2次モーメントの式の導出方法についても言及しました．数学が不得意な読者にとっては，理解に苦しむところがあったかも知れませんが，第7章以降の内容を理解するためにも，数学的表記に少しずつ慣れていきましょう．

次章では，はり部材，柱部材，トラス部材などの構造設計（許容応力度設計）の基礎について学びます．

第 6 章　構造設計の基礎

6.1　は じ め に

　前章までで，骨組部材の**応力**を求め，その応力によって生じる断面内の**最大応力度**を求める方法について学びました．そこで，本章では，これまでに学んだ知識を利用して，**部材断面**に生じる最大応力度が**許容応力度**以下であることを確かめる**構造設計**（参考文献 2)の第 1 章参照）の基礎について学びます．

6.2　は り の 設 計

6.2.1　曲げモーメントに対する設計

　まず，はりの設計例として，図 6.1 に示す問題を解いてみましょう．図の左は，単純ばりのせん断力図（Q 図）と曲げモーメント図（M 図）を作成する問題です．図の右は，はりの断面を示し，この断面の断面係数を求める問題です．図の下は，与えられたはりの長さと分布荷重値に対して，曲げモーメントに対する断面の安全性を検討する問題です．

　まず，図 6.2 左に示す A, B 支点の反力 V_A, V_B は，次のように求められます．

$$\begin{aligned} \sum M_A = 0: \quad -V_B l + \frac{wl}{4} \cdot \frac{l}{2} \cdot \frac{2}{3} = 0 \quad &\Rightarrow \quad V_B = \frac{wl}{12} \\ \sum Y = 0: \quad V_A + V_B = \frac{wl}{4} \quad &\Rightarrow \quad V_A = \frac{wl}{6} \end{aligned} \tag{6.1}$$

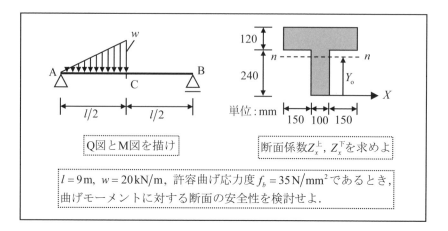

図 6.1　曲げモーメントに対する断面の安全性を検討する問題

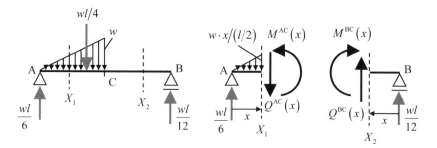

図 6.2　反力と AC 間，BC 間の応力の定義

続いて，図 6.2 右に示すように応力を定義すると，AC 間の応力（関数）は，次のように求められます．

$$\sum Y = 0: \quad Q^{AC}(x) + \frac{wx}{(l/2)} \cdot \frac{x}{2} - \frac{wl}{6} = 0 \quad \Rightarrow \quad Q^{AC}(x) = -\frac{wx^2}{l} + \frac{wl}{6}$$

$$\sum M_{X_1} = 0: \quad -M^{AC}(x) - \left(\frac{wx}{(l/2)} \cdot \frac{x}{2}\right) \cdot \frac{x}{3} + \frac{wl}{6} \cdot x = 0 \quad \Rightarrow \quad M^{AC}(x) = -\frac{wx^3}{3l} + \frac{wlx}{6}$$

(6.2)

また，BC 間の応力は，次のように求められます．

$$\sum Y = 0: \quad -Q^{BC}(x) - \frac{wl}{12} = 0 \quad \Rightarrow \quad Q^{BC}(x) = -\frac{wl}{12}$$
$$\sum M_{X_2} = 0: \quad M^{BC}(x) - \frac{wl}{12} \cdot x = 0 \quad \Rightarrow \quad M^{BC}(x) = \frac{wlx}{12}$$
(6.3)

(6.2)式と(6.3)式をもとに Q 図と M 図を描くと，図 6.3 のようになります．ただし，曲げモーメントの最大値は，次式から求めています．

$$Q^{AC}(x) = -\frac{wx^2}{l} + \frac{wl}{6} = 0 \quad \Rightarrow \quad x = \frac{l}{\sqrt{6}}$$
$$M_{max} = M^{AC}\left(\frac{l}{\sqrt{6}}\right) = -\frac{w}{3l}\left(\frac{l}{\sqrt{6}}\right)^3 + \frac{wl}{6}\left(\frac{l}{\sqrt{6}}\right) = -\frac{wl^2}{18\sqrt{6}} + \frac{wl^2}{6\sqrt{6}} = \frac{wl^2}{9\sqrt{6}}$$
(6.4)

次に，図 6.4 は，断面係数を計算するために，断面を 2 つの長方形に分けたものです．図に示す記号を用いると，中立軸位置（図心位置）Y_o は，次の(6.5)式から求められます．

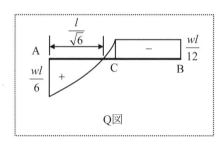
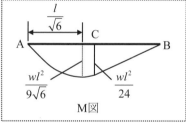

図 6.3　せん断力図と曲げモーメント図

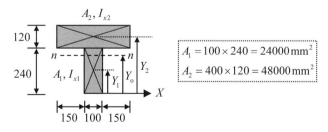

図 6.4　断面係数を計算するための断面分割

$$Y_\mathrm{o} = \frac{S_X}{A} = \frac{A_1 Y_1 + A_2 Y_2}{A_1 + A_2} = \frac{24000 \times 120 + 48000 \times 300}{24000 + 48000} = 240\,\mathrm{mm} \tag{6.5}$$

また，断面2次モーメント I_x は，次式から求められます．

$$\begin{aligned}
I_x &= \left(A_1 y_1^2 + I_{x1}\right) + \left(A_2 y_2^2 + I_{x2}\right) \\
&= \left\{A_1 \left(Y_1 - Y_\mathrm{o}\right)^2 + I_{x1}\right\} + \left\{A_2 \left(Y_2 - Y_\mathrm{o}\right)^2 + I_{x2}\right\} \\
&= \left\{24000 \times (120-240)^2 + \frac{100 \times 240^3}{12}\right\} + \left\{48000 \times (300-240)^2 + \frac{400 \times 120^3}{12}\right\} \\
&= 6.912 \times 10^8 \,\mathrm{mm}^4
\end{aligned} \tag{6.6}$$

上式から，断面係数は，次式から求められます．

$$\begin{aligned}
Z_x^\text{上} &= \frac{I_x}{(360 - Y_\mathrm{o})} = \frac{6.912 \times 10^8}{(360 - 240)} = 5.76 \times 10^6\,\mathrm{mm}^3 \\
Z_x^\text{下} &= \frac{I_x}{Y_\mathrm{o}} = \frac{6.912 \times 10^8}{240} = 2.88 \times 10^6\,\mathrm{mm}^3
\end{aligned} \tag{6.7}$$

次に，$l = 9\,\mathrm{m}$，$w = 20\,\mathrm{kN/m}$ の場合の最大曲げモーメントは，(6.4)式から次のように求められます．

$$M_\mathrm{max} = \frac{wl^2}{9\sqrt{6}} = \frac{20 \times 9^2}{9\sqrt{6}} = 30\sqrt{6}\,\mathrm{kNm} \tag{6.8}$$

この断面における縁応力度は，(5.15)式より，次のようになります．

$$\begin{aligned}
\sigma_\text{縁}^\text{上} &= \frac{M_\mathrm{max}}{Z_x^\text{上}} = \frac{30\sqrt{6} \times 10^6}{5.76 \times 10^6} = 12.76\,\mathrm{N/mm}^2 \\
\sigma_\text{縁}^\text{下} &= \frac{M_\mathrm{max}}{Z_x^\text{下}} = \frac{30\sqrt{6} \times 10^6}{2.88 \times 10^6} = 25.52\,\mathrm{N/mm}^2
\end{aligned} \tag{6.9}$$

この問題では，許容曲げ応力度 f_b が $35\,\mathrm{N/mm}^2$ で与えられているため，断面の安全性については，次式がその答えになります．

$$\text{最大曲げ応力度} = \sigma_\text{縁}^\text{下} = 25.52\,\mathrm{N/mm}^2 < 35\,\mathrm{N/mm}^2 \quad \Rightarrow \quad \text{断面は安全} \tag{6.10}$$

6.2.2 せん断力に対する設計

次に，図 6.5 に示す問題で，せん断力に対する断面の安全性の検討を行ってみましょう．

まず，図 6.6 左に示す A, B 支点の反力 V_A, V_B は，次のように求められます．

$$\sum M_A = 0: \quad -V_B l + 2M + M = 0 \quad \Rightarrow \quad V_B = \frac{3M}{l}$$
$$\sum Y = 0: \quad V_A + V_B = 0 \quad \Rightarrow \quad V_A = -\frac{3M}{l} \tag{6.11}$$

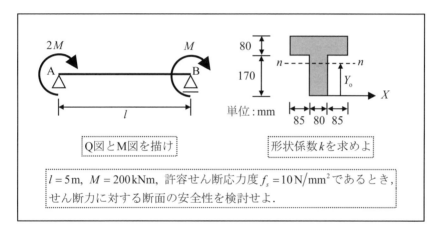

図 6.5 曲げモーメントに対する断面の安全性を検討する問題

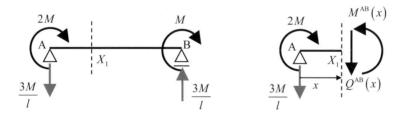

図 6.6 反力と AB 間の応力の定義

続いて，図 6.6 右に示すように応力を定義すると，AB 間の応力は次のように求められます．

$$\sum Y = 0: \quad Q^{AB}(x) + \frac{3M}{l} = 0 \quad \Rightarrow \quad Q^{AB}(x) = -\frac{3M}{l}$$
$$\sum M_{X_1} = 0: \quad -M^{AB}(x) - \frac{3M}{l} \cdot x + 2M = 0 \quad \Rightarrow \quad M^{AB}(x) = -\frac{3Mx}{l} + 2M \tag{6.12}$$

(6.12)式をもとに Q 図と M 図を描くと，図 6.7 のようになります．

次に，図 6.5 右の問題ですが，形状係数は，(4.18)式で定義されています．再掲すると次式となります．

$$\tau_{max} = k\bar{\tau} \tag{6.13}$$

ここで，k は**形状係数**，τ_{max} は**最大せん断応力度**を表します．また，$\bar{\tau}$ は**平均せん断応力度**で，次式で定義されます．

$$\bar{\tau} = Q/A \tag{6.14}$$

ただし，Q はせん断力，A は断面積を表します．

第 4 章では，せん断応力度は，断面内で均等とはならず，断面の中立軸位置で最大となり，断面の縁で最小 (0) となることを説明しました．また，長方形断面の形状係数は 1.5 として問題を解きました．したがって，図 6.5 右に示すような断面の形状係数を求めるには，新たな公式が必要になります．この公式の導出方法は，次項で説明しますが，一般的な断面の形状係数は，次の(6.15)式から求められます．

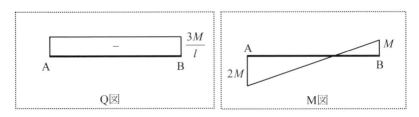

図 6.7 せん断力図と曲げモーメント図

$$k = \frac{A}{I_x}\left(\frac{S_n}{b_n}\right) \tag{6.15}$$

ここで，A は断面積，I_x は断面 2 次モーメント，b_n は中立軸位置の断面幅，S_n は中立軸から下の断面積の断面 1 次モーメント（または中立軸から上の断面積の断面 1 次モーメント）を表します．

たとえば，図 6.8 左の長方形断面の S_n は，図のグレーの面積の中立軸まわりの断面 1 次モーメントで，次のように求められます．

$$S_n = \frac{A}{2} \cdot \frac{D}{4} = \frac{bD}{2} \cdot \frac{D}{4} = \frac{bD^2}{8} \tag{6.16}$$

また，$b_n = b$ ですから，(6.15)式の k は，次のように計算されます．

$$k = \frac{A}{I_x}\left(\frac{S_n}{b_n}\right) = \frac{bD}{\dfrac{bD^3}{12}} \times \frac{\dfrac{bD^2}{8}}{b} = \frac{3}{2} = 1.5 \tag{6.17}$$

一方，図 6.5 右の T 形断面の S_n は，図 6.8 中央の下側のグレーの面積の中立軸まわりの断面 1 次モーメント，または，右の上側のグレーの面積の中立軸まわりの断面 1 次モーメントになります．

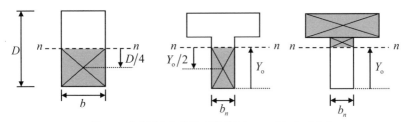

図 6.8　中立軸より外側の断面 1 次モーメント（S_n）

それでは，図 6.5 右の T 形断面の形状係数 k を具体的に計算してみましょう．まず，断面 2 次モーメントを計算するために，図 6.9 に示すように，断面を 2 つの長方形に分け，図に示す記号を用いると，中立軸位置（図心位置）Y_o は，次式から求められます．

$$Y_o = \frac{S_X}{A} = \frac{A_1 Y_1 + A_2 Y_2}{A_1 + A_2} = \frac{13600 \times 85 + 20000 \times 210}{13600 + 20000} = 159.4 \, \text{mm} \tag{6.18}$$

また，断面 2 次モーメント I_x は，次式から求められます．

$$\begin{aligned} I_x &= \left(A_1 y_1^2 + I_{x1} \right) + \left(A_2 y_2^2 + I_{x2} \right) \\ &= \left\{ A_1 (Y_1 - Y_o)^2 + I_{x1} \right\} + \left\{ A_2 (Y_2 - Y_o)^2 + I_{x2} \right\} \\ &= \left\{ 13600 \times (85 - 159.4)^2 + \frac{80 \times 170^3}{12} \right\} + \left\{ 20000 \times (210 - 159.4)^2 + \frac{250 \times 80^3}{12} \right\} \\ &= 1.699 \times 10^8 \, \text{mm}^4 \end{aligned} \tag{6.19}$$

一方，図 6.8 中央の図より，S_n は次式から計算されます．

$$S_n = (b_n Y_o) \cdot \frac{Y_o}{2} = 80 \times 159.4 \times \frac{159.4}{2} = 1.016 \times 10^6 \, \text{mm}^3 \tag{6.20}$$

したがって，形状係数は，次のように求められます．

$$k = \frac{A}{I_x} \left(\frac{S_n}{b_n} \right) = \frac{33600}{1.699 \times 10^8} \times \frac{1.016 \times 10^6}{80} = 2.51 \tag{6.21}$$

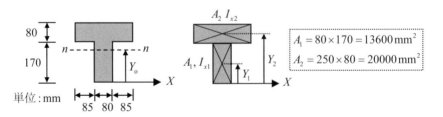

図 6.9　断面 2 次モーメントを計算するための断面分割

最後に，図 6.5 の下の問題を解きます．ここでは，$l = 5\,\text{m}, M = 200\,\text{kNm}$，許容せん断応力度が $f_s = 10\,\text{N/mm}^2$ とあります．したがって，図 6.7 の Q 図より，はりに作用するせん断力は $Q = 3M/l$ となるので，(6.14)式の平均せん断応力度は次式から求められます．

$$\bar{\tau} = \frac{Q}{A} = \frac{3M/l}{A} = \frac{3 \times 200 \times 10^6 / (5 \times 10^3)}{33600} = \frac{120 \times 10^3}{33600} = 3.57\,\text{N/mm}^2 \tag{6.22}$$

また，(6.13)式に(6.21)式と(6.22)式を代入すると，断面内の最大せん断応力度は，次のように求まります．

$$\tau_{\max} = k\bar{\tau} = 2.51 \times 3.57 = 8.96\,\text{N/mm}^2 \tag{6.23}$$

この値は，$f_s = 10\,\text{N/mm}^2$ より小さくなるため，この断面は，せん断力に対して安全という判定になります．

6.2.3 形状係数の導出

ここでは，補足として，断面の形状係数を求める(6.15)式を導出します．

図 6.10 は，はり部材に，せん断力と曲げモーメントが生じている場合の微小要素の応力度の状態を表したものです．図の左下の微小要素は，曲げモーメントと断面に生じる垂直応力度の状態を示し，図の右上は，微小要素のせん断応力度の状態を示しています．図の右上に示すように，せん断応力度 τ は，断面に平行な鉛直方向だけでなく水平方向にも同じ大きさのせん断応力度が生じます．また，図の左下の微小要素で，右側の断面では，Q, M に dQ, dM が加えられていますが，これらは，左側断面の応力からの増分量を表します．

まず，図の左下の微小要素の O 点まわりで，モーメントの釣合式を立てると，次式が得られます．

$$\sum M_\text{O} = 0: \quad M - (M + dM) + Q \cdot dx = 0 \quad \Rightarrow \quad Q = \frac{dM}{dx} \tag{6.24}$$

この式は，せん断力が曲げモーメントの傾きを表すという式で，すでに(3.5)式でも，この関係について説明しています．

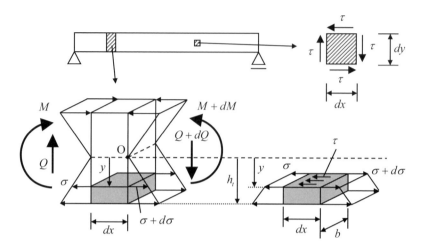

図 6.10　曲げモーメントとせん断力による微小要素の応力度分布

次に，(4.30)式より，曲げモーメントによって生じる垂直応力度は，次式で表されます．

$$\sigma = \frac{M}{I_x} y \tag{6.25}$$

ここで，図 6.10 の右上に示すように，鉛直方向のせん断応力度と水平方向のせん断応力度が等しいことを考慮すると，図 6.10 の右下の図の水平方向の力の釣り合いから次式が得られます．

$$\tau b dx = \int_y^{h_t} (\sigma + d\sigma) dA - \int_y^{h_t} \sigma dA \tag{6.26}$$

ここで，τ は中立軸からの距離 y におけるせん断応力度，b は断面幅，h_t は中立軸から縁までの距離を表します．

(6.26)式に(6.25)式を代入し，さらに(6.24)式の関係を用いると，次式が得られます．

$$\tau b dx = \int_y^{h_t} \left(\frac{M + dM}{I_x} y \right) dA - \int_y^{h_t} \frac{M}{I_x} y\, dA = \frac{dM}{I_x} \int_y^{h_t} y\, dA$$
$$\Rightarrow \quad \tau = \frac{1}{bI_x} \left(\frac{dM}{dx} \right) \int_y^{h_t} y\, dA = \frac{Q}{bI_x} \int_y^{h_t} y\, dA \tag{6.27}$$

ここで，y から h_t の積分は，y から縁までの断面1次モーメントを表しており，これは，中立軸（$y = 0$）で最大となり，断面の縁（$y = h_t$）で0になることがわかります．したがって，中立軸の断面幅を b_n，中立軸から縁までの断面1次モーメントを S_n とおくと，最大応力度 τ_{max} は次式から求められます．

$$\tau_{max} = \frac{Q}{b_n I_x} \int_0^{h_t} y\, dA = \frac{Q}{b_n I_x} S_n \tag{6.28}$$

したがって，形状係数 k は，

$$k = \frac{\tau_{max}}{\bar{\tau}} = \left(\frac{Q}{b_n I_x} S_n \right) \bigg/ \left(\frac{Q}{A} \right) = \frac{A}{I_x} \left(\frac{S_n}{b_n} \right) \tag{6.29}$$

となり，(6.15)式が導かれます．

6.3 柱の設計

6.3.1 曲げモーメントと軸力に対する設計

柱の設計例として，図 6.11 に示す問題を解いてみましょう．図の左は，骨組の軸力図（N図）と曲げモーメント図（M図）を作成する問題です．図の右は，柱の断面を示し，図心を原点とする x, y 軸まわりの断面係数を求める問題です．図の下は，与えられたはり・柱の長さとモーメント荷重値に対して，曲げモーメントと軸力に対する柱断面の安全性を検討する問題です．

まず，図 6.12 左に示す A，B 支点の反力 V_A, V_B は，次のように求められます．

$$\sum M_A = 0: \quad -V_B \cdot 2l + M = 0 \quad \Rightarrow \quad V_B = \frac{M}{2l}$$
$$\sum Y = 0: \quad V_A + V_B = 0 \quad \Rightarrow \quad V_A = -\frac{M}{2l} \tag{6.30}$$

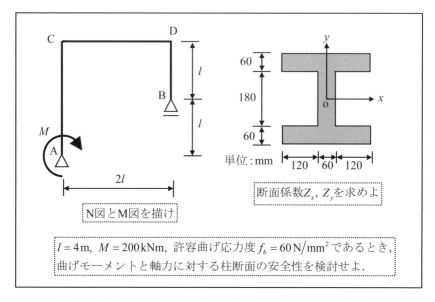

図 6.11　曲げモーメントと軸力に対する断面の安全性を検討する問題

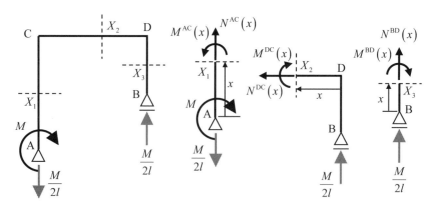

図 6.12　切断面の応力の定義

続いて，図 6.12 右の 3 つの図に示すように応力を定義すると，次のような釣合式から AC 間，DC 間，BD 間の応力を求めることができます．

AC間:
$$\sum Y = 0: \ -N^{AC}(x) + \frac{M}{2l} = 0 \ \Rightarrow \ N^{AC}(x) = \frac{M}{2l}$$
$$\sum M_{X_1} = 0: \ -M^{AC}(x) + M = 0 \ \Rightarrow \ M^{AC}(x) = M$$

DC間:
$$\sum X = 0: \ N^{DC}(x) = 0$$
$$\sum M_{X_2} = 0: \ M^{DC}(x) - \frac{M}{2l}x = 0 \ \Rightarrow \ M^{DC}(x) = \frac{M}{2l}x$$

BD間:
$$\sum Y = 0: \ -N^{BD}(x) - \frac{M}{2l} = 0 \ \Rightarrow \ N^{BD}(x) = -\frac{M}{2l}$$
$$\sum M_{X_3} = 0: \ M^{BD}(x) = 0$$

(6.31)

(6.31)式をもとに N 図と M 図を描くと，図 6.13 のようになります。

次に，図 6.14 は，断面係数を計算するために，断面を 3 つの長方形に分けたものです。図に示す記号を用いると，x 軸まわりの断面 2 次モーメントと断面係数は次式から求められます。

$$\begin{aligned}
I_x &= \left(A_1 y_1^2 + I_{x1}\right) + \left(A_3 y_3^2 + I_{x3}\right) + \left(I_{x2}\right) \\
&= \left(18000 \times 120^2 + \frac{300 \times 60^3}{12}\right) \times 2 + \frac{60 \times 180^3}{12} = 5.584 \times 10^8 \text{ mm}^4
\end{aligned}$$
(6.32)

$$Z_x = \frac{I_x}{150} = \frac{5.584 \times 10^8}{150} = 3.723 \times 10^6 \text{ mm}^3$$

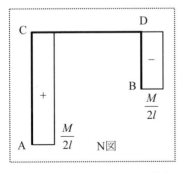
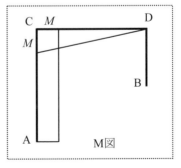

図 6.13 軸力図と曲げモーメント図

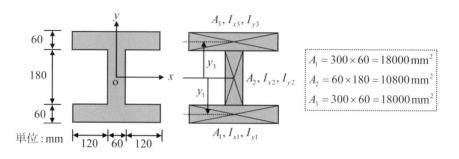

図 6.14 断面 2 次モーメントと断面係数を計算するための断面分割

同様に，y 軸まわりの断面 2 次モーメントと断面係数は次式から求められます．

$$I_y = (I_{y1}) + (I_{y3}) + (I_{y2}) = \frac{60 \times 300^3}{12} \times 2 + \frac{180 \times 60^3}{12} = 2.732 \times 10^8 \text{ mm}^4$$

$$Z_y = \frac{2.732 \times 10^8}{150} = 1.821 \times 10^6 \text{ mm}^3$$

(6.33)

(6.32)式，(6.33)式からわかるように，この場合は，x 軸が**強軸**，y 軸が**弱軸**になっていることがわかります．

最後に，図 6.11 の下の問題を解きます．ここでは，$l = 4$m, $M = 200$kNm, 許容曲げ応力度が $f_b = 60$ N/mm^2 とあります．ただし，図 6.15 に示すように，柱の場合は，断面の垂直応力度は，軸力による垂直応力度と曲げモーメントによる垂直応力度を加えたものになることに注意が必要です．

まず，強軸（x 軸）まわりに断面を配置した場合は，図 6.13 の軸力図と曲げモーメント図より，AC 柱の最大応力度は，次式から求められます．

$$\begin{aligned}\sigma_{\max} &= \sigma^N + \sigma^M_{縁} = \frac{N^{AC}}{A} + \frac{M^{AC}}{Z_x} = \frac{(M/2l)}{A} + \frac{M}{Z_x} \\ &= \frac{(200 \times 10^6/8000)}{46800} + \frac{200 \times 10^6}{3.723 \times 10^6} = 0.534 + 53.72 = 54.25 \text{ N/mm}^2\end{aligned}$$

(6.34)

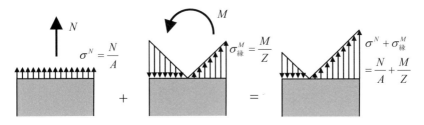

図6.15　断面2次モーメントと断面係数を計算するための断面分割

したがって，この場合は，最大応力度 σ_{max} が $f_b = 60\,\text{N/mm}^2$ 以下となるため，断面は安全と判定されます．

続いて，弱軸（y 軸）まわりに断面を配置した場合は，AC 柱の最大応力度は，次式から求められます．

$$\sigma_{max} = \sigma^N + \sigma_{縁}^M = \frac{N^{AC}}{A} + \frac{M^{AC}}{Z_y} = \frac{(M/2l)}{A} + \frac{M}{Z_y}$$
$$= \frac{(200 \times 10^6/8000)}{46800} + \frac{200 \times 10^6}{1.821 \times 10^6} = 0.534 + 109.83 = 110.36\,\text{N/mm}^2 \quad (6.35)$$

したがって，この場合は，最大応力度 σ_{max} が $f_b = 60\,\text{N/mm}^2$ 以上となり，断面は安全ではないという判定になります．

6.3.2　座屈に対する検討

細長い柱の場合，圧縮力によって**座屈**する危険性があり，構造設計では，このような座屈の危険性についても検討を行います[2]．ここでは，座屈に対する基本的な知識を身につけるため，図6.16に示す問題を解いてみましょう．

図6.17に示すように，切断面の応力を定義すると，次のような釣合式から応力が求められます．

$$\begin{aligned}
\sum M_{X_1} = 0: &\quad -M^{CB}(x) - wx \cdot \frac{x}{2} = 0 \;\Rightarrow\; M^{CB}(x) = -\frac{wx^2}{2} \\
\sum M_{X_2} = 0: &\quad M^{DB}(x) + wx \cdot \frac{x}{2} = 0 \;\Rightarrow\; M^{DB}(x) = -\frac{wx^2}{2} \\
\sum Y = 0: &\quad N^{AB}(x) + wl = 0 \;\Rightarrow\; N^{AB}(x) = -wl
\end{aligned} \quad (6.36)$$

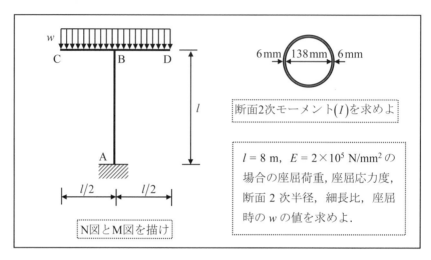

図 6.16 座屈荷重，座屈応力度，断面 2 次半径，細長比を求める問題

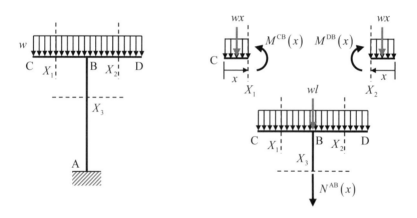

図 6.17 切断面の応力の定義

(6.36)式から N 図と M 図を描くと，図 6.18 のようになります。

次に，図の右に示す鋼管の断面 2 次モーメントは，円断面の断面 2 次モーメントが $I = \pi r^4/4$（r は円の半径）であることを考慮すると，次の(6.37)式により計算されます．ただし，円周率 π は 3.14 で計算しています．

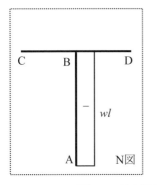 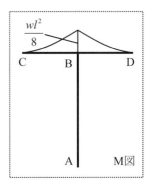

図 6.18 軸力図と曲げモーメント図

$$I = 3.14 \times 75^4/4 - 3.14 \times 69^4/4 = 7.04 \times 10^6 \text{ mm}^4 \tag{6.37}$$

座屈荷重は，**オイラーの座屈荷重式**を用いて求めます．これは，次のように表されます．なお，式の導出については参考文献 2)の第 2 章を参照してください．

$$P_k = \frac{\pi^2 EI}{l_k^2} \tag{6.38}$$

ここで，P_k は**座屈荷重**，E はヤング係数，I は断面 2 次モーメント，l_k は**座屈長さ**です．この座屈長さ l_k は，図 6.19 に示すように，柱部材両端の**境界条件**によって変わります．

図 6.16 の問題では，図 6.19 の(e)の条件に近いため，ここでは，座屈長さ l_k を l とします．そうすると，(6.38)式より，座屈荷重は，次のように求められます．

$$P_k = \frac{\pi^2 EI}{l_k^2} = \frac{3.14^2 \times 2 \times 10^5 \times 7.04 \times 10^6}{(8 \times 10^3)^2} = 2.169 \times 10^5 \text{ N} = 216.9 \text{kN} \tag{6.39}$$

また，座屈応力度は，次式で定義されます．

$$\sigma_k = \frac{P_k}{A} = \frac{\pi^2 E}{l_k^2}\left(\frac{I}{A}\right) = \frac{\pi^2 E}{l_k^2/(I/A)} = \frac{\pi^2 E}{l_k^2/i^2} = \frac{\pi^2 E}{\lambda^2} \tag{6.40}$$

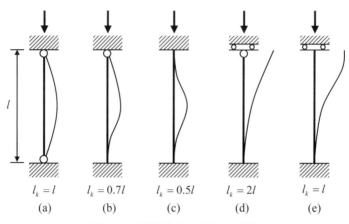

図 6.19 境界条件と座屈長さの関係

ここで，σ_k は**座屈応力度**，A は断面積，$i\left(=\sqrt{(I/A)}\right)$ は**断面 2 次半径**，$\lambda(=l_k/i)$ は**細長比**（ほそながひ）を表します．

図 6.16 の問題では，座屈応力度は次式から求められます．

$$\sigma_k = \frac{P_k}{A} = \frac{2.169 \times 10^5}{(3.14 \times 75^2 - 3.14 \times 69^2)} = \frac{2.169 \times 10^5}{2.713 \times 10^3} = 79.9\,\mathrm{N/mm^2} \tag{6.41}$$

また，断面 2 次半径は，次式から求められます．

$$i = \sqrt{\frac{I}{A}} = \sqrt{\frac{7.04 \times 10^6}{2.713 \times 10^3}} = 50.9\,\mathrm{mm} \tag{6.42}$$

細長比は，次式から求められます．

$$\lambda = \frac{l_k}{i} = \frac{l}{i} = \frac{8 \times 10^3}{50.9} = 157.2 \tag{6.43}$$

最後に，座屈時の分布荷重 w は，次式から求められます．

$$wl = P_k \quad \Rightarrow \quad w = \frac{P_k}{l} = \frac{216.9}{8} = 27.1\,\mathrm{kN/m} \tag{6.44}$$

6.4 トラス部材の設計

トラス部材の設計問題として，図 6.20 の問題を解いてみましょう．図の左は，トラスの軸力図を作成する問題です．図の右は，トラス部材の断面を示し，図の下は，与えられた荷重と部材長さに対して，引張材と圧縮材の断面の安全性を検討し，最終的にトラスの**崩壊荷重**を求める問題です．

まず，図 6.21 左に示す A, B 支点の反力 V_A, V_B は，次のように求められます．

$$\sum M_A = 0: \quad -V_B \cdot 12l + 16P \cdot 3l = 0 \quad \Rightarrow \quad V_B = 4P$$
$$\sum Y = 0: \quad V_A + V_B = 16P \quad \Rightarrow \quad V_A = 12P \tag{6.45}$$

また，図 6.21 右には，節点法の図解法（A→B→C→D の順）で求めた部材の軸力が示されています．図 6.22 は，これをもとに描いた軸力図を示します．

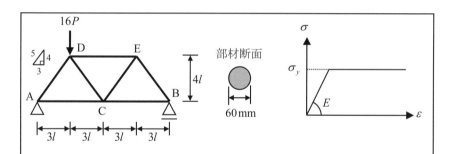

左のトラスの軸力図（N 図）を描け．次に，トラス部材が図に示すの断面で，$P = 10$ kN，$l = 1$ m，降伏点強度 $\sigma_y = 180$ N/mm² であるとき，引張材の断面の安全性を検討せよ．また，ヤング係数 $E = 2 \times 10^5$ N/mm² であるとき，圧縮材の座屈荷重を求め，圧縮材の断面の安全性を検討せよ．最後に，トラスの崩壊荷重（16P）を求めよ．

図 6.20　トラス部材の設計問題

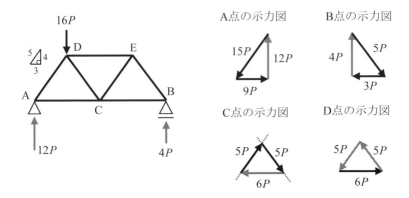

図 6.21　節点法図解法による各節点の示力図

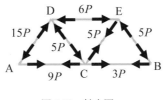

図 6.22　軸力図

　トラス構造の場合，引張を受ける部材（引張材）の最大応力度が**降伏強度**に達すると崩壊と見なされ，また，圧縮を受ける部材（圧縮材）の最大軸力が**座屈荷重**に達すると崩壊と見なされます．図 6.20 の問題の降伏強度は，$\sigma_y = 180 \, \text{N/mm}^2$ で与えられていますから，まず，引張材の安全性を確かめます．

　最初に，図 6.20 に示す断面の断面積と断面 2 次モーメントを計算すると，次のようになります．

$$A = \pi r^2 = 3.14 \times 30^2 = 2.826 \times 10^3 \, \text{mm}^2$$
$$I = \pi r^4 / 4 = 3.14 \times 30^4 / 4 = 6.359 \times 10^5 \, \text{mm}^5 \tag{6.46}$$

　図 6.22 より，引張側の最大軸力が生じる部材は AC 材であり，$P = 10 \text{kN}$ の場合，AC 材の軸力と垂直応力度は，次のようになります．

$$N^{AC} = 9P = 9 \times 10 = 90 \text{kN}, \quad \sigma_{max} = \frac{N^{AC}}{A} = \frac{90 \times 10^3}{2.826 \times 10^3} = 31.8 \text{N/mm}^2 \tag{6.47}$$

したがって，引張材の最大応力度 σ_{max} は，$\sigma_y = 180 \text{ N/mm}^2$ 以下ですから，安全であると判定されます．

次に，図 6.22 より，圧縮側の最大軸力を生じる部材は，AD 材で，$P = 10\text{kN}$ の場合，AD 材の軸力は，次のようになります．

$$N^{AD} = 15P = 15 \times 10 = 150 \text{kN} \tag{6.48}$$

トラスの場合，部材両端はピン接合（ヒンジ）ですから，座屈長さは部材長さになります．AD 材の部材長さは $5l$ ですから，$l = 1\text{m}$ の場合，(6.38)式より，座屈荷重は，次のように計算されます．

$$P_k = \frac{\pi^2 EI}{l_k^2} = \frac{\pi^2 EI}{(5l)^2} = \frac{3.14^2 \times (2 \times 10^5) \times (6.359 \times 10^5)}{(5 \times 10^3)^2} = 5.016 \times 10^4 \text{ N} = 50.16 \text{kN} \tag{6.49}$$

したがって，AD 材の軸力（150 kN）は，座屈荷重を超えているので，断面は安全ではないという判定になります．

最後に，AD 材の座屈荷重から，図 6.20 の問題の荷重 (16P) が何 kN になれば，トラス構造が崩壊するかを計算します．この荷重を**崩壊荷重**と呼びます．これは，荷重と応力の比例関係から次のように求めることができます．

$$\begin{aligned} &16P : N^{AD} = P_{崩壊} : P^k \quad \Rightarrow \quad P_{崩壊} = \frac{P^k}{N^{AD}} \cdot 16P \\ &\Rightarrow \quad P_{崩壊} = \frac{50.16}{150} \times 16 \times 10 = 53.5 \text{kN} \end{aligned} \tag{6.50}$$

6.5 演 習 問 題

6.5.1 はりの設計

(1) 下図左の単純ばりのせん断力図 (Q 図) と曲げモーメント図 (M 図) を描け．次に，下図右の断面の断面係数 $Z_x^{上}, Z_x^{下}$ を求めよ．最後に，$l = 9\mathrm{m}$，$w = 20\mathrm{kN/m}$，許容曲げ応力度 $f_b = 100\mathrm{N/mm^2}$ であるとき，下図右の断面の安全性について検討せよ．

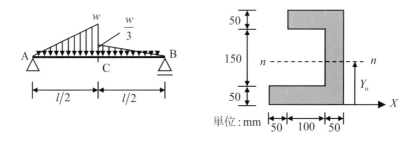

(2) 下図左の単純ばりのせん断力図 (Q 図) と曲げモーメント図 (M 図) を描け．次に，下図右のはり断面の形状係数 k を求めよ．最後に，$l = 5\mathrm{m}$，$M = 300\mathrm{kNm}$，許容せん断応力度 $f_s = 1\mathrm{N/mm^2}$ であるとき，下図右のはり断面の安全性について検討せよ．

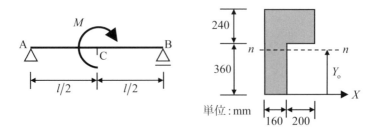

6.5.2 柱 の 設 計

(1) 下図左の骨組の軸力図（N 図）と曲げモーメント図（M 図）を描け．次に，下図右の柱断面の断面係数 Z_x を求めよ．最後に，$l = 5\,\mathrm{m}$，$w = 20\,\mathrm{kN/m}$，許容曲げ応力度 $f_b = 20\,\mathrm{N/mm^2}$ であるとき，下図右の柱断面の安全性について検討せよ．

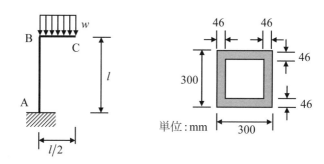

(2) 柱頭柱脚がピン支点で支持されている長さ 8 m の柱がある．柱断面が下図に示す形状であるとき，柱断面の強軸（x 軸），弱軸（y 軸）に対する座屈荷重，座屈応力度，断面 2 次半径，細長比を求めよ．ただし，ヤング係数を $E = 2 \times 10^5\,\mathrm{N/mm^2}$ とする．

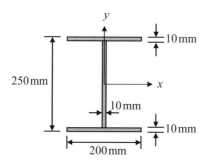

6.5.3 トラス部材の設計

(1) 下図左のトラス構造の軸力図（N 図）を描け．次に，下図中央の断面で，$P = 10\text{kN}$，$l = 1\text{m}$，降伏点強度 $\sigma_y = 180\,\text{N/mm}^2$ の場合の引張材の断面の安全性を検討せよ．また，ヤング係数 $E = 2\times10^5\,\text{N/mm}^2$ であるとき，圧縮材の座屈荷重を求め，圧縮材の断面の安全性を検討せよ．最後に，トラスの崩壊荷重（$8P$）を求めよ．

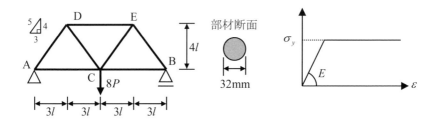

6.6　ま　と　め

　本章では，構造設計（許容応力度設計）の基礎として，はり断面の曲げモーメントに対する設計とせん断力に対する設計，柱断面の軸力と曲げモーメントに対する設計および座屈に対する設計，トラスの引張材断面と圧縮材断面の設計について学びました．なお，柱についても，せん断力に対する設計が必要ですが，ここでは省略しています．

　本章までが静定力学，材料力学の内容で，次章以降では，不静定力学について学んでいきます．

第7章　静定はりの変位

7.1　は じ め に

　建築物の構造設計では，部材断面に生じる最大応力度を許容応力度以内に収めるという制約以外にも，はりの**たわみ制限**などの**変位**に対する制約があります．
　そこで，本章では，単純ばりや片持ばりなどの**静定はりの変位**を求める方法として，**弾性曲線方程式**を用いる方法と**モールの定理**を用いる方法について学びます．なお，静定はりの変位を求める方法としては，モールの定理を用いる方法の方がより実用的ですが，その原理を知るためには，弾性曲線方程式を用いる方法も重要ですから，多少高度な内容とはなりますが，弾性曲線方程式を用いる方法についても詳しく解説しています．

7.2　弾性曲線方程式を用いる方法

　本節では，はりの曲げによる変位（たわみとたわみ角）を，弾性曲線方程式から求める方法について説明します．**弾性曲線方程式**とは，図 7.1 に示すように，はりが外力を受けて曲がったときの材軸の変形状態を表す微分方程式のことです．また，**たわみ**とは，図 7.1 に示すように，変形前の材軸に垂直な方向（y 方向）の変位を表し，**たわみ角**とは，たわみを表す曲線（たわみ曲線）の**接線の角度**（傾き）を表します．

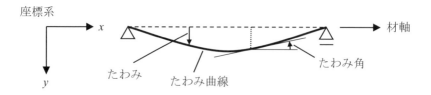

図 7.1　単純ばりのたわみとたわみ角

7.2.1　弾性曲線方程式の導出

　弾性曲線方程式は，4.4節で学んだ曲げモーメント（応力）と曲率（変形）の関係式から導くことができます．この関係式は，(4.38)式で表され，再記すると次のようになります．

$$M(x) = -EI\phi(x) \tag{7.1}$$

ここで，$M(x)$ は曲げモーメント，E はヤング係数，I は断面2次モーメント，$\phi(x)$ は曲率を表します．

　4.4.1項に示したように，この曲率 $\phi(x)$ は，曲線の曲がり方を表す物理量です．図 7.2(a)に示すように，曲線の曲がり方が急な場合は，曲線の接線の角度は大きく変化し，図 7.2(b)に示すように曲がり方が緩やかな場合は，接線の角度は小さく変化します．したがって，曲率 $\phi(x)$ は，曲線の接線の角度の変化率に関係していることがわかります．

　曲線の接線の角度は，曲線を表す関数の微分で表され，**たわみ曲線**を $y = v(x)$ とすると，x 点の接線の角度（**たわみ角**）は，$y' = dv(x)/dx$ となります．そして，曲率 $\phi(x)$ は，接線の角度の変化率ですから，接線の角度をさらに微分することによって，次式で表すことができます（(4.35)式参照）．

$$\phi(x) = \frac{d}{dx}\left(\frac{dv(x)}{dx}\right) = \frac{d^2v(x)}{dx^2} \tag{7.2}$$

　また，(7.1)式の右辺に負の符号が付くのは，図 7.3 に示すように，曲げモーメントが正（＋）のとき曲率が負（－）の関係にあるためです．

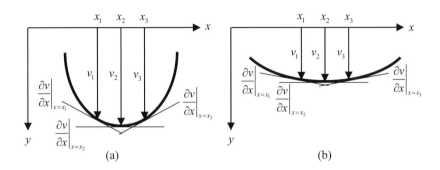

図 7.2　曲線の角度の変化と曲線の曲がりぐあいの関係

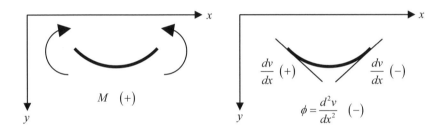

図 7.3　曲げモーメントと曲率の正負符号の関係

(7.1)式に(7.2)式を代入すると，次式の弾性曲線方程式が得られます．

$$\frac{d^2 v(x)}{dx^2} = -\frac{M(x)}{EI} \tag{7.3}$$

7.2.2　弾性曲線方程式による解法

次に，(7.3)式からはり材軸上の x 点のたわみ $v(x)$ とたわみ角 $\theta(x)$ を求める方法について説明します．なお，$\theta(x)$ は，$v(x)$ の接線の角度ですから，$\theta(x) = dv(x)/dx$ となります．

解き方の概略は，(7.3)式を以下のように積分していくことになります．まず，(7.3)式を 1 回積分すると，たわみ角 $\theta(x)$ が求められます．

$$\theta(x) = \frac{dv(x)}{dx} = \int\left(-\frac{M(x)}{EI}\right)dx \tag{7.4}$$

(7.4)式をさらに積分すると，たわみ $v(x)$ が求められます．

$$v(x) = \int \theta(x)dx = \int\left(\int\left(-\frac{M(x)}{EI}\right)dx\right)dx \tag{7.5}$$

ここで，高校で習った次式の不定積分の公式を復習しておきましょう．

$$\int f(x)dx = F(x) + C \tag{7.6}$$

上式の右辺の C は，**積分定数**と呼ばれるものです．また，$f(x)$ と $F(x)$ には次式の関係があります．

$$F'(x) = \frac{dF(x)}{dx} = f(x) \tag{7.7}$$

すなわち，$F(x)$ は x で微分すると $f(x)$ になる関数です．たとえば，$f(x) = x^n$ とすると，$F(x)$ は次のようになります．

$$F(x) = \frac{x^{n+1}}{n+1} \tag{7.8}$$

以上の公式を用いると，(7.4)式は次のようになります．

$$\theta(x) = \frac{dv(x)}{dx} = \int\left(-\frac{M(x)}{EI}\right)dx = \Phi(x) + C_1 \tag{7.9}$$

ただし，C_1 は積分定数で，$\Phi(x)$ は次式から計算されます．

$$\Phi'(x) = -\frac{M(x)}{EI} \tag{7.10}$$

また，(7.5)式は次のようになります．

$$v(x) = \int \theta(x)dx = \Theta(x) + C_2 \tag{7.11}$$

ただし，C_2 は積分定数で，$\Theta(x)$ は次式から計算されます．

$$\Theta'(x) = \Phi(x) + C_1 \tag{7.12}$$

したがって，$\theta(x) = \Phi(x) + C_1$，$v(x) = \Theta(x) + C_2$ となり，$\Phi(x)$ と $\Theta(x)$ は(7.10)式と(7.12)式から求まるので，積分定数 C_1 と C_2 が求まれば，(7.9)式と(7.11)式によって，たわみ角 $\theta(x)$ とたわみ $v(x)$ を求めることができます．

積分定数 C_1 と C_2 を求めるには，積分区間端部の $\theta(x)$ または $v(x)$ の値を与える必要があります．これを**境界条件**と呼びます．たとえば，図 7.4 の**単純ばりの境界条件**は，$x = 0$ と $x = l$ の支点でたわみ v が 0 となる条件です．式で表すと $v(0) = 0$，$v(l) = 0$ となります．また，図 7.5 の**片持ばりの境界条件**は，$x = 0$ の固定端でたわみ v とたわみ角 θ が 0 となる条件です．式で表すと，$v(0) = 0$，$\theta(0) = 0$ となります．

また，弾性曲線方程式を用いる方法では，変位の符号と方向の関係が重要になります．すなわち，図 7.6 に示すように，たわみとたわみ角の正方向は，第 2 章に示した右手直交座標系の正方向と一致します．この場合，たわみ角は，z 方向に右ねじをねじる方向（時計まわり）が正になりますが，x 軸が左向きに定義される場合は，z 軸が裏から表に出る方向に変わるため，たわみ角は，反時計まわりが正になることに注意してください．

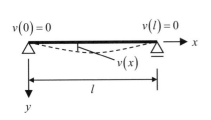

図 7.4　単純ばりの境界条件

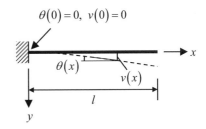

図 7.5　片持ばりの境界条件

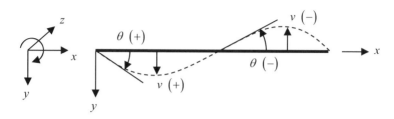

図 7.6　たわみとたわみ角の正負の符号

以上を整理すると，弾性曲線方程式による解法は，以下の手順で行うことになります．

> ①　曲げモーメント関数 $M(x)$ を求める．
> ②　(7.9)式の不定積分を計算することにより $\theta(x)$ を求める．
> ③　(7.11)式の不定積分を計算することにより $v(x)$ を求める．
> ④　境界条件を与えることにより積分定数 C_1 と C_2 を求める．
> ⑤　(7.9)式，(7.11)式に C_1, C_2 を代入することにより $\theta(x)$ と $v(x)$ を求める．

7.2.3　片持ばりの解法

前項の解法を理解するために，まず，図 7.7 に示す片持ばりの例題を解いてみましょう．この例題は，C 点のたわみ v_C とたわみ角 θ_C を求める問題です．ただし，EI は一定とします．図 7.8 は，例題の曲げモーメント図を示します．

以下，前項の解法手順に従って解いてみます．ただし，曲げモーメント関数の符号（+の定義）は，図 7.3 に従うものとします．

①　曲げモーメント関数 $M(x)$ を求める．

まず，図 7.9 に示すように，A 点を原点（$x=0$）とし，A 点から距離 x の X_1 点で切断し，そこに現れる内力 $M(x)$ を正方向（図 7.3 参照）に定義します．次に，X_1 点のモーメントの釣合式（$\sum M_{X_1}=0$）を立て，これから $M(x)=-Px$ が求まります．

7.2 弾性曲線方程式を用いる方法　113

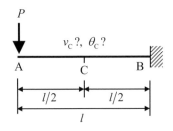

図 7.7　片持ばりの例題（その 1）

図 7.8　曲げモーメント図

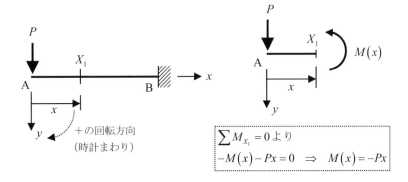

図 7.9　曲げモーメント関数 $M(x)$ の求め方

② (7.9)式の不定積分を計算することにより $\theta(x)$ を求める．
(7.9)式と(7.8)式の公式より，

$$\theta(x) = \int\left(-\frac{M(x)}{EI}\right)dx = \int\left(-\frac{-Px}{EI}\right)dx = \frac{P}{EI}\int x\,dx = \frac{P}{EI}\left(\frac{x^2}{2}\right) + C_1 \tag{7.13}$$

③ (7.11)式の不定積分を計算することにより $v(x)$ を求める．
(7.11)式と(7.13)式より，

$$v(x) = \int \theta(x)\,dx = \int\left\{\frac{P}{EI}\left(\frac{x^2}{2}\right) + C_1\right\}dx = \frac{P}{2EI}\left(\frac{x^3}{3}\right) + C_1 x + C_2 \tag{7.14}$$

④ 境界条件を与えることにより積分定数 C_1 と C_2 を求める．

図 7.7 の片持ばりの境界条件は，$\theta(l)=0$，$v(l)=0$ で与えられるため，(7.13)式と(7.14)式より，

$$\theta(l) = \frac{Pl^2}{2EI} + C_1 = 0 \quad \Rightarrow \quad C_1 = -\frac{Pl^2}{2EI}$$
$$v(l) = \frac{Pl^3}{6EI} - \frac{Pl^3}{2EI} + C_2 = 0 \quad \Rightarrow \quad C_2 = \frac{Pl^3}{3EI}$$
(7.15)

⑤ (7.9)式，(7.11)式に C_1，C_2 を代入することにより $\theta(x)$ と $v(x)$ を求める．

(7.15)式の C_1，C_2 を(7.13)式と(7.14)式に代入すると，

$$\theta(x) = \frac{P}{2EI}x^2 - \frac{Pl^2}{2EI}$$
$$v(x) = \frac{P}{6EI}x^3 - \frac{Pl^2}{2EI}x + \frac{Pl^3}{3EI}$$
(7.16)

以上で，解が得られたことになりますが，図 7.7 の例題では，はり中央の C 点のたわみ v_C とたわみ角 θ_C を求める問題となっていますから，(7.16)式に C 点の座標（$x=l/2$）を代入すると，次のようになります．

$$\theta_C = \theta\left(\frac{l}{2}\right) = \frac{P}{2EI}\left(\frac{l}{2}\right)^2 - \frac{Pl^2}{2EI} = -\frac{3Pl^2}{8EI} \quad (\circlearrowright)$$
$$v_C = v\left(\frac{l}{2}\right) = \frac{P}{6EI}\left(\frac{l}{2}\right)^3 - \frac{Pl^2}{2EI}\left(\frac{l}{2}\right) + \frac{Pl^3}{3EI} = \frac{5Pl^3}{48EI} \quad (\downarrow)$$
(7.17)

ここで，図 7.9 に示す座標系では，たわみ角の正は，図 7.6 に示すように時計まわりとなるため，(7.17)式に示すように，負の場合は反時計まわりとなります．また，たわみは正の場合は下向きになります．

次に，座標系が異なる問題として，図 7.10 の例題を解いてみます．図 7.11 は，例題の曲げモーメント図を示します．

7.2 弾性曲線方程式を用いる方法　115

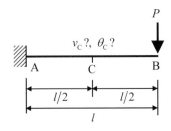

図 7.10　片持ばりの例題（その 2）　　　図 7.11　曲げモーメント図

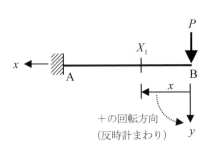
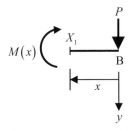

図 7.12　曲げモーメント関数 $M(x)$ の求め方

　この例題は，図 7.7 の固定端と自由端が入れ替わっただけです．ただし，これをこれまでと同様の方法で解こうとすると，図 7.12 に示すように B 点を原点にとることになり，x 軸の向きが左方向になります．この場合，図 7.6 に示す右手直交座標系に従うと，たわみ角の正の回転方向が反時計まわりとなります．

　この場合も，図 7.12 に示すように，曲げモーメント関数は，$M(x) = -Px$ となるため，図 7.7 の例題と同様に $\theta(x)$ と $v(x)$ の解は(7.16)式となります．唯一異なるのは，(7.17)式のたわみ角の回転方向で，符号が負の場合は時計まわりとなります．実際，図 7.7 と図 7.10 の片持ばりの変位図を描くと，図 7.7 の A 点のたわみ角は反時計まわり，図 7.10 の B 点のたわみ角は時計まわりになることがわかります．

7.2.4 単純ばりの解法

次に,図 7.13 に示す単純ばりの例題を解いてみましょう.この例題は,C 点のたわみ v_C とたわみ角 θ_C を求める問題です.ただし,EI は一定とします.図 7.14 は,曲げモーメント図を示します.

以下,7.1.2 項の解法手順に従って解いてみます.

① 曲げモーメント関数 $M(x)$ を求める.

図 7.15 に示すように,まず,支持点の反力を求め,A 点を原点($x=0$)として,A 点から距離 x の X_1 点で切断し,そこに現れる内力 $M(x)$ を正方向に定義します.次に,X_1 点のモーメントの釣合式を立て,これから $M(x)=(M/l)x$ が求まります.

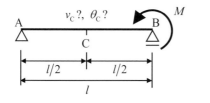

図 7.13 単純ばりの例題

図 7.14 曲げモーメント図

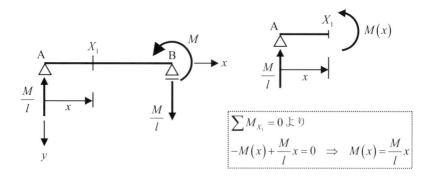

図 7.15 曲げモーメント関数 $M(x)$ の求め方

7.2 弾性曲線方程式を用いる方法

② (7.9)式の不定積分を計算することにより $\theta(x)$ を求める．
(7.9)式と(7.8)式の公式より，

$$\theta(x) = \int\left(-\frac{M(x)}{EI}\right)dx = \int\left(-\frac{Mx}{EI\!l}\right)dx = -\frac{M}{EI\!l}\int x\,dx = -\frac{M}{EI\!l}\left(\frac{x^2}{2}\right) + C_1 \tag{7.18}$$

③ (7.11)式の不定積分を計算することにより $v(x)$ を求める．
(7.11)式と(7.18)式より，

$$v(x) = \int \theta(x)\,dx = \int\left\{-\frac{M}{EI\!l}\left(\frac{x^2}{2}\right) + C_1\right\}dx = -\frac{M}{2EI\!l}\left(\frac{x^3}{3}\right) + C_1 x + C_2 \tag{7.19}$$

④ 境界条件を与えることにより積分定数 C_1 と C_2 を求める．
図 7.13 の単純ばりの境界条件は，$v(0) = 0$, $v(l) = 0$ で与えられるため，(7.19)式より，

$$\begin{aligned} v(0) &= C_2 = 0 \quad \Rightarrow \quad C_2 = 0 \\ v(l) &= -\frac{Ml^2}{6EI} + C_1 l = 0 \quad \Rightarrow \quad C_1 = \frac{Ml}{6EI} \end{aligned} \tag{7.20}$$

⑤ (7.9)式，(7.11)式に C_1, C_2 を代入することにより，$\theta(x)$ と $v(x)$ を求める．
(7.20)式の C_1, C_2 を(7.18)式と(7.19)式に代入すると，

$$\begin{aligned} \theta(x) &= -\frac{M}{2EI\!l}x^2 + \frac{Ml}{6EI} \\ v(x) &= -\frac{M}{6EI\!l}x^3 + \frac{Ml}{6EI}x \end{aligned} \tag{7.21}$$

したがって，はり中央のたわみ v_C とたわみ角 θ_C は次のようになります．

$$\begin{aligned} \theta_C &= \theta\left(\frac{l}{2}\right) = -\frac{M}{2EI\!l}\left(\frac{l}{2}\right)^2 + \frac{Ml}{6EI} = \frac{Ml}{24EI} \ (\curvearrowleft) \\ v_C &= v\left(\frac{l}{2}\right) = -\frac{M}{6EI\!l}\left(\frac{l}{2}\right)^3 + \frac{Ml}{6EI}\left(\frac{l}{2}\right) = \frac{Ml^2}{16EI} \ (\downarrow) \end{aligned} \tag{7.22}$$

7.2.5 片持ばりの応用問題の解法

次に，片持ばりの応用問題として，図7.16に示す例題を解いてみましょう．この例題は，A 点のたわみ v_A とたわみ角 θ_A を求める問題です．ただし，E は一定とし，I は図に示すとおりとします．図 7.17 は，曲げモーメント図を示します．

以下，7.1.2 項の解法手順に従って解いてみます．

① 曲げモーメント関数 $M(x)$ を求める．

図 7.18 に示すように，この場合は，AC 間と CB 間の 2 箇所で切断し，それぞれの区間の曲げモーメント関数 $M^{AC}(x)$ と $M^{CB}(x)$ を求める必要があります．なお，ここでは，AC 間では A 点を原点とし，CB 間では C 点を原点としています．図 7.18 より，X_1 点のモーメントの釣合式から $M^{AC}(x) = -Px$ が求められ，X_2 点のモーメントの釣合式から $M^{CB}(x) = -2Px - Pl/2$ が求められます．

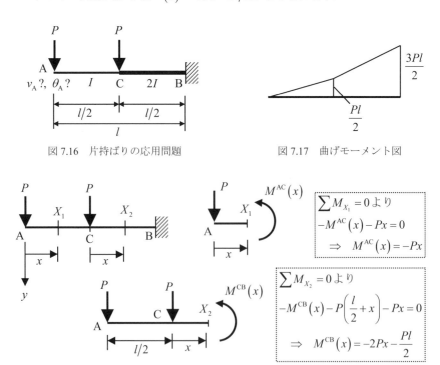

図 7.16　片持ばりの応用問題　　　　図 7.17　曲げモーメント図

図 7.18　曲げモーメント関数 $M(x)$ の求め方

② (7.9)式の不定積分を計算することにより $\theta(x)$ を求める.

この問題では，AC 間と CB 間で曲げモーメント関数が異なるため，それぞれの区間の $\theta(x)$ を計算する必要があります．また，この問題では，AC 間と CB 間で断面 2 次モーメントが異なることにも注意が必要です．

(7.9)式と(7.8)式の公式より，

$$\theta^{AC}(x) = \int \left(-\frac{M^{AC}(x)}{EI} \right) dx = \int \left(\frac{Px}{EI} \right) dx = \frac{P}{EI}\left(\frac{x^2}{2}\right) + C_1$$
$$\theta^{CB}(x) = \int \left(-\frac{M^{CB}(x)}{2EI} \right) dx = \int \left(\frac{Px}{EI} + \frac{Pl}{4EI} \right) dx = \frac{P}{EI}\left(\frac{x^2}{2}\right) + \frac{Pl}{4EI}x + C_3 \quad (7.23)$$

③ (7.11)式の不定積分を計算することにより $v(x)$ を求める．

(7.11)式と(7.23)式より，

$$v^{AC}(x) = \int \theta^{AC}(x) dx = \int \left\{ \frac{P}{EI}\left(\frac{x^2}{2}\right) + C_1 \right\} dx = \frac{P}{2EI}\left(\frac{x^3}{3}\right) + C_1 x + C_2$$
$$v^{CB}(x) = \int \theta^{CB}(x) dx = \int \left\{ \frac{P}{EI}\left(\frac{x^2}{2}\right) + \frac{Pl}{4EI}x + C_3 \right\} dx \quad (7.24)$$
$$= \frac{P}{2EI}\left(\frac{x^3}{3}\right) + \frac{Pl}{4EI}\left(\frac{x^2}{2}\right) + C_3 x + C_4$$

④ 境界条件を与えることにより積分定数 C_1, C_2, C_3, C_4 を求める．

この問題では，4 つの積分定数がありますから，境界条件も 4 つ必要です．まず，片持ばりの固定端の境界条件として，$\theta^{CB}(l/2) = 0$，$v^{CB}(l/2) = 0$ が与えられ，

$$\theta^{CB}\left(\frac{l}{2}\right) = \frac{P}{2EI}\left(\frac{l}{2}\right)^2 + \frac{Pl}{4EI}\left(\frac{l}{2}\right) + C_3 = 0 \quad \Rightarrow \quad C_3 = -\frac{Pl^2}{4EI}$$
$$v^{CB}\left(\frac{l}{2}\right) = \frac{P}{6EI}\left(\frac{l}{2}\right)^3 + \frac{Pl}{8EI}\left(\frac{l}{2}\right)^2 - \frac{Pl^2}{4EI}\left(\frac{l}{2}\right) + C_4 = 0 \quad \Rightarrow \quad C_4 = \frac{7Pl^3}{96EI} \quad (7.25a)$$

が求まります．次に，曲げモーメントが不連続となる C 点において，たわみ角 θ_C とたわみ v_C が連続している条件（連続体が折れ曲がったり，切断されていないという条件）から，$\theta^{AC}(l/2) = \theta^{CB}(0)$，$v^{AC}(l/2) = v^{CB}(0)$ が与えられ，これから

$$\begin{aligned}
\theta^{\mathrm{AC}}\left(\frac{l}{2}\right) &= \theta^{\mathrm{CB}}(0) \Rightarrow \frac{P}{2EI}\left(\frac{l}{2}\right)^2 + C_1 = C_3 \Rightarrow C_1 = -\frac{3Pl^2}{8EI} \\
v^{\mathrm{AC}}\left(\frac{l}{2}\right) &= v^{\mathrm{CB}}(0) \Rightarrow \frac{P}{6EI}\left(\frac{l}{2}\right)^3 + C_1\left(\frac{l}{2}\right) + C_2 = C_4 \Rightarrow C_2 = \frac{23Pl^3}{96EI}
\end{aligned}$$
(7.25b)

が求まります．

⑤ C_1, C_2, C_3, C_4 を代入することにより，$\theta(x)$ と $v(x)$ を求める．

(7.25a)式，(7.25b)式の C_1, C_2, C_3, C_4 を(7.23)式，(7.24)式に代入すると，次式の解が求まります．

$$\begin{aligned}
\theta^{\mathrm{AC}}(x) &= \frac{P}{2EI}x^2 - \frac{3Pl^2}{8EI} \\
\theta^{\mathrm{CB}}(x) &= \frac{P}{2EI}x^2 + \frac{Pl}{4EI}x - \frac{Pl^2}{4EI} \\
v^{\mathrm{AC}}(x) &= \frac{P}{6EI}x^3 - \frac{3Pl^2}{8EI}x + \frac{23Pl^3}{96EI} \\
v^{\mathrm{CB}}(x) &= \frac{P}{6EI}x^3 + \frac{Pl}{8EI}x^2 - \frac{Pl^2}{4EI}x + \frac{7Pl^3}{96EI}
\end{aligned}$$
(7.26)

したがって，A 点のたわみ角 θ_A とたわみ v_A は，次のように求まります．

$$\theta_\mathrm{A} = \theta^{\mathrm{AC}}(0) = -\frac{3Pl^2}{8EI}\ (\circlearrowleft),\quad v_\mathrm{A} = v^{\mathrm{AC}}(0) = \frac{23Pl^3}{96EI}\ (\downarrow)$$
(7.27)

7.2.6 単純ばりの応用問題の解法

次に，単純ばりの応用問題として，図 7.19 に示す例題を解いてみましょう．この例題は，C 点のたわみ v_C とたわみ角 θ_C を求める問題です．ただし，E は一定とし，I は図に示すとおりとします．図 7.20 は，曲げモーメント図を示します．

以下，7.1.2 項の解法手順に従って解いてみます．

① 曲げモーメント関数 $M(x)$ を求める．

図 7.21 に示すように，この場合は，AC 間と BC 間の 2 箇所で切断し，それぞれの区間の曲げモーメント関数 $M^{\mathrm{AC}}(x)$ と $M^{\mathrm{BC}}(x)$ を求める必要があります．

7.2 弾性曲線方程式を用いる方法　121

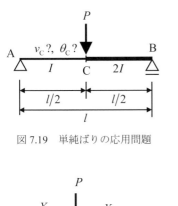

図 7.19　単純ばりの応用問題

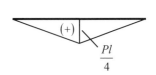

図 7.20　曲げモーメント図

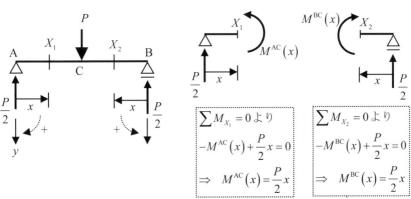

図 7.21　曲げモーメント関数 $M(x)$ の求め方

　また，$M^{AC}(x)$ を求める場合は，A 点を原点とし，x 座標を右方向に定義するのに対して，$M^{BC}(x)$ を求める場合は，B 点を原点とし，x 座標を左方向に定義します．したがって，AC 間と BC 間でたわみ角の正の回転方向が異なることに注意が必要です．なお，この場合，AC 間は時計まわりが正，BC 間は反時計まわりが正となります．図 7.21 より，X_1 点のモーメントの釣合式から $M^{AC}(x) = (P/2)x$ が求められ，X_2 点のモーメントの釣合式から $M^{BC}(x) = (P/2)x$ が求められます．

② (7.9)式の不定積分を計算することにより $\theta(x)$ を求める．
　この問題では，AC 間と BC 間でそれぞれの $\theta(x)$ を計算する必要があります．また，AC 間と BC 間の断面 2 次モーメントが異なることにも注意が必要です．

(7.9)式と(7.8)式の公式より,

$$\theta^{AC}(x) = \int \left(-\frac{M^{AC}(x)}{EI}\right)dx = \int\left(-\frac{Px}{2EI}\right)dx = -\frac{P}{2EI}\int x\,dx = -\frac{P}{2EI}\left(\frac{x^2}{2}\right) + C_1$$
$$\theta^{BC}(x) = \int \left(-\frac{M^{BC}(x)}{2EI}\right)dx = \int\left(-\frac{Px}{4EI}\right)dx = -\frac{P}{4EI}\int x\,dx = -\frac{P}{4EI}\left(\frac{x^2}{2}\right) + C_3 \quad (7.28)$$

③ (7.11)式の不定積分を計算することにより $v(x)$ を求める.

(7.11)式と(7.28)式より,

$$v^{AC}(x) = \int \theta^{AC}(x)dx = \int\left\{-\frac{P}{2EI}\left(\frac{x^2}{2}\right) + C_1\right\}dx = -\frac{P}{4EI}\left(\frac{x^3}{3}\right) + C_1 x + C_2$$
$$v^{BC}(x) = \int \theta^{BC}(x)dx = \int\left\{-\frac{P}{4EI}\left(\frac{x^2}{2}\right) + C_3\right\}dx = -\frac{P}{8EI}\left(\frac{x^3}{3}\right) + C_3 x + C_4 \quad (7.29)$$

④ 境界条件を与えることにより積分定数 C_1, C_2, C_3, C_4 を求める.

この問題では,4つの積分定数がありますから,境界条件も4つ必要です.まず,単純ばりの支持点の境界条件として $v^{AC}(0) = 0$, $v^{BC}(0) = 0$ が与えられ,C点でのたわみとたわみ角の連続条件として $v^{AC}(l/2) = v^{BC}(l/2)$, $\theta^{AC}(l/2) = -\theta^{BC}(l/2)$ が与えられます.以上の条件より,C_1, C_2, C_3, C_4 は次のように求まります.

$$\begin{aligned}
&v^{AC}(0) = C_2 = 0 \Rightarrow C_2 = 0 \\
&v^{BC}(0) = C_4 = 0 \Rightarrow C_4 = 0 \\
&v^{AC}\left(\frac{l}{2}\right) = v^{BC}\left(\frac{l}{2}\right) \Rightarrow -\frac{P}{12EI}\left(\frac{l}{2}\right)^3 + C_1\left(\frac{l}{2}\right) = -\frac{P}{24EI}\left(\frac{l}{2}\right)^3 + C_3\left(\frac{l}{2}\right) \\
&\Rightarrow C_1 - C_3 = \frac{Pl^2}{96EI} \\
&\theta^{AC}\left(\frac{l}{2}\right) = -\theta^{BC}\left(\frac{l}{2}\right) \Rightarrow -\frac{P}{4EI}\left(\frac{l}{2}\right)^2 + C_1 = \frac{P}{8EI}\left(\frac{l}{2}\right)^2 - C_3 \\
&\Rightarrow C_1 + C_3 = \frac{3Pl^2}{32EI} \Rightarrow C_1 = \frac{5Pl^2}{96EI},\quad C_3 = \frac{4Pl^2}{96EI}
\end{aligned} \quad (7.30)$$

ここで注意すべき点は，AC間とBC間ではたわみ角の正方向が異なるため，たわみ角の連続条件の右辺にマイナスの符号が加わる点です．

⑤ C_1, C_2, C_3, C_4 を代入することにより，$\theta(x)$ と $v(x)$ を求める．

(7.30)式の C_1, C_2, C_3, C_4 を(7.28)式，(7.29)式に代入すると，

$$\begin{aligned}\theta^{AC}(x) &= -\frac{P}{4EI}x^2 + \frac{5Pl^2}{96EI} & v^{AC}(x) &= -\frac{P}{12EI}x^3 + \frac{5Pl^2}{96EI}x \\ \theta^{BC}(x) &= -\frac{P}{8EI}x^2 + \frac{4Pl^2}{96EI} & v^{BC}(x) &= -\frac{P}{24EI}x^3 + \frac{4Pl^2}{96EI}x\end{aligned} \quad (7.31)$$

したがって，C点のたわみ角は，

$$\theta_C = \theta^{AC}\left(\frac{l}{2}\right) = -\frac{P}{4EI}\left(\frac{l}{2}\right)^2 + \frac{5Pl^2}{96EI} = -\frac{Pl^2}{96EI} \quad (\circlearrowleft) \quad (7.32)$$

あるいは，次式からも同じ解が求まります．

$$\theta_C = \theta^{BC}\left(\frac{l}{2}\right) = -\frac{P}{8EI}\left(\frac{l}{2}\right)^2 + \frac{4Pl^2}{96EI} = \frac{Pl^2}{96EI} \quad (\circlearrowleft) \quad (7.33)$$

また，C点のたわみは，次のように求まります．

$$v_C = v^{AC}\left(\frac{l}{2}\right) = v^{BC}\left(\frac{l}{2}\right) = \frac{Pl^3}{64EI} \quad (\downarrow) \quad (7.34)$$

7.3 モールの定理を用いる方法

本節では，はりの曲げによる変位（たわみとたわみ角）を，**モールの定理**によって求める方法を説明します．モールの定理を用いる方法は，弾性曲線方程式を用いる方法に比較して，より簡単にたわみやたわみ角を求めることができます．

7.3.1 モールの定理とその解法

モールの定理は，弾性曲線方程式の性質をうまく利用したものですが，その原理は多少複雑です．

まず，(7.3)式の弾性曲線方程式は，次のように表せます．

$$\frac{d^2v(x)}{dx^2} = \frac{d}{dx}\left(\frac{dv(x)}{dx}\right) = \frac{d\theta(x)}{dx} = -\frac{M(x)}{EI} \tag{7.35}$$

次に，(7.35)式と同様の形式で，曲げモーメント $M(x)$，せん断力 $Q(x)$ と外力（分布荷重）$w(x)$ の関係式を導きます．図 7.22 は，分布荷重が作用する部材の一部を切り出して，内力と外力の関係を示したものです．ここで，左側の断面の応力（曲げモーメント，せん断力）に比較して，右側の断面の応力は少し変化が生じていますから $dM(x)$，$dQ(x)$ が付加されています．

図 7.22 に示す微小要素に作用する力に対して釣合式を立てると，まず，y 方向の釣り合いから，次式が得られます．

$$w(x)dx - Q(x) + \{Q(x) + dQ(x)\} = 0 \;\; \Rightarrow \;\; \frac{dQ(x)}{dx} = -w(x) \tag{7.36}$$

また，右側断面の中心（黒丸）のモーメントの釣り合いから次式が得られます．

$$Q(x)dx + M(x) - \{M(x) + dM(x)\} - w(x)dx \cdot \frac{dx}{2} = 0 \;\; \Rightarrow \;\; \frac{dM(x)}{dx} = Q(x) \tag{7.37}$$

ただし，上式では，左辺の $w(x)dx \cdot dx/2$ は，高次の微小量（微小量×微小量）として無視されています．

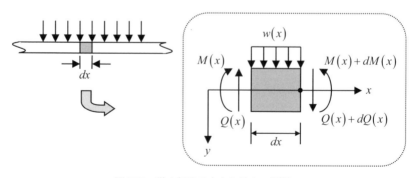

図 7.22　微小部分の内力と外力の関係

(7.36)式と(7.37)式より，次のような関係式が導かれます．

$$\frac{d^2M(x)}{dx^2} = \frac{d}{dx}\left(\frac{dM(x)}{dx}\right) = \frac{dQ(x)}{dx} = -w(x) \tag{7.38}$$

(7.38)式は，(7.35)式と類似した微分方程式で，(7.35)式がたわみとたわみ角を求める**変位の微分方程式**であるのに対して，(7.38)式は曲げモーメントとせん断力を求める**応力の微分方程式**です．

例として，(7.38)式を用いて，図7.23に示す片持ばりの曲げモーメント $M(x)$ とせん断力 $Q(x)$ を求めてみましょう．なお，図7.23には，左端（自由端）から距離 x の X_1 点で切ったときの y 方向の釣合式（$\sum Y = 0$）と X_1 点のモーメントの釣合式（$\sum M_{X_1} = 0$）から求めた $Q(x)$ と $M(x)$ を示しています．

一方，(7.38)式に $w(x) = w$ を代入して積分すると，次のように $Q(x)$ と $M(x)$ が求められます．

$$\begin{aligned}&\frac{d^2M(x)}{dx^2} = -w(x) \Rightarrow \frac{d^2M(x)}{dx^2} = -w \\ &\Rightarrow Q(x) = \frac{dM(x)}{dx} = -wx + C_1 \Rightarrow M(x) = -\frac{w}{2}x^2 + C_1 x + C_2\end{aligned} \tag{7.39}$$

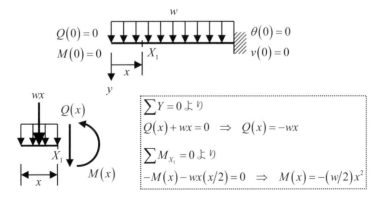

図7.23　片持ばりの例題と釣合式から求めた $Q(x)$ と $M(x)$

ここで，積分定数 C_1, C_2 は，積分区間両端の $Q(x)$ または $M(x)$ の条件（境界条件）から求まります．図 7.23 では，片持ばりの自由端の条件（$Q(0)=0$, $M(0)=0$）が**応力の境界条件**となります．そこで，この条件を(7.39)式に適用すると，$C_1 = C_2 = 0$ が求まり，$Q(x) = -wx$, $M(x) = -(w/2)x^2$ が得られます．これは，図 7.23 に示す力の釣合式から求めた解と一致します．

すなわち，力の釣合式によってせん断力 $Q(x)$ と曲げモーメント $M(x)$ を求めることは，(7.38)式の応力の微分方程式を解くことと同等の意味を持ちます．

ところで，(7.35)式と(7.38)式を比較すると，図7.24に示す対応関係があります．すなわち，たわみ $v(x)$ が曲げモーメント $M(x)$ に，たわみ角 $\theta(x)$ がせん断力 $Q(x)$ に，また，$M(x)/EI$ は分布荷重 $w(x)$ に対応しています．したがって，(7.38)式の $w(x)$ を(7.35)式の $M(x)/EI$ に置き換えて，力の釣合式により曲げモーメント $M(x)$ とせん断力 $Q(x)$ を求めれば，それがすなわちたわみ $v(x)$ とたわみ角 $\theta(x)$ を求めることになります（図 7.25）．これが**モールの定理**の原理です．

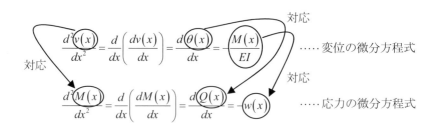

図 7.24　変位の微分方程式と応力の微分方程式の関係

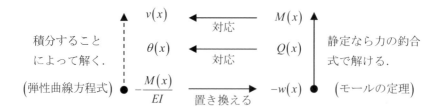

図 7.25　モールの定理の原理のイメージ

ただし, (7.35)式は**変位の微分方程式**, (7.38)式は**応力の微分方程式**であるため, **境界条件**に注意する必要があります. すなわち, モールの定理を用いる場合, 応力の微分方程式を用いて変位を求めるわけですから, (7.35)式の変位の境界条件は, (7.38)式の応力の境界条件に置き換える必要があります. 具体的には, (7.35)式で, 変位で与えられる境界条件は, (7.38)式では応力で与える必要があり, また, (7.35)式で, 応力で与えられる境界条件は, (7.38)式では変位で与える必要があります.

図 7.26 と図 7.27 は, 単純ばりと片持ばりで, **原問題**（もとの問題）の境界条件と**仮想荷重問題**（$M(x)/EI$ を分布荷重 $w(x)$ に置き換えた問題）の境界条件を示しています. 図 7.26 に示すように, 単純ばりの場合, ピン支点およびローラー支点でたわみと曲げモーメントが 0 になります. この場合は, 応力と変位の境界条件が置き換わっても（$v \to M, M \to v$）, 同じ条件になります. これに対して, 図 7.27 に示す片持ばりでは, 固定端でたわみとたわみ角が 0 になり, 自由端で曲げモーメントとせん断力が 0 になります. この場合は, 応力と変位の境界条件が置き換わると（$v \to M, \theta \to Q, M \to v, Q \to \theta$）, 固定端が左右入れ替わることになります.

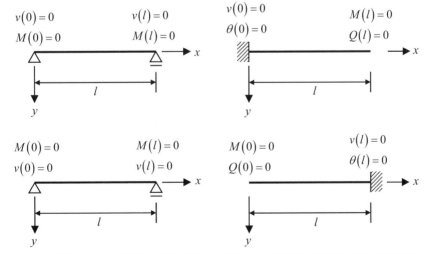

図 7.26　単純ばりの境界条件の置き換え　　図 7.27　片持ばりの境界の条件の置き換え

以上より，モールの定理による解法は，以下の手順で行うことになります．

① 原問題の曲げモーメント図を作成する．
② 仮想荷重問題の分布荷重を設定する．具体的には，①の曲げモーメント図を上下逆にして，それを EI で割ったものを分布荷重にする．
③ 仮想荷重問題の境界条件を設定する．具体的には，原問題の変位の境界条件を応力の境界条件とし，応力の境界条件を変位の境界条件とする．
④ 変位を求めたい点で切断し，せん断力（たわみ角）と曲げモーメント（たわみ）を求める．ただし，せん断力と曲げモーメントは正方向に定義する．

7.3.2 片持ばりの解法

前項の解法を理解するために，図 7.28 に示す片持ばりの例題を解いてみましょう．この例題は，C 点のたわみ v_C とたわみ角 θ_C を求める問題です．ただし，EI は一定とします．図 7.29 は，例題の曲げモーメント図を示します．

図 7.30 は，前項の手順②と手順③によって，仮想荷重問題を作成したものです．まず，手順②に従って，図 7.29 の曲げモーメント図を上下逆にして，これを上向きの分布荷重としています．これは，図 7.29 に示すように，この場合の曲げモーメントは，図 7.3 の曲げモーメントの符号に従うと負になるため，分布荷重も負の向きに設定する必要があるためです（y 軸の正は下向き）．次に，手順③に従って，原問題の変位の境界条件と応力の境界条件を置き換えます．この場合，図 7.27 に示すように，片持ばりの固定端が左右入れ替わることになります．また，ここでは，右端部の分布荷重の大きさを w と置き，$w = Pl/EI$ としています．

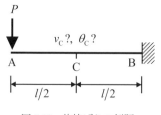

図 7.28　片持ばりの例題

図 7.29　曲げモーメント図

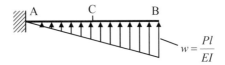

図 7.30　例題の仮想荷重問題

次に，手順④に従って，図 7.30 の仮想荷重問題の中央点（C 点）で切断し，せん断力と曲げモーメントを求めます．ただし，この場合，C 点で切って左側の釣り合いをとる方法と，右側の釣り合いをとる方法があります．

まず，図 7.31 は，C 点で切って左側の釣り合いをとる方法を示します．この場合は，あらかじめ反力を求めておく必要があります．図 7.31 に示す釣合式から求められた Q_C と M_C に $w = Pl/EI$ を代入すると，次式の解が得られます．

$$\begin{aligned}\theta_C = Q_C = -\frac{3wl}{8} = -\frac{3Pl^2}{8EI} \quad (\circlearrowright) \\ v_C = M_C = \frac{5wl^2}{48} = \frac{5Pl^3}{48EI} \quad (\downarrow)\end{aligned} \quad (7.40)$$

一方，図 7.32 は C 点で切って右側の釣り合いをとる方法を示しています．

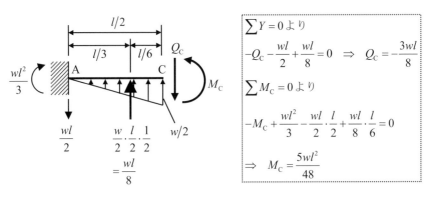

図 7.31　C 点のせん断力と曲げモーメントを求める方法（その 1）

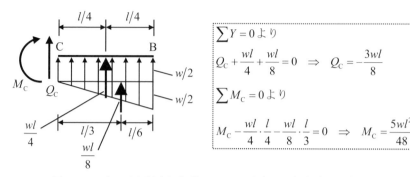

図 7.32　C 点のせん断力と曲げモーメントを求める方法（その 2）

　図 7.32 の場合は，台形の分布荷重になるため，これを長方形と三角形の分布荷重の合成と考えて，それぞれの合力を計算します．そして，同様の力の釣合式を立てると，図 7.31 に示すものと同じ解が得られます．したがって，C 点のたわみ角とたわみは(7.40)式と同じになります．

　なお，モールの定理を用いる場合，曲げモーメントとせん断力を正の向きに定義しておけば，x 軸の向きによってたわみ角の正負が変わることはありません．

7.3.3　単純ばりの解法

　次に，図 7.33 に示す単純ばりの例題を解いてみましょう．この例題は，C 点のたわみ v_C とたわみ角 θ_C を求める問題です．ただし，EI は一定とします．図 7.34 は，曲げモーメント図を示します．

　図 7.35 は，7.2.1 項の手順②と手順③によって，仮想荷重問題を作成したものです．まず，手順②に従って，図 7.34 の曲げモーメント図を上下逆にして，これを下向きの分布荷重としています．これは，図 7.34 に示すように，この場合の曲げモーメントは正になるため，分布荷重も正の向きに設定する必要があるためです．また，手順③に従って，原問題の変位の境界条件と応力の境界条件を置き換えます．この場合，図 7.26 に示すように，境界条件の変化はありません．

　次に，手順④に従って，図 7.35 の仮想荷重問題の C 点で切断し，せん断力と曲げモーメントを求めます．図 7.36 は，C 点で切って左側の釣り合いをとった場合の結果を示します．ただし，この場合は，あらかじめ反力を計算しておく必要が

あります．図 7.36 に示す釣合式によって求められた Q_C と M_C に，図 7.35 に示す $w = M/EI$ を代入すると，次式の解が得られます．

$$\theta_C = Q_C = \frac{wl}{9} = \frac{Ml}{9EI} \quad (\circlearrowleft)$$
$$v_C = M_C = \frac{4wl^2}{81} = \frac{4Ml^2}{81EI} \quad (\downarrow)$$
(7.41)

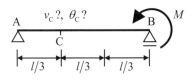

図 7.33　単純ばりの例題

図 7.34　曲げモーメント図

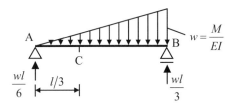

図 7.35　例題の仮想荷重問題

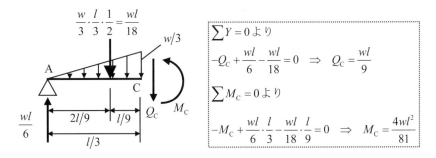

図 7.36　C 点のせん断力と曲げモーメントを求める方法

7.3.4 応用問題の解法

次に，応用問題として，図7.37に示す**張出しばり**の例題を解いてみましょう．この例題は，B点のたわみ角θ_BとC点のたわみv_Cを求める問題です．ただし，EIは一定としています．図 7.38 は，曲げモーメント図を示します．

図 7.39 は，7.3.1 項の手順②と手順③によって，仮想荷重問題を作成したものです．まず，手順②に従って，図 7.38 の曲げモーメント図を上下逆にして，これを下向きの分布荷重としています．また，図 7.40 は，手順③に従って，原問題の変位の境界条件と応力の境界条件を置き換えたものです．ここで，中間位置にあるローラー支点では，曲げモーメントのみが 0 になるヒンジに変換されます．また，ここでは，中央部の分布荷重の大きさをwとおき，$w = Pl/2EI$としています．

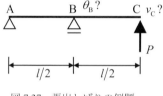

図 7.37　張出しばりの例題

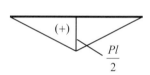

図 7.38　曲げモーメント図

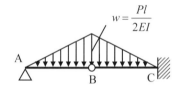

図 7.39　例題の仮想荷重問題

図 7.40　変位の境界条件と応力の境界条件の置き換え

次に，手順④に従って，図 7.39 の仮想荷重問題の B 点と C 点で切断し，せん断力と曲げモーメントを求めます．ただし，この場合は，仮想荷重問題の A 点の反力を計算する必要があります．この反力は，図 7.41 に示すように，ヒンジ点 B で切断し，B 点まわりのモーメントが 0 という条件から算出します．次に，図 7.42 の左図に示すように，B 点で切断し，B 点のせん断力 Q_B を求め，図 7.42 の右図に示すように，C 点で切断し，C 点の曲げモーメント M_C を求めます．最後に，Q_B，M_C に，図 7.39 に示す $w = Pl/2EI$ を代入すると，次式の解が得られます．

$$\theta_B = Q_B = -\frac{wl}{6} = -\frac{Pl^2}{12EI} \quad (\circlearrowright)$$
$$v_C = M_C = -\frac{wl^2}{6} = -\frac{Pl^3}{12EI} \quad (\uparrow) \tag{7.42}$$

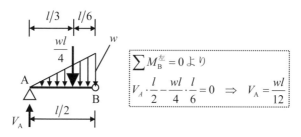

図 7.41 仮想荷重問題の反力計算

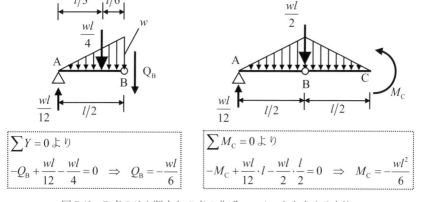

図 7.42 B 点のせん断力と C 点の曲げモーメントを求める方法

次に，同様の応用問題として，図7.43に示す例題を解いてみましょう．この例題は，A 点のたわみ角 θ_A と C 点のたわみ v_C を求める問題です．ただし，E は一定とし，I は図に示すとおりとします．図 7.44 は，曲げモーメント図を示します．なお，この場合，図 7.41 と同様に C 点で切って，C 点の曲げモーメントが 0 という条件から A 点の反力 V_A を求める必要があります．この場合，$V_A = 0$ となり，図 7.44 の曲げモーメント図が得られます．

図 7.45 は，7.3.1 項の手順②と手順③によって，仮想荷重問題を作成したものです．まず，手順②に従って，図 7.44 の曲げモーメント図を上下逆にして，これを上向きの分布荷重としています．また，手順③に従って，原問題の変位の境界条件と応力の境界条件を置き換えます．この場合，図 7.40 の右から左への置き換えになります．また，ここでは，右端部の分布荷重の大きさを w とおき，CB 間の断面 2 次モーメントが $2I$ であることに注意して，$w = Pl/4EI$ としています．

次に，手順④に従って，図 7.45 の仮想荷重問題の A 点と C 点で切断し，せん断力と曲げモーメントを求めます．ただし，この場合は，仮想荷重問題の反力の計算が必要で，これを図 7.46 に示しています．また，図 7.47 では，A 点の左側の釣り合いと，C 点の右側の釣り合いによって，Q_A と M_C を求めています．

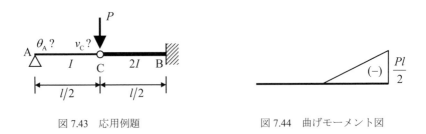

図 7.43　応用例題　　　　　　　図 7.44　曲げモーメント図

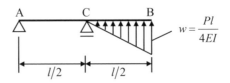

図 7.45　例題の仮想荷重問題

7.3 モールの定理を用いる方法　135

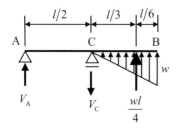

図 7.46　仮想荷重問題の反力計算

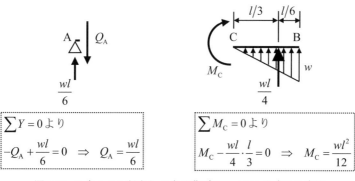

図 7.47　B 点のせん断力と C 点の曲げモーメントを求める方法

図 7.47 の釣合式で得られた Q_A と M_C に，図 7.45 に示す $w = Pl/4EI$ を代入すると，次式の解が得られます．

$$\begin{aligned} \theta_A &= Q_A = \frac{wl}{6} = -\frac{Pl^2}{24EI} \quad (\curvearrowleft) \\ v_C &= M_C = \frac{wl^2}{12} = \frac{Pl^3}{48EI} \quad (\downarrow) \end{aligned} \quad (7.43)$$

最後に，図 7.48 に，モールの定理における原問題と仮想荷重問題における境界条件の変化について整理しておきます．

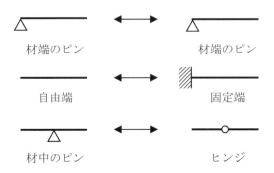

図 7.48　モールの定理における境界条件の変化のまとめ

7.4 演　習　問　題

7.4.1 弾性曲線方程式を用いる方法

以下の問題の指定された点のたわみ v およびたわみ角 θ を，弾性曲線方程式を用いて求めよ．ただし，指定のない問題の EI は一定とする．

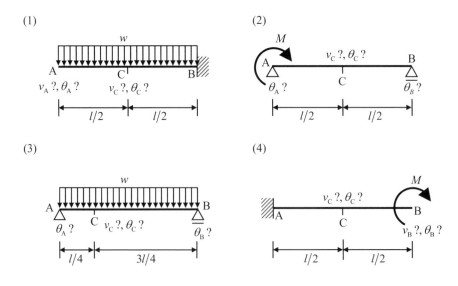

(5) (6)

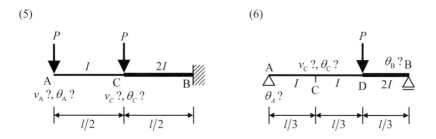

7.4.2 モールの定理を用いる方法

以下の問題の指定された点のたわみ v およびたわみ角 θ を，モールの定理を用いて求めよ．ただし，指定のない問題の EI は一定とする．

(1) (2)

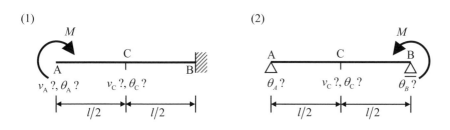

(3) (4)

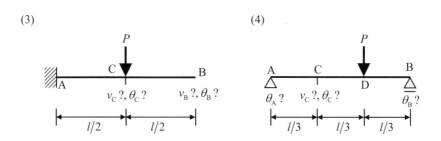

(5)   (6)

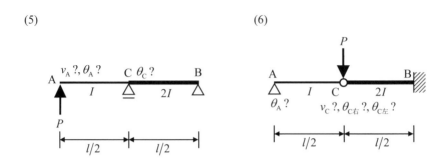

7.5 ま と め

　本章では，単純ばりや片持ばりなどの静定はりの変位を求める方法として，弾性曲線方程式を用いる方法とモールの定理を用いる方法を学びました．

　次章では，静定骨組の変位を求める方法について学びます．

第 8 章　静定骨組の変位

8.1　はじめに

　建築物の構造設計では，地震力に対する**層間変位**（層間変形角）の制限など，**骨組の変位**に対する制約があります．また，次章に示す，不静定骨組の応力を求める場合にも，骨組の変位を求める必要があります．しかしながら，第 7 章に示した弾性曲線方程式やモールの定理を用いる方法は，一本の静定はりの変位を求める場合には有効ですが，ラーメン構造のように柱とはりで材軸（x 軸）方向が異なる問題には適用できません．

　そこで本章では，**静定ラーメン**，**静定トラス**などの**静定骨組の変位**を求める方法として，**仮想仕事法**を用いる方法を学びます．

8.2　静定ラーメンの変位

　本節では，仮想仕事法を用いて静定ラーメンの変位を求める方法を説明します．

8.2.1　仮想仕事式の導出とその解法

　まず，静定ラーメンの変位を求めるための仮想仕事式を導きます．
　仮想仕事法は，**外力の仕事量**（外力×変位）の総和が，**内力の仕事量**（内力×変形）の総和に等しいとする**エネルギー保存則**にもとづいています．まず，図 8.1 に示す 1 本のはりで，このようなエネルギー保存則を考えてみましょう．

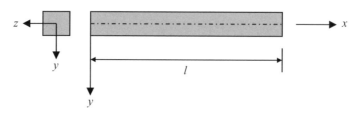

図 8.1 長さ l の部材

　構造力学における**内力**（応力）は，**曲げモーメント**，**軸力**，**せん断力**です．また，曲げモーメントに対する変形は**曲率**，軸力に対する変形は**垂直ひずみ度**，せん断力に対する変形は**せん断ひずみ度**です．したがって，図 8.1 に示す長さ l のはりに外力を加えたときに生じる**内力仕事量**は，はりに生じる内力とその変形を掛け合わせたものを，はりの材軸方向に積分したものとなります．これを数式で表すと，次のようになります．

$$内力仕事量 = \int_0^l M\phi\,dx + \int_0^l N\varepsilon\,dx + \int_0^l Q\gamma\,dx \tag{8.1}$$

ここで，M は曲げモーメント，ϕ は曲率，N は軸力，ε は垂直ひずみ度，Q はせん断力，γ はせん断ひずみ度を表します．

　ラーメン構造では，部材の軸力とせん断力による変形は曲げモーメントによる変形に比べて非常に小さいため，軸力とせん断力に関する仕事量は，曲げモーメントの仕事量と比較して無視できます．したがって，内力仕事量を V とおくと，次式が成り立ちます．

$$V = \int_0^l M(x)\phi(x)\,dx \tag{8.2}$$

なお，ここでは，曲げモーメントと曲率を x の関数として表しています．

　第 4 章および第 7 章で学んだように，曲げモーメントと曲率の関係は次式で表されます．ただし，仕事量の計算に用いるため負の符号は省略しています．

$$\phi(x) = \frac{M(x)}{EI} \tag{8.3}$$

(8.3)式を(8.2)式に代入すると，内力仕事量は次式で表されます．

$$V = \int_0^l M(x) \cdot \left(\frac{M(x)}{EI}\right) dx = \int_0^l \frac{M(x) \cdot M(x)}{EI} dx \tag{8.4}$$

一方，集中荷重 $P_1, P_2, \cdots, P_n$ の作用点のたわみを $v_1, v_2, \cdots, v_n$ とし，モーメント荷重 $M_1, M_2, \cdots, M_m$ の作用点のたわみ角を $\theta_1, \theta_2, \cdots, \theta_m$ とすると，**外力仕事量** W は次のように表せます．ただし，Σ は総和を表します．

$$W = \sum_{i=1}^n P_i \cdot v_i + \sum_{i=1}^m M_i \cdot \theta_i \tag{8.5}$$

このとき，エネルギー保存則より，外力の仕事量 W と外力と釣り合っている（外力によって生じた）内力の仕事量 V は等しいので，次式が成り立ちます．

$$\sum_{i=1}^n P_i \cdot v_i + \sum_{i=1}^m M_i \cdot \theta_i = \int_0^l \frac{M(x) \cdot M(x)}{EI} dx \tag{8.6}$$

以上は，実際の変位と変形を用いたエネルギー保存則ですが，**仮想仕事法**では，[**仮想荷重×実変位＝仮想荷重による内力×実荷重による変形**] という式を用います．これを図 8.2 に示す単純ばりを例に説明します．

図 8.2 は，荷重 P が作用する単純ばりの C 点のたわみ v_C を求める問題です．この場合，仮想仕事法では，もとの問題（以下**実荷重問題**と呼ぶ）とは別に，C 点に大きさ 1 の荷重が加わる問題（以下**仮想荷重問題**と呼ぶ）を用意します．そして，図に示すように，(8.6)式のエネルギー保存則を，実荷重問題と仮想荷重問題に対して交差的に適用します．すなわち，

$$1 \cdot v_C = \int_0^l \bar{M}(x) \phi(x) dx = \int_0^l \frac{\bar{M}(x) \cdot M(x)}{EI} dx \tag{8.7}$$

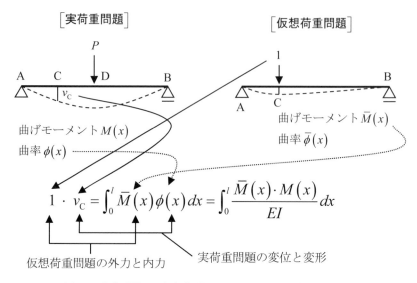

図 8.2　実荷重問題と仮想荷重問題をクロスした仮想仕事式

(8.7)式は，仮想荷重問題の荷重（1）と実荷重問題のたわみ v_C を掛けた外力仕事量が，仮想荷重問題の曲げモーメント $\bar{M}(x)$ と実荷重問題の曲率 $\phi(x)$ を掛けて積分した内力仕事量に等しいという**仮想仕事式**です．

(8.7)式は以下のように証明されます．図 8.3 に示すように，実荷重 P と仮想荷重 1 が同時に加わる問題を考え，実荷重 P による C 点，D 点の変位を v_C, v_D，内力と変形を $M(x), \phi(x)$ とし，仮想荷重 1 による変位を $\bar{v}_C, \bar{v}_D$，内力と変形を $\bar{M}(x), \bar{\phi}(x)$ とします．このとき，実荷重と仮想荷重が同時に加わる問題のエネルギー保存則より，次式が成り立ちます．

$$
\begin{aligned}
& 1\cdot(v_C+\bar{v}_C)+P\cdot(v_D+\bar{v}_D) = \int_0^l \{M(x)+\bar{M}(x)\}\cdot\{\phi(x)+\bar{\phi}(x)\}dx \\
\Rightarrow\ & 1\cdot v_C + P\cdot \bar{v}_D = \int_0^l \bar{M}(x)\phi(x)dx + \int_0^l M(x)\bar{\phi}(x)dx \\
& -\left\{1\cdot\bar{v}_C - \int_0^l \bar{M}(x)\bar{\phi}(x)dx\right\} - \left\{P\cdot v_D - \int_0^l M(x)\phi(x)dx\right\}
\end{aligned}
\tag{8.8}
$$

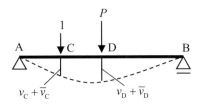

図 8.3 実荷重と仮想荷重が同時に加わる問題

また，実荷重問題，仮想荷重問題の個別のエネルギー保存則により，次式が成り立ちます．

$$P \cdot v_{\mathrm{D}} = \int_0^l M(x)\phi(x)dx, \quad 1 \cdot \bar{v}_{\mathrm{C}} = \int_0^l \bar{M}(x)\bar{\phi}(x)dx \tag{8.9}$$

さらに，**相反定理**（reciprocal theorem）[*]により，次式が成り立ちます．

$$P \cdot \bar{v}_{\mathrm{D}} = 1 \cdot v_{\mathrm{C}} \tag{8.10}$$

(8.9)式と(8.10)式を(8.8)式に代入し，次式の関係

$$\phi(x) = \frac{M(x)}{EI}, \quad \bar{\phi}(x) = \frac{\bar{M}(x)}{EI} \tag{8.11}$$

を用いると，(8.7)式が成り立つことが証明されます．

　(8.7)式により，実荷重問題と仮想荷重問題の曲げモーメント関数 $M(x)$，$\bar{M}(x)$ が求まれば，求めたい点の変位を計算することができます．ただし，たわみ角を求める場合の仮想荷重は，大きさ1のモーメント荷重になります．また，(8.7)式の右辺の内力仕事量をすべてのラーメン部材について計算すれば，以下の手順に従って，静定ラーメンの変位を求めることができます．

---

① 変位を求めたい点に大きさ1の荷重を加えた仮想荷重問題を設定する．
② 実荷重問題のすべての部材の曲げモーメント関数 $M(x)$ を求める．
③ 仮想荷重問題のすべての部材の曲げモーメント関数 $\bar{M}(x)$ を求める．
④ (8.7)式により，部材ごとの定積分を行い，その総和から変位を計算する．

---

[*] **相反定理**：釣り合い状態にある2組の弾性体において，第1の組の外力が第2の組の変位に対してなす仕事は，第2の組の外力が第1の組の変位に対してなす仕事に等しいとする定理

8.2.2 片持ばりの解法

前項に示す解法を理解するために，まず，図 8.4 に示す片持ばりの例題を解いてみましょう．この例題は，C 点のたわみ v_C とたわみ角 θ_C を求める問題です．ただし，EI は一定とします．

まず，v_C を求める仮想荷重問題を図 8.5 のように設定します．次に，実荷重問題と仮想荷重問題の AC 間と CB 間の曲げモーメント関数を求めます．ただし，この問題では，仮想荷重問題における AC 間の曲げモーメントが 0 であるため，実荷重問題においても，CB 間の曲げモーメント関数のみを求めます．

図 8.6 は，これらの曲げモーメント関数を求めるための x 座標の設定，切断点（X_1），切断点における曲げモーメント関数の定義，切断点におけるモーメントの釣合式，導出された曲げモーメント関数，曲げモーメント図などを示しています．なお，図では，内力と外力を区別するため，外力をグレーで示しています．

図 8.6 と(8.7)式により，v_C は次のように求められます．ただし，変位の方向は，求められた解が正の場合は仮想荷重と同じ方向になり，負ならその反対向きになります．

$$\begin{aligned}
1 \cdot v_C &= \int_0^l \frac{\overline{M}^{CB}(x) \cdot M^{CB}(x)}{EI} dx = \frac{1}{EI} \int_0^{\frac{l}{2}} (-x) \cdot \left\{-P\left(\frac{l}{2}+x\right)\right\} dx \\
&= \frac{Pl}{2EI} \int_0^{\frac{l}{2}} x\, dx + \frac{P}{EI} \int_0^{\frac{l}{2}} x^2\, dx = \frac{Pl}{2EI}\left[\frac{x^2}{2}\right]_0^{\frac{l}{2}} + \frac{P}{EI}\left[\frac{x^3}{3}\right]_0^{\frac{l}{2}} \\
&= \frac{Pl^3}{16EI} + \frac{Pl^3}{24EI} = \frac{5Pl^3}{48EI} \quad \Rightarrow \quad v_C = \frac{5Pl^3}{48EI} \quad (\downarrow)
\end{aligned} \tag{8.12}$$

同様に θ_C を求めるための仮想荷重問題を図 8.7 左のように設定し，図 8.7 右のように曲げモーメント関数を計算すると，θ_C は次のように求められます．

$$\begin{aligned}
1 \cdot \theta_C &= \int_0^l \frac{\overline{M}^{CB}(x) \cdot M^{CB}(x)}{EI} dx = \frac{1}{EI} \int_0^{\frac{l}{2}} 1 \cdot \left\{-P\left(\frac{l}{2}+x\right)\right\} dx \\
&= -\frac{Pl}{2EI} \int_0^{\frac{l}{2}} dx - \frac{P}{EI} \int_0^{\frac{l}{2}} x\, dx = -\frac{Pl}{2EI}[x]_0^{\frac{l}{2}} - \frac{P}{EI}\left[\frac{x^2}{2}\right]_0^{\frac{l}{2}} \\
&= -\frac{Pl^2}{4EI} - \frac{Pl^2}{8EI} = -\frac{3Pl^2}{8EI} \quad \Rightarrow \quad \theta_C = -\frac{3Pl^2}{8EI} \quad (\circlearrowright)
\end{aligned} \tag{8.13}$$

8.2 静定ラーメンの変位 145

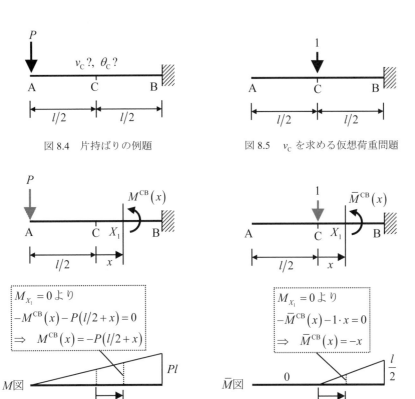

図 8.4 片持ばりの例題　　　　図 8.5 v_C を求める仮想荷重問題

図 8.6 実荷重問題と仮想荷重問題の曲げモーメント関数

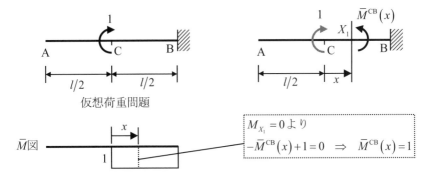

図 8.7 θ_C を求めるための仮想荷重問題と曲げモーメント関数

8.2.3 単純ばりの解法

次に，図 8.8 に示す単純ばりの例題を解いてみましょう．この例題は，C 点のたわみ v_C とたわみ角 θ_C を求める問題です．ただし，EI は一定とします．

まず，v_C を求める仮想荷重問題を図 8.9 のように設定します．次に，図 8.10 は，実荷重問題と仮想荷重問題の曲げモーメント関数の導出過程を示しています．

図 8.10 と(8.7)式により，v_C は次のように求められます．

$$1 \cdot v_C = \int_0^{l/2} \frac{\bar{M}^{AC}(x) \cdot M^{AC}(x)}{EI} dx + \int_0^{l/2} \frac{\bar{M}^{BC}(x) \cdot M^{BC}(x)}{EI} dx$$

$$= \frac{1}{EI}\int_0^{l/2} \left(\frac{x}{2}\right) \cdot \left(\frac{M}{l}x\right) dx + \frac{1}{EI}\int_0^{l/2} \left(\frac{x}{2}\right) \cdot \left(M - \frac{M}{l}x\right) dx = \frac{M}{2EI}\int_0^{l/2} x \, dx \quad (8.14)$$

$$= \frac{M}{2EI}\left[\frac{x^2}{2}\right]_0^{l/2} = \frac{M}{2EI} \cdot \frac{l^2}{8} \Rightarrow v_C = \frac{Ml^2}{16EI} \quad (\downarrow)$$

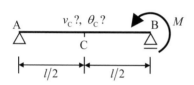

図 8.8 単純ばりの例題

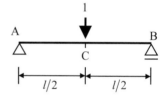

図 8.9 v_C を求める仮想荷重問題

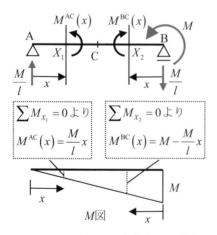

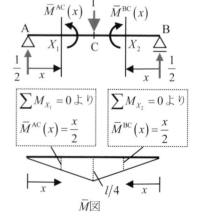

図 8.10 実荷重問題と仮想荷重問題の曲げモーメント関数

同様に θ_C を求めるための仮想荷重問題を図 8.11 左のように設定し，図 8.11 右のように曲げモーメント関数計算すると，たわみ角 θ_C は次のように求められます．

$$1 \cdot \theta_C = \int_0^{\frac{l}{2}} \frac{\overline{M}^{AC}(x) \cdot M^{AC}(x)}{EI} dx + \int_0^{\frac{l}{2}} \frac{\overline{M}^{BC}(x) \cdot M^{BC}(x)}{EI} dx$$

$$= \frac{1}{EI} \int_0^{\frac{l}{2}} \left(-\frac{x}{l}\right) \cdot \left(\frac{M}{l}x\right) dx + \frac{1}{EI} \int_0^{\frac{l}{2}} \left(\frac{x}{l}\right) \cdot \left(M - \frac{M}{l}x\right) dx \quad (8.15)$$

$$= -\frac{M}{EIl^2} \left[\frac{x^3}{3}\right]_0^{\frac{l}{2}} + \frac{M}{EIl} \left[\frac{x^2}{2}\right]_0^{\frac{l}{2}} - \frac{M}{EIl^2} \left[\frac{x^3}{3}\right]_0^{\frac{l}{2}} = \frac{Ml}{24EI} \Rightarrow \theta_C = \frac{Ml}{24EI} \quad (\curvearrowleft)$$

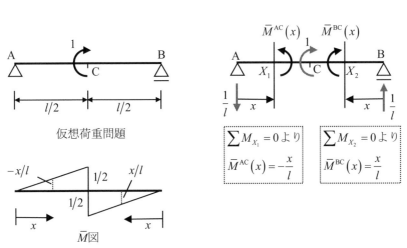

図 8.11　θ_C を求めるための仮想荷重問題と曲げモーメント関数

8.2.4　片持ばり型ラーメンの解法

次に，図 8.12 に示す片持ばり型ラーメンの例題を解いてみましょう．この例題は，C 点の**水平変位** u_C，**鉛直変位** v_C，**回転角** θ_C を求める問題です．ただし，E は一定とし，I は図のとおりとします．

図 8.13 は，実荷重問題の曲げモーメント関数を求めるための，各部材の切断点，曲げモーメント関数の定義，x 座標の原点と方向などを示し，それぞれの切断点のモーメントの釣合式から求めた曲げモーメント関数を曲げモーメント図に書き込んでいます．

図 8.14〜図 8.16 は，u_C, v_C, θ_C を求めるための仮想荷重問題とその曲げモーメント関数を曲げモーメント図とともに示しています．この場合，曲げモーメント関数の定義（回転方向），x 座標の原点と向きを，実荷重問題と仮想荷重問題で統一する必要があります．また，変位の方向は，求められた解が正なら仮想荷重と同じ方向になり，負ならその反対向きになります．

図 8.13 と図 8.14 より，u_C は次のように求められます．

$$1 \cdot u_C = \int_0^l \frac{\overline{M}^{BA}(x) \cdot M^{BA}(x)}{2EI} dx = \frac{1}{2EI} \int_0^l (-x) \cdot P\left(x - \frac{l}{2}\right) dx$$

$$= -\frac{P}{2EI}\left[\frac{x^3}{3} - \frac{l}{2} \cdot \frac{x^2}{2}\right]_0^l = -\frac{Pl^3}{6EI} + \frac{Pl^3}{8EI} = -\frac{Pl^3}{24EI} \Rightarrow u_C = -\frac{Pl^3}{24EI} \quad (\leftarrow) \tag{8.16}$$

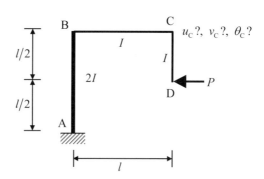

図 8.12　片持ばり型ラーメンの例題

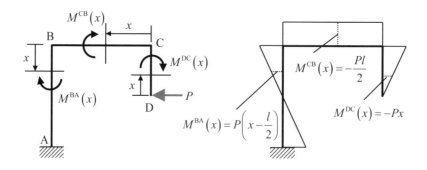

図 8.13　実荷重問題の曲げモーメント関数

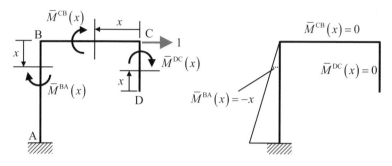

図 8.14 u_C を求めるための仮想荷重問題と曲げモーメント関数

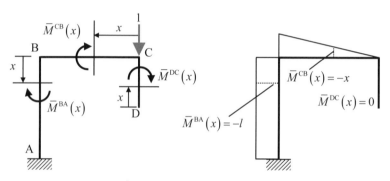

図 8.15 v_C を求めるための仮想荷重問題と曲げモーメント関数

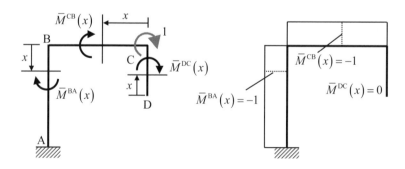

図 8.16 θ_C を求めるための仮想荷重問題と曲げモーメント関数

図 8.13 と図 8.15 より，v_C は次のように求められます．

$$1 \cdot v_\mathrm{C} = \int_0^l \frac{\overline{M}^{\mathrm{CB}}(x) \cdot M^{\mathrm{CB}}(x)}{EI} dx + \int_0^l \frac{\overline{M}^{\mathrm{BA}}(x) \cdot M^{\mathrm{BA}}(x)}{2EI} dx$$
$$= \frac{1}{EI} \int_0^l (-x) \cdot \left(-\frac{Pl}{2}\right) dx + \frac{1}{2EI} \int_0^l (-l) \cdot P\left(x - \frac{l}{2}\right) dx \quad (8.17)$$
$$= \frac{Pl}{2EI}\left[\frac{x^2}{2}\right]_0^l - \frac{Pl}{2EI}\left[\frac{x^2}{2} - \frac{lx}{2}\right]_0^l = \frac{Pl^3}{4EI} \;\Rightarrow\; v_\mathrm{C} = \frac{Pl^3}{4EI} \quad (\downarrow)$$

図 8.13 と図 8.16 より，θ_C は次のように求められます．

$$1 \cdot \theta_\mathrm{C} = \int_0^l \frac{\overline{M}^{\mathrm{CB}}(x) \cdot M^{\mathrm{CB}}(x)}{EI} dx + \int_0^l \frac{\overline{M}^{\mathrm{BA}}(x) \cdot M^{\mathrm{BA}}(x)}{2EI} dx$$
$$= \frac{1}{EI} \int_0^l (-1) \cdot \left(-\frac{Pl}{2}\right) dx + \frac{1}{2EI} \int_0^l (-1) \cdot \left\{P\left(x - \frac{l}{2}\right)\right\} dx \quad (8.18)$$
$$= \frac{Pl}{2EI}[x]_0^l - \frac{P}{2EI}\left[\frac{x^2}{2} - \frac{lx}{2}\right]_0^l = \frac{Pl^2}{2EI} \;\Rightarrow\; \theta_\mathrm{C} = \frac{Pl^2}{2EI} \quad (\curvearrowleft)$$

8.2.5 単純ばり型ラーメンの解法

次に，図 8.17 に示す単純ばり型ラーメンの例題を解いてみましょう．この例題は，D 点の水平変位 u_D と回転角 θ_D を求める問題です．ただし，E は一定とし，I は図に示すとおりとします．

図 8.18 は，実荷重問題の曲げモーメント関数を求めるための，各部材の切断点，曲げモーメント関数の定義，x 座標の原点と方向などを示し，それぞれの切断点のモーメントの釣合式から求めた曲げモーメント関数を曲げモーメント図に書き込んでいます．

図 8.19，図 8.20 は，u_D，θ_D を求めるための仮想荷重問題とその曲げモーメント関数を曲げモーメント図とともに示しています．

8.2 静定ラーメンの変位

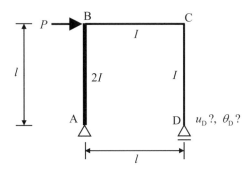

図 8.17 単純ばり型ラーメンの例題

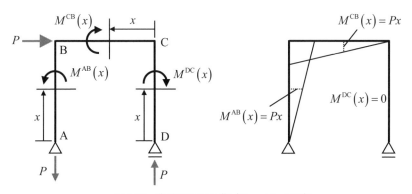

図 8.18 実荷重問題の曲げモーメント関数

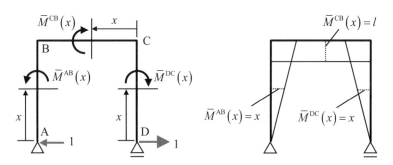

図 8.19 u_D を求めるための仮想荷重問題と曲げモーメント関数

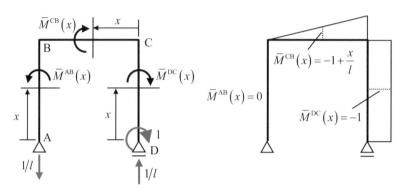

図 8.20　θ_D を求めるための仮想荷重問題と曲げモーメント関数

図 8.18 と図 8.19 より，u_D は次のように求められます．

$$1 \cdot u_D = \int_0^l \frac{\bar{M}^{AB}(x) \cdot M^{AB}(x)}{2EI} dx + \int_0^l \frac{\bar{M}^{CB}(x) \cdot M^{CB}(x)}{EI} dx$$
$$= \frac{1}{2EI} \int_0^l x \cdot Px \, dx + \frac{1}{EI} \int_0^l l \cdot Px \, dx \qquad (8.19)$$
$$= \frac{P}{2EI}\left[\frac{x^3}{3}\right]_0^l + \frac{Pl}{EI}\left[\frac{x^2}{2}\right]_0^l = \frac{Pl^3}{6EI} + \frac{Pl^3}{2EI} = \frac{2Pl^3}{3EI} \;\Rightarrow\; u_D = \frac{2Pl^3}{3EI} \;\; (\rightarrow)$$

図 8.18 と図 8.20 より，θ_C は次のように求められます．

$$1 \cdot \theta_D = \int_0^l \frac{\bar{M}^{CB}(x) \cdot M^{CB}(x)}{EI} dx = \frac{1}{EI} \int_0^l \left(-1 + \frac{x}{l}\right) \cdot Px \, dx$$
$$= \frac{P}{EI}\left[-\frac{x^2}{2} + \frac{x^3}{3l}\right]_0^l = -\frac{Pl^2}{2EI} + \frac{Pl^2}{3EI} = -\frac{Pl^2}{6EI} \;\Rightarrow\; \theta_D = \frac{Pl^2}{6EI} \;\; (\curvearrowleft) \qquad (8.20)$$

8.3　静定トラスの変位

本節では，仮想仕事法を用いて静定トラスの変位を求める方法を説明します．

8.3.1 仮想仕事式の導出とその解法

まず，静定トラスの変位を求めるための仮想仕事式を導きます．

静定トラスでは，部材には軸力のみが働くため，図 8.1 に示した 1 本のはりで考えると，(8.1)式の曲げモーメントとせん断力に関する仕事量は 0 になります．したがって，内力仕事量を V とおくと，次式が成り立ちます．

$$V = \int_0^l N\varepsilon \, dx \tag{8.21}$$

ここで，第 4 章で学んだように，軸力と垂直ひずみ度の関係は次式で表されます．

$$\varepsilon = \frac{N}{EA} \tag{8.22}$$

上式を(8.21)式に代入し，軸力が部材内で一定であることを考慮すると，内力仕事量は次式で表されます．

$$V = \int_0^l N \cdot \left(\frac{N}{EA}\right) dx = \int_0^l \frac{N \cdot N}{EA} dx = \frac{N \cdot N}{EA} \int_0^l dx = \frac{N \cdot N \cdot l}{EA} \tag{8.23}$$

したがって，静定トラスの変位を求める仮想仕事法を，図 8.21 に示す 9 部材からなる静定トラスの D 点の鉛直変位 v_D を求める問題を例に考えると，仮想仕事式は次式で表されます．

$$1 \cdot v_\mathrm{D} = \sum_{i=1}^{9}\left(\int_0^{l_i} \bar{N}_i \varepsilon_i \, dx\right) = \sum_{i=1}^{9}\left(\frac{\bar{N}_i \cdot N_i \cdot l_i}{EA_i}\right) \tag{8.24}$$

ただし，N_i, $\bar{N}_i$ はそれぞれ実荷重問題と仮想荷重問題の i 番目部材の軸力，l_i, A_i は i 番目部材の長さと断面積，Σ は総和を表します．

以下，仮想仕事法によって静定トラスの変位を求める解法手順を示します．

---

① 変位を求めたい点に大きさ 1 の荷重を加えた仮想荷重問題を設定する．
② 実荷重問題のすべての部材の軸力 N_i を求める．
③ 仮想荷重問題のすべての部材の軸力 $\bar{N}_i$ を求める．
④ 部材ごとの $\bar{N}_i \cdot N_i \cdot l_i / EA_i$ を計算し，その総和から変位を計算する．

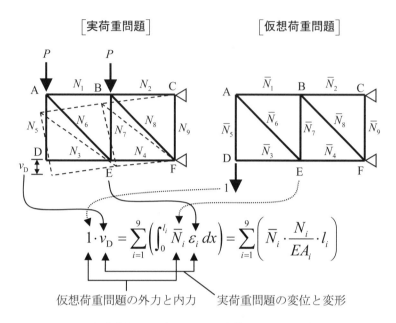

図 8.21　鉛直変位 v_D を求めるための実荷重問題と仮想荷重問題

8.3.2 静定トラスの解法

　前項に示す解法を理解するために，まず，図 8.22 に示す例題を解いてみましょう．この例題は，A 点の水平変位 u_A を求める問題です．ただし，EA は全部材同じとしています．

　図 8.23 は，実荷重問題の全部材の軸力を計算したものを示しています．図では，まず反力が計算され，3.4.3 項で学んだ節点法の図解法を用いて解いています．図の右では，A 点，B 点，E 点，D 点の順に示力図を描いています．ここでは，既知の軸力をグレーで描いています．

　図 8.24 は，仮想荷重問題の全部材の軸力を計算したものを示しています．図では，まず反力が計算され，図の右で，実荷重問題と同様に，A 点，B 点，E 点，D 点の順に示力図を描いて未知の軸力を求めています．

　表 8.1 は，各部材の $\bar{N}_i \cdot N_i \cdot l_i$ を計算し，その総和を求めた結果を示します．なお，静定トラスの変位を求める計算では，このような表を用いると便利です．

8.3 静定トラスの変位　155

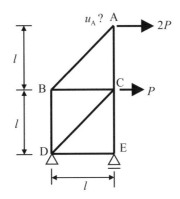

図 8.22　トラスの変位を求める例題（その 1）

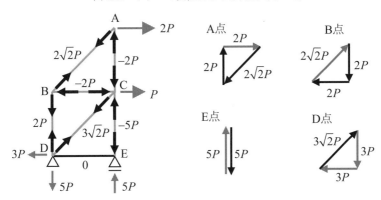

図 8.23　実荷重問題の軸力の計算と軸力図

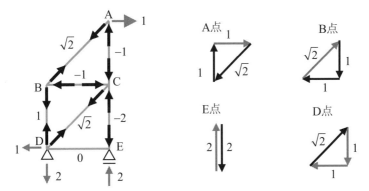

図 8.24　仮想荷重問題の軸力の計算と軸力図

表8.1 トラス構造の変位の計算表

部材	N_i	$\bar{N}_i$	l_i	$N_i \cdot \bar{N}_i \cdot l_i$
AB	$2\sqrt{2}P$	$\sqrt{2}$	$\sqrt{2}l$	$4\sqrt{2}Pl$
AC	$-2P$	-1	l	$2Pl$
BC	$-2P$	-1	l	$2Pl$
BD	$2P$	1	l	$2Pl$
CD	$3\sqrt{2}P$	$\sqrt{2}$	$\sqrt{2}l$	$6\sqrt{2}Pl$
CE	$-5P$	-2	l	$10Pl$
DE	0	0	l	0

$$\sum N_i \cdot \bar{N}_i \cdot l_i = \left(16 + 10\sqrt{2}\right)Pl$$

表8.1より,図8.22の例題のA点の水平変位u_Aは,次のように求められます.ただし,変位の方向は,解が正の場合は,仮想荷重と同じ方向,負の場合は,反対方向になります.

$$u_A = \frac{\left(16 + 10\sqrt{2}\right)Pl}{EA} \quad (\rightarrow) \tag{8.25}$$

次に,少し難易度の高い例題として,図8.25に示す問題を解いてみましょう.この例題は,D点の鉛直変位v_Dを求める問題です.ただし,AB材,AD材,CD材は$3EA$とし,他の材はEAとします.図に示すように,この問題は,3:4:5の比率を持つ三角形をもとに構成されています.

図8.26は,実荷重問題の全部材の軸力を計算したものを示しています.図では,まず,外力をx, y方向の分力に分解し,反力を計算しています.次に,図の右では,D点,C点,B点の順に示力図を描いて未知の軸力を求めています.

図8.27は,仮想荷重問題の全部材の軸力を計算したものを示しています.図では,まず,反力を計算し,図の右で,実荷重問題と同様に,D点,C点,B点の順に示力図を描いて未知の軸力を求めています.

8.3 静定トラスの変位　157

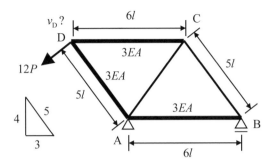

図 8.25　トラスの変位を求める例題（その 2）

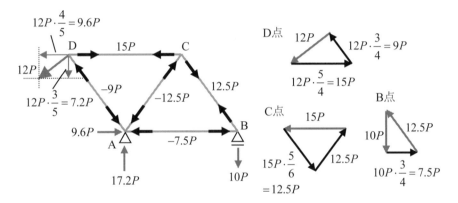

図 8.26　実荷重問題の軸力の計算と軸力図

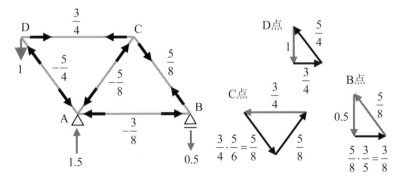

図 8.27　仮想荷重問題の軸力の計算と軸力図

表 8.2 は，各部材の $\bar{N}_i \cdot N_i \cdot l_i / EA_i$ を計算し，その総和を求めた表を示します．表より，図 8.24 の例題の D 点の鉛直変位 v_D は，次のように求められます．

$$v_D = \frac{125Pl}{EA} \quad (\downarrow) \tag{8.26}$$

表 8.2 　トラス構造の変位の計算表

部材	N_i	$\bar{N}_i$	l_i	$1/EA_i$	$N_i \cdot \bar{N}_i \cdot l_i / EA_i$
AB	$-7.5P$	$-3/8$	$6l$	$1/3$	$45Pl/8$
AC	$-12.5P$	$-5/8$	$5l$	1	$312.5Pl/8$
AD	$-9P$	$-5/4$	$5l$	$1/3$	$150Pl/8$
BC	$12.5P$	$5/8$	$5l$	1	$312.5Pl/8$
CD	$15P$	$3/4$	$6l$	$1/3$	$180Pl/8$
				$\sum \left(N_i \cdot \bar{N}_i \cdot l_i / EA_i \right)$	$= 125Pl/EA$

8.4 演 習 問 題

8.4.1 静定ラーメンの変位

以下の問題の指定された点の水平変位（u），鉛直変位（v）および回転角（θ）を，仮想仕事法を用いて求めよ．ただし，指定のない問題の EI は一定とする．

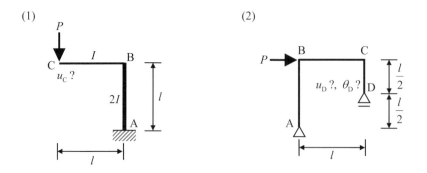

(3) (4)

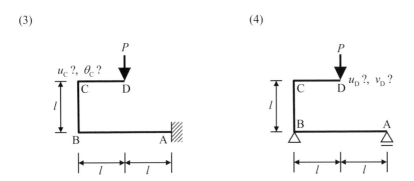

8.4.2 静定トラスの変位

以下の問題の指定された点の水平変位（u），鉛直変位（v）を，仮想仕事法を用いて求めよ．ただし，EA は一定とする．

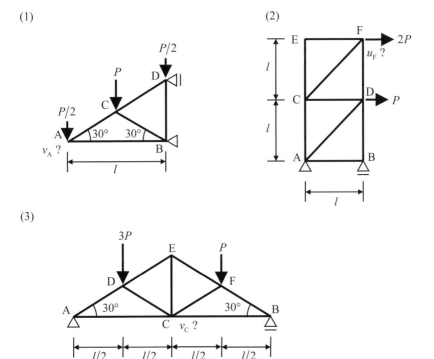

(4)

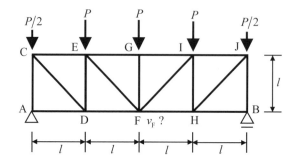

8.5 まとめ

本章では，静定ラーメンと静定トラスの変位を求める方法として，仮想仕事法を用いる方法を学びました．

次章では，本章と同じ仮想仕事法を用いて不静定骨組の応力を求める方法を学びます．

第 9 章　不静定骨組の応力

9.1　はじめに

　これまで扱ってきた骨組は，力の釣合式だけで応力が求まる静定骨組でしたが，本章では，力の釣合式だけでは応力が求まらない**不静定骨組の応力**を求める方法を示します．不静定骨組の応力を求める方法としては，応力（または反力）を未知量として**変位の適合条件**を用いて解く**応力法**と，変位を未知量として**力の釣合条件**を用いて解く**変位法**があります．不静定骨組の応力を求める方法としては，変位法が主流ですが，応力法の考え方も構造力学を理解する上で重要です．
　そこで，本章では，反力を未知の不静定力として解く**不静定骨組**の解法と，内力を未知の不静定力として解く**合成骨組**の解法について説明します．

9.2　不静定ラーメンの応力

9.2.1　基本問題の解法

　まず，図 9.1 に示す基本的な例題で，不静定骨組の応力を求める方法について説明します．
　図 9.1 の例題では，反力が 4 つ存在するため，力の釣合条件（X, Y 方向の釣り合いとモーメントの釣り合い）だけでは，応力を求めることができません．そこで，反力の 1 つを力の釣り合い以外の条件で求めることを考えます．たとえば，図 9.2(a)では，反力 V_A を未知量 X に置き換え，X を求める条件として，A 点の

たわみ（v_A）が 0 となる条件を加えます．また，図 9.2(b)では，別解法として，反力 M_B を未知量 X に置き換え，X を求める条件として，B 点のたわみ角（θ_B）が 0 となる条件を加える方法を示します．

このような方法では，未知量 X を**不静定力**と呼び，X を求めるための条件を変位（または変形）の**適合条件**と呼びます．また，図 9.2 の黒枠で示す $v_A = 0$ や $\theta_B = 0$ のような変位の適合条件を設定することで，条件付きの静定問題に置き換えた形を**静定基本形**と呼びます．なお，図 9.2 では，**片持ばり型静定基本形**と**単純ばり型静定基本形**を示しています．なお，本書では，不静定力が 1 つとなる 1 次不静定問題を扱います．

それでは，図 9.2(a)の静定基本形から応力を求めてみましょう．解き方としては，まず，変位の適合条件式から不静定力 X を求めます．この場合の変位の適合条件式は $v_A = 0$ ですから，第 8 章の仮想仕事法を用いて，図 9.2(a)の問題の v_A を不静定力 X を含んだ式として求めます．

図 9.3 は，実荷重問題と v_A を求めるための仮想荷重問題の曲げモーメント関数を示しています．

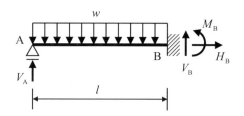

図 9.1　不静定はりの例題と支持点の反力

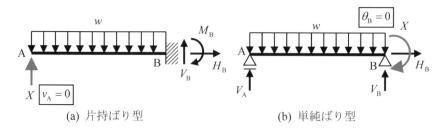

(a) 片持ばり型　　　　　　　　(b) 単純ばり型

図 9.2　不静定力の定義と静定基本形

9.2 不静定ラーメンの応力

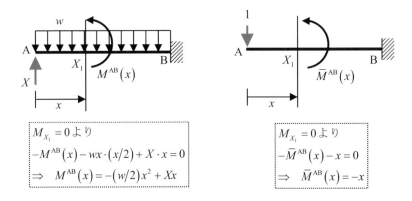

図 9.3 実荷重問題（左）と仮想荷重問題（右）の曲げモーメント関数

これに，前章に示した仮想仕事法を適用すると，次式から v_A が求まります．

$$1 \cdot v_A = \int_0^l \frac{\bar{M}^{AB}(x) \cdot M^{AB}(x)}{EI} dx \tag{9.1}$$

(9.1)式に図 9.3 に示す曲げモーメント関数を代入して積分計算を行い，$v_A = 0$ の条件を適用すると，不静定力 X が次のように求まります．

$$\begin{aligned} v_A &= \frac{1}{EI}\int_0^l (-x) \cdot \left\{-\frac{w}{2}x^2 + Xx\right\} dx = \frac{w}{2EI}\left[\frac{x^4}{4}\right]_0^l - \frac{X}{EI}\left[\frac{x^3}{3}\right]_0^l \\ &= \frac{wl^4}{8EI} - \frac{Xl^3}{3EI} = 0 \ \Rightarrow\ X = \frac{3wl}{8} \end{aligned} \tag{9.2}$$

(9.2)式で求められた X を図 9.3 の実荷重の曲げモーメント関数に代入すると，

$$M^{AB}(x) = -\frac{w}{2}x^2 + \frac{3wl}{8}x \tag{9.3}$$

となり，これをもとに曲げモーメント図を描くと，図 9.4 のようになります．ただし，図中の曲げモーメントの最大値は，(9.3)式を x で微分して，これが 0 となる x を求め，これを(9.3)式に代入することで求められます．

次に，図 9.2(b)の静定基本形から応力を求めてみましょう．この場合の変位の適合条件式は $\theta_B = 0$ ですから，図 9.5 に示すように，実荷重問題と θ_B を求めるための仮想荷重問題の曲げモーメント関数を求めると，次式から θ_B が求まります．

$$1 \cdot \theta_B = \int_0^l \frac{\bar{M}^{AB}(x) \cdot M^{AB}(x)}{EI} dx \tag{9.4}$$

(9.4)式に図 9.5 に示す曲げモーメント関数を代入して積分計算を行い，$\theta_B = 0$ の条件を適用すると，不静定力 X が次のように求められます．

$$\begin{aligned}\theta_B &= \frac{1}{EI}\int_0^l \left(-\frac{x}{l}\right) \cdot \left\{-\frac{w}{2}x^2 + \frac{wl}{2}x - \frac{X}{l}x\right\}dx = \frac{w}{2EIl}\left[\frac{x^4}{4}\right]_0^l - \frac{w}{2EI}\left[\frac{x^3}{3}\right]_0^l + \frac{X}{EIl^2}\left[\frac{x^3}{3}\right]_0^l \\ &= \frac{wl^3}{8EI} - \frac{wl^3}{6EI} + \frac{Xl}{3EI} = 0 \Rightarrow X = \frac{wl^2}{8}\end{aligned} \tag{9.5}$$

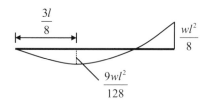

図 9.4　図 9.1 の例題の曲げモーメント図

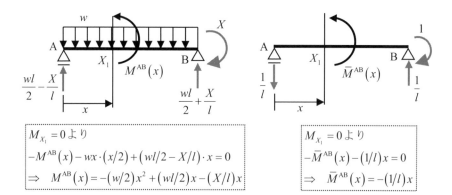

図 9.5　実荷重問題（左）と仮想荷重問題（右）の曲げモーメント関数

(9.5)式で求められた X を図 9.5 の曲げモーメント関数に代入すると，

$$M^{AB}(x) = -\frac{w}{2}x^2 + \frac{3wl}{8}x \tag{9.6}$$

となり，(9.3)式と同じ曲げモーメント関数が得られます．したがって，曲げモーメント図も図 9.4 と同じになります．

9.2.2 不静定ラーメンの解法

次に，図 9.6 に示す不静定ラーメンの問題を解いてみましょう．図の右には，片持ばり型静定基本形が示してあります．

この場合の変位の適合条件式は $v_D = 0$ です．図 9.7 に示すように，実荷重問題と v_D を求めるための仮想荷重問題の曲げモーメント関数を求めると，仮想仕事式より，次式から v_D が求まります．

$$1 \cdot v_D = \int_0^l \frac{\bar{M}^{DC}(x) \cdot M^{DC}(x)}{EI} dx + \int_0^l \frac{\bar{M}^{CB}(x) \cdot M^{CB}(x)}{EI} dx + \int_0^{2l} \frac{\bar{M}^{BA}(x) \cdot M^{BA}(x)}{4EI} dx \tag{9.7}$$

(9.7)式に図 9.7 に示す曲げモーメント関数を代入して積分計算を行い，$v_D = 0$ の条件を適用すると，不静定力 X が次のように求められます．

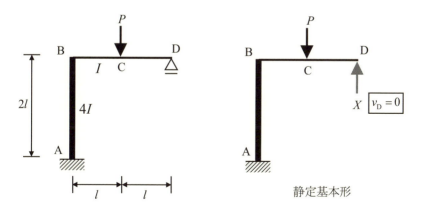

図 9.6 ラーメン構造の例題（その 1）

166　第9章　不静定骨組の応力

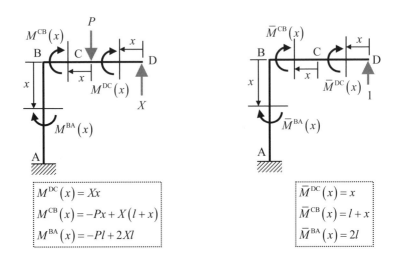

図 9.7　実荷重問題（左）と仮想荷重問題（右）の曲げモーメント関数

$$v_D = \frac{1}{EI}\int_0^l x \cdot Xx\,dx + \frac{1}{EI}\int_0^l (l+x)\cdot\{-Px + X(l+x)\}dx + \frac{1}{4EI}\int_0^{2l} 2l\cdot\{-Pl + 2Xl\}dx$$
$$= \frac{X}{EI}\left[\frac{x^3}{3}\right]_0^l - \frac{P}{EI}\left[l\frac{x^2}{2}+\frac{x^3}{3}\right]_0^l + \frac{X}{EI}\left[l^2 x + 2l\frac{x^2}{2}+\frac{x^3}{3}\right]_0^l - \frac{2Pl^2}{4EI}[x]_0^{2l} + \frac{4Xl^2}{4EI}[x]_0^{2l} \quad (9.8)$$
$$= \frac{Xl^3}{3EI} - \frac{5Pl^3}{6EI} + \frac{7Xl^3}{3EI} - \frac{Pl^3}{EI} + \frac{2Xl^3}{EI} = 0 \;\Rightarrow\; X = \frac{11}{28}P$$

(9.8)式で求められた X を図 9.7 の曲げモーメント関数に代入すると，

$$M^{DC}(x) = \frac{11P}{28}x \;\Rightarrow\; M^{DC}(0) = 0,\; M^{DC}(l) = \frac{11}{28}Pl$$
$$M^{CB}(x) = -Px + \frac{11P}{28}(l+x) \;\Rightarrow\; M^{DC}(0) = \frac{11}{28}Pl,\; M^{DC}(l) = -\frac{6}{28}Pl \quad (9.9)$$
$$M^{BA}(x) = -Pl + \frac{22Pl}{28}l \;\Rightarrow\; M^{BA}(0) = M^{BA}(2l) = -\frac{6}{28}Pl$$

となり，これに従って曲げモーメント図を描くと，図 9.8 のようになります．

9.2 不静定ラーメンの応力

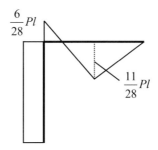

図 9.8　図 9.6 の例題の曲げモーメント図

次に，図 9.9 に示す不静定ラーメンの問題を解いてみましょう．図の右には，単純ばり型静定基本形が示してあります．なお，この問題では，片持ばり型は適用できません．

この場合の変位の適合条件式は $u_E = 0$ ですから，図 9.10 に示すように，まず，反力を求め，実荷重問題と u_E を求めるための仮想荷重問題の曲げモーメント関数を求めると，仮想仕事式より，次式から u_E が求まります．

$$1 \cdot u_E = \int_0^{2l} \frac{\bar{M}^{AB}(x) \cdot M^{AB}(x)}{EI} dx + \int_0^{l} \frac{\bar{M}^{BC}(x) \cdot M^{BC}(x)}{EI} dx \\ + \int_0^{l} \frac{\bar{M}^{ED}(x) \cdot M^{ED}(x)}{2EI} dx + \int_0^{l} \frac{\bar{M}^{DC}(x) \cdot M^{DC}(x)}{EI} dx \tag{9.10}$$

(9.10)式に図9.10に示す曲げモーメント関数を代入して積分計算を行い，$u_E = 0$ の条件を適用すると，不静定力 X が次のように求められます．

$$\begin{aligned} u_E &= \frac{1}{EI} \int_0^{2l} x \cdot Xx\, dx + \frac{1}{EI} \int_0^{l} \left(2l - \frac{x}{2}\right) \cdot \left(2Xl + \frac{P-X}{2}x\right) dx \\ &+ \frac{1}{2EI} \int_0^{l} x \cdot Xx\, dx + \frac{1}{EI} \int_0^{l} \left(l + \frac{x}{2}\right) \cdot \left(Xl + \frac{P+X}{2}x\right) dx \\ &= \frac{8Xl^3}{3EI} + \left(\frac{37Xl^3}{12EI} + \frac{5Pl^3}{12EI}\right) + \frac{Xl^3}{6EI} + \left(\frac{19Xl^3}{12EI} + \frac{4Pl^2}{12EI}\right) \\ &= \frac{(90X + 9P)l^3}{12EI} = 0 \quad \Rightarrow \quad X = -\frac{P}{10} \end{aligned} \tag{9.11}$$

168　第9章　不静定骨組の応力

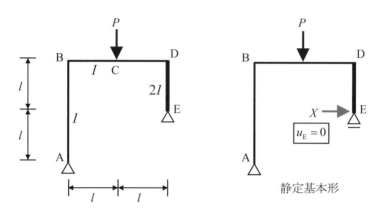

図 9.9　ラーメン構造の例題（その 2）

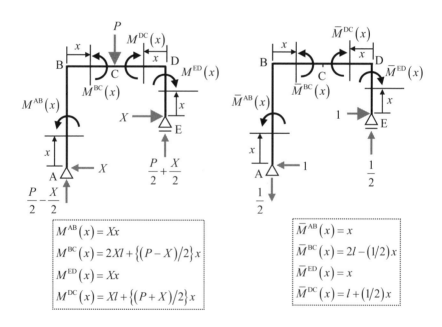

図 9.10　実荷重問題（左）と仮想荷重問題（右）の曲げモーメント関数

(9.11)式で求められた X を図9.10の曲げモーメント関数に代入すると，

$$
\begin{aligned}
&M^{AB}(x) = -\frac{P}{10}x \quad \Rightarrow \quad M^{AB}(0) = 0, \quad M^{AB}(2l) = -\frac{Pl}{5} \\
&M^{BC}(x) = -\frac{Pl}{5} + \frac{11P}{20}x \quad \Rightarrow \quad M^{BC}(0) = -\frac{Pl}{5}, \quad M^{BC}(l) = \frac{7Pl}{20} \\
&M^{ED}(x) = -\frac{P}{10}x \quad \Rightarrow \quad M^{ED}(0) = 0, \quad M^{ED}(l) = -\frac{Pl}{10} \\
&M^{DC}(x) = -\frac{Pl}{10} + \frac{9P}{20}x \quad \Rightarrow \quad M^{DC}(0) = -\frac{Pl}{10}, \quad M^{DC}(l) = \frac{7Pl}{20}
\end{aligned}
\tag{9.12}
$$

となり，これに従って曲げモーメント図を描くと，図9.11のようになります．

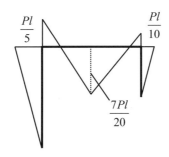

図9.11　図9.9の例題の曲げモーメント図

9.3 合成骨組の応力

9.3.1 基本問題の解法

次に，図9.12に示す基本的な例題で，合成骨組の応力を求める方法について説明します．

図9.12の例題では，反力が6つ存在するため，B点のヒンジの条件を用いても，力の釣合条件だけでは応力を求めることができません．そこで，ここでは，図9.13に示すように，はりABとはりBDを分離し，B点に生じるせん断力を不静定力Xに設定します．そして，Xを求める条件として，B点のたわみの連続条件

（ $v_B^{AB} + v_B^{BD} = 0$ ）を用います．ただし，この場合，たわみの正方向は，X と同じ方向に定義するものとします．

それでは，図 9.13 の静定基本形から応力を求めてみましょう．この場合の変位の適合条件式は $v_B^{AB} + v_B^{BD} = 0$ ですから，第 8 章の仮想仕事法を用いて，図 9.13 の 2 つの片持ばりのから v_B^{AB} と v_B^{BD} を求めます．

図 9.14 は，実荷重問題と v_B^{AB}, v_B^{BD} を求めるための仮想荷重問題の曲げモーメント関数を示しています．これに，前章に示した仮想仕事式を適用すると，次頁の (9.13)式から v_B^{AB}, v_B^{BD} が求まります．

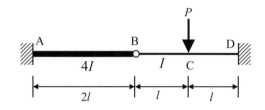

図 9.12　合成骨組の例題

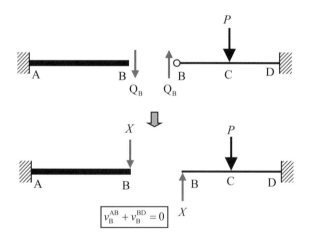

図 9.13　合成骨組の例題の静定基本形

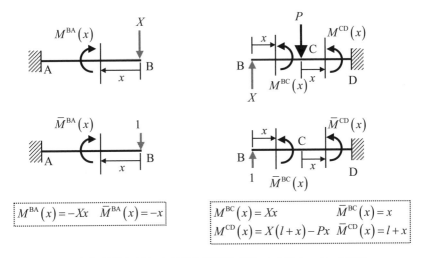

図 9.14 実荷重問題(上)と仮想荷重問題(下)の曲げモーメント関数

$$\begin{aligned}1 \cdot v_{\mathrm{B}}^{\mathrm{AB}} &= \int_0^{2l} \frac{\bar{M}^{\mathrm{AB}}(x) \cdot M^{\mathrm{AB}}(x)}{4EI} dx \\ 1 \cdot v_{\mathrm{B}}^{\mathrm{BD}} &= \int_0^{l} \frac{\bar{M}^{\mathrm{BC}}(x) \cdot M^{\mathrm{BC}}(x)}{EI} dx + \int_0^{l} \frac{\bar{M}^{\mathrm{CD}}(x) \cdot M^{\mathrm{CD}}(x)}{EI} dx\end{aligned} \quad (9.13)$$

(9.13)式に図 9.14 に示す曲げモーメント関数を代入して積分計算を行うと,次のようになります.

$$\begin{aligned}v_{\mathrm{B}}^{\mathrm{AB}} &= \frac{1}{4EI}\int_0^{2l}(-x)\cdot(-Xx)dx = \frac{X}{4EI}\left[\frac{x^3}{3}\right]_0^{2l} = \frac{8Xl^3}{12EI} \\ v_{\mathrm{B}}^{\mathrm{BD}} &= \frac{1}{EI}\int_0^{l} x \cdot Xx\, dx + \frac{1}{EI}\int_0^{l}(l+x)\cdot\{X(l+x)-Px\}dx \\ &= \frac{X}{EI}\left[\frac{x^3}{3}\right]_0^{l} + \frac{X}{EI}\left[l^2 x + lx^2 + \frac{x^3}{3}\right]_0^{l} - \frac{P}{EI}\left[\frac{lx^2}{2} + \frac{x^3}{3}\right]_0^{l} = \frac{8Xl^3}{3EI} - \frac{5Pl^3}{6EI}\end{aligned} \quad (9.14)$$

(9.14)式に $v_{\mathrm{B}}^{\mathrm{AB}} + v_{\mathrm{B}}^{\mathrm{BD}} = 0$ の条件を適用すると,不静定力 X が次のように求められます.

$$v_B^{AB} + v_B^{BD} = \frac{8Xl^3}{12EI} + \frac{8Xl^3}{3EI} - \frac{5Pl^3}{6EI} = 0 \Rightarrow X = \frac{P}{4} \tag{9.15}$$

(9.15)式で求められた X を図 9.14 の実荷重の曲げモーメント関数に代入すると，

$$\begin{aligned}
M^{BA}(x) &= -\frac{P}{4}x &\Rightarrow\quad M^{BA}(0) &= 0, & M^{BA}(2l) &= -\frac{Pl}{2} \\
M^{BC}(x) &= \frac{P}{4}x &\Rightarrow\quad M^{BC}(0) &= 0, & M^{BC}(l) &= \frac{Pl}{4} \\
M^{CD}(x) &= \frac{P}{4}(l+x) - Px &\Rightarrow\quad M^{CD}(0) &= \frac{Pl}{4}, & M^{CD}(l) &= -\frac{Pl}{2}
\end{aligned} \tag{9.16}$$

となり，これに従って曲げモーメント図を描くと，図 9.15 のようになります．

図 9.15　図 9.12 の例題の曲げモーメント図

9.3.2　交差ばりの解法

次に，図 9.16 に示す交差ばりの曲げモーメント分布を求めてみます．図には，この問題の静定基本形が示されています．静定基本形では，片持ばりと単純ばりの 2 つの静定問題に分かれます．不静定力 X は，D 点のたわみ v_D が連続する条件（$v_D^{AB} + v_D^{DC} = 0$）によって求められます．

図 9.17 は，実荷重問題と v_D^{AB}, v_D^{DC} を求めるための仮想荷重問題の曲げモーメント関数を示しています．これに，仮想仕事式を適用すると，次式から v_D^{AB}, v_D^{DC} が求まります．

$$\begin{aligned}
1 \cdot v_D^{AB} &= \int_0^l \frac{\bar{M}^{AD}(x) \cdot M^{AD}(x)}{EI} dx + \int_0^l \frac{\bar{M}^{BD}(x) \cdot M^{BD}(x)}{EI} dx \\
1 \cdot v_D^{DC} &= \int_0^l \frac{\bar{M}^{DE}(x) \cdot M^{DE}(x)}{EI} dx + \int_0^l \frac{\bar{M}^{EC}(x) \cdot M^{EC}(x)}{EI} dx
\end{aligned} \tag{9.17}$$

(9.17)式に図 9.17 に示す曲げモーメント関数を代入して積分計算を行うと，次のようになります．

$$v_D^{AB} = \frac{1}{EI}\int_0^l \frac{x}{2}\cdot\frac{Xx}{2}dx + \frac{1}{EI}\int_0^l \frac{x}{2}\cdot\frac{Xx}{2}dx = \frac{Xl^3}{6EI}$$

$$v_D^{DC} = \frac{1}{EI}\int_0^l x\cdot Xx\,dx + \frac{1}{EI}\int_0^l (l+x)\cdot\{X(l+x)-Px\}dx = \frac{8Xl^3}{3EI} - \frac{5Pl^3}{6EI}$$

(9.18)

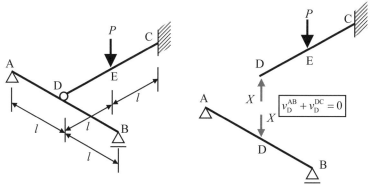

図 9.16　交差ばりの例題と静定基本形

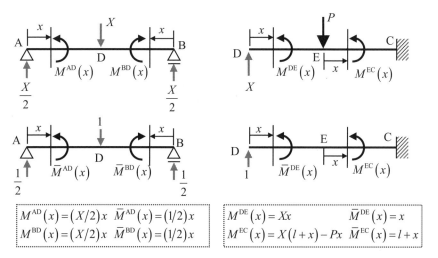

図 9.17　実荷重問題（上）と仮想荷重問題（下）の曲げモーメント関数

(9.18)式に $v_\mathrm{D}^\mathrm{AB} + v_\mathrm{D}^\mathrm{DC} = 0$ の条件を適用すると，不静定力 X が次のように求められます．

$$v_\mathrm{D}^\mathrm{AB} + v_\mathrm{D}^\mathrm{BD} = \frac{Xl^3}{6EI} + \frac{8Xl^3}{3EI} - \frac{5Pl^3}{6EI} = 0 \Rightarrow X = \frac{5P}{17} \tag{9.19}$$

(9.19)式で求められた X を図 9.17 の実荷重の曲げモーメント関数に代入すると，

$$\begin{aligned}
M^\mathrm{AD}(x) &= \frac{5P}{34}x &\Rightarrow&& M^\mathrm{AD}(0) &= 0, & M^\mathrm{AD}(l) &= \frac{5Pl}{34} \\
M^\mathrm{BD}(x) &= \frac{5P}{34}x &\Rightarrow&& M^\mathrm{BD}(0) &= 0, & M^\mathrm{BD}(l) &= \frac{5Pl}{34} \\
M^\mathrm{DE}(x) &= \frac{5P}{17}x &\Rightarrow&& M^\mathrm{DE}(0) &= 0, & M^\mathrm{DE}(l) &= \frac{5Pl}{17} \\
M^\mathrm{EC}(x) &= \frac{5P}{17}(l+x) - Px &\Rightarrow&& M^\mathrm{EC}(0) &= \frac{5Pl}{17}, & M^\mathrm{EC}(l) &= -\frac{7Pl}{17}
\end{aligned} \tag{9.20}$$

となり，これに従って曲げモーメント図を描くと，図 9.18 のようになります．

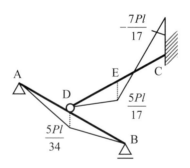

図 9.18 図 9.16 の例題の曲げモーメント図

9.4 演習問題

9.4.1 不静定ラーメンの応力

以下の不静定骨組の曲げモーメント図を求めよ．ただし，E は一定とし，I は図に示すとおりとする．また，I の記載がない場合，EI は一定とする．

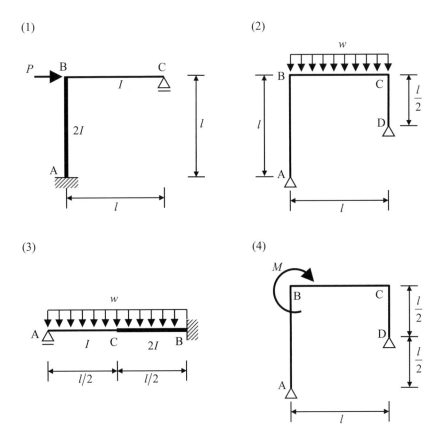

9.4.2 合成骨組の応力

以下の合成骨組の曲げモーメント図を求めよ．

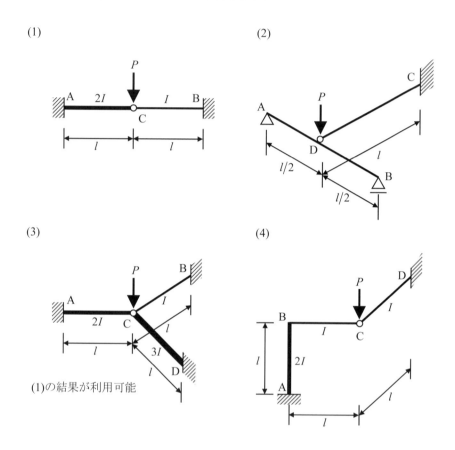

9.5 ま と め

本章では，仮想仕事法を用いて，反力が未知量（不静定力）となる不静定骨組と内力が未知量（不静定力）となる合成骨組の応力を求める方法を学びました．

次章以降では，ラーメン構造のより実用的な解法について学びます．

第 10 章　構造解析の基礎

10.1　はじめに

　構造設計で扱う骨組は，一般に未知の不静定力が多く存在する**高次の不静定骨組**となります．構造設計では，このような不静定骨組の応力を計算する過程を**構造解析**と呼んでいます．本章では，このような構造解析の基礎として，変位を未知量として力の釣合条件を用いて不静定骨組の応力を求める**変位法**について学びます．変位法の元祖は，1920 年代に生まれた**たわみ角法**と呼ばれる方法です．後に，1950 年代にコンピュータによる計算を前提とした**マトリクス有限要素法**（以下**マトリクス法**と呼ぶ）が生まれますが，この方法においても変位法が主流になっていきます．

　そこで本章では，変位法の基礎となるたわみ角法とその発展形であるマトリクス法について解説し，変位法による構造解析の基本原理を明らかにします．

10.2　たわみ角法

　本節では，たわみ角法による応力の求め方について説明します．ところで，たわみ角法とマトリクス法は，一般には異なる解法と考えられています．マトリクス法（**有限要素法**）は飛行機やダムなどの応力を求める方法として発展してきたもので，後に骨組問題にも応用され，現在では**骨組解析**の主流となっています．

一方，たわみ角法は，骨組の応力を求める方法として提案されたものですが，マトリクス法と共通点が多く，よく整理すると同じ方法であることがわかります．そこで，本書では，たわみ角法をマトリクス法の観点から見直し，たわみ角法の式を**ベクトル・マトリクス形式**で表します．ベクトル・マトリクス形式は，一見，難しいように見えますが，慣れると，式を憶えやすく，計算間違いも少なくてすみます．また，次節のマトリクス法の理解も容易になります．

10.2.1 たわみ角法とマトリクス法の概要

たわみ角法もマトリクス法も，図 10.1 に示すように，**ラーメン構造**（骨組構造）を，柱やはりなどの直線部材に分解して解く方法です．マトリクス法では，分解された柱・はりなどを**要素**（element）と呼びます．そして，要素の端部を**節点**（node）と呼びます．これらの方法では，まず，分解された個々の要素に関して，要素の両端節点に作用する応力とその応力によって生じる変位の関係式を求めます．そして，分解された要素を再び骨組として結合し，骨組の節点（要素の結合点）における**変位の連続条件**と**境界条件**（支持条件）を考慮して，各節点における**力の釣合式**（連立方程式）を立てます．この力の釣合式を解くことにより，骨組の**節点変位**が求まり，これから**要素の曲げモーメント**が求まります．

したがって，たわみ角法およびマトリクス法の大まかな計算の流れは，次のようになります．

---

① 要素両端に働く節点応力と節点変位の関係式を立てる．以下では，この関係式を要素方程式（またはたわみ角法の基本式）と呼ぶ．
② 節点における力の釣合式（内力の総和 = 外力）を立てる．以下では，この力の釣合式を節点方程式と呼ぶ．
③ 要素方程式に節点における変位の連続条件と境界条件（固定端の条件）を代入し，要素応力式を求める．
④ ③の要素応力式を節点方程式に代入し，節点変位の連立方程式を解く．
⑤ ④の節点変位を要素応力式に代入し，要素の曲げモーメントを求める．

ただし，たわみ角法とマトリクス法では，要素方程式が異なります．すなわち，**たわみ角法の要素方程式**は，節点の曲げモーメントと節点の回転角（たわみ角）

の関係式になりますが，**マトリクス法の要素方程式**は，節点の軸力，せん断力，曲げモーメントと，節点の水平変位，鉛直変位，回転角の関係式になります．したがって，マトリクス法では，軸力，せん断力，曲げモーメントが直接求まりますが，連立方程式の元数が多くなるため，一般にコンピュータを用いないと計算できません．

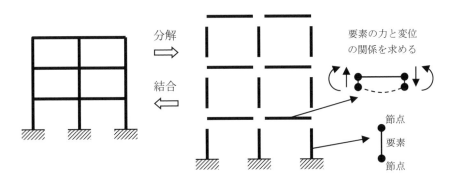

図 10.1　たわみ角法・マトリクス法の概要

10.2.2　基本問題における要素方程式

たわみ角法における要素節点に作用する応力（曲げモーメント）と変位（たわみ角）の関係式（**要素方程式**）を導きます．

図 10.2 に示すように，長さ l の要素の両端に曲げモーメント M_{AB}, M_{BA} が加わり，これによってたわみ角 θ_{AB}, θ_{BA} が生じるものとします．ただし，たわみ角法では，節点の曲げモーメントはすべて回転の正方向（時計まわり）で定義します．

このとき，要素に作用する曲げモーメントとたわみ角の関係を求めるために，図 10.2 の問題を図 10.3 に示すような単純ばりにモデル化します．ここで，図 10.3 のたわみ角 θ_{AB}, θ_{BA} は，図 10.4 に示すように，片側にモーメントが加わる 2 つの問題に分離し，それぞれの問題にモールの定理（7.3 節参照）を適用すると，仮想荷重問題の A，B 点のせん断力から，$\theta_{AB1} = M_{AB}l/3EI$，$\theta_{BA1} = -M_{AB}l/6EI$，$\theta_{AB2} = -M_{BA}l/6EI$，$\theta_{BA2} = M_{BA}l/3EI$ が求まり，これから次のように求められます．

$$\theta_{AB} = \theta_{AB1} + \theta_{AB2} = \frac{M_{AB}l}{3EI} - \frac{M_{BA}l}{6EI}$$
$$\theta_{BA} = \theta_{BA1} + \theta_{BA2} = -\frac{M_{AB}l}{6EI} + \frac{M_{BA}l}{3EI}$$
(10.1)

(10.1)式を，ベクトルとマトリクスを用いて表すと，次のようになります．

$$\begin{Bmatrix} \theta_{AB} \\ \theta_{BA} \end{Bmatrix} = \frac{l}{6EI} \begin{bmatrix} 2 & -1 \\ -1 & 2 \end{bmatrix} \begin{Bmatrix} M_{AB} \\ M_{BA} \end{Bmatrix}$$
(10.2)

また，逆行列を用いて逆の関係を求めると，次のようになります．

$$\begin{Bmatrix} M_{AB} \\ M_{BA} \end{Bmatrix} = 2E\frac{I}{l} \begin{bmatrix} 2 & 1 \\ 1 & 2 \end{bmatrix} \begin{Bmatrix} \theta_{AB} \\ \theta_{BA} \end{Bmatrix}$$
(10.3)

ここで，I/l は曲がりにくさを表す定数で**剛度**と呼ばれます．(10.3)式が，最も単純な形の**要素方程式（たわみ角法の基本式）**となります．

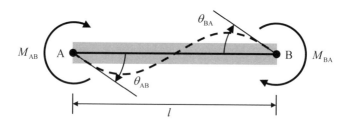

図 10.2　要素の曲げモーメントとたわみ角の関係

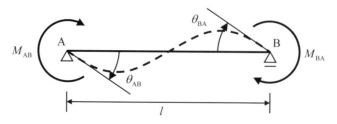

図 10.3　単純ばりの曲げモーメントとたわみ角の関係

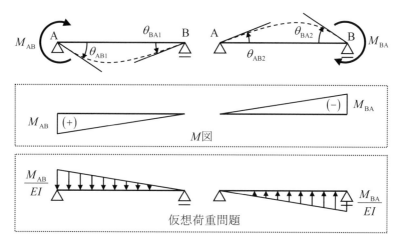

図 10.4 単純ばりの曲げモーメントとたわみ角の関係

10.2.3 基本問題の解法

次に，(10.3)式の要素方程式を用いてラーメン構造の曲げモーメントを求める方法を，図 10.5 に示す例題をもとに説明します．なお，この例題では，E は一定とし，I は図に示すとおりとしています．

① 要素方程式を立てる．

たわみ角法でこの問題を解く場合，まず，図 10.6 に示すように，骨組を要素に分解し，それぞれの要素に対して，(10.3)式と同様の要素方程式を立てます．すなわち，

$$\text{AO要素：} \begin{Bmatrix} M_{AO} \\ M_{OA} \end{Bmatrix} = 2E\frac{I}{l}\begin{bmatrix} 2 & 1 \\ 1 & 2 \end{bmatrix}\begin{Bmatrix} \theta_{AO} \\ \theta_{OA} \end{Bmatrix}$$
$$\text{OB要素：} \begin{Bmatrix} M_{OB} \\ M_{BO} \end{Bmatrix} = 2E\frac{2I}{2l}\begin{bmatrix} 2 & 1 \\ 1 & 2 \end{bmatrix}\begin{Bmatrix} \theta_{OB} \\ \theta_{BO} \end{Bmatrix} \tag{10.4}$$

② 節点方程式を立てる．

図 10.6 より，節点 O の節点方程式（内力の総和 = 外力）は，(10.5)式となります．なお，固定端の節点方程式は反力の計算式で，ここでは必要ありません．

182　第10章　構造解析の基礎

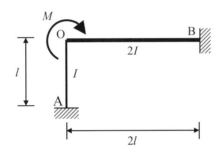

図 10.5　基本的な例題

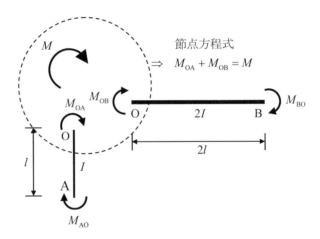

図 10.6　要素に分解

$$M_{OA} + M_{OB} = M \qquad (10.5)$$

③　要素方程式に節点における変位の連続条件と境界条件（固定端の条件）を代入し，要素応力式を求める．

　図 10.6 の要素を再び図 10.5 のように結合すると，節点 O では，図 10.7 に示すように，$\theta_{OA} = \theta_{OB} = \theta_O$ が成り立ちます．これは，ラーメン構造の接合部は，変形前の角度が変形後も保たれる**剛接合**となっているためです．また，θ_{AO} と θ_{BO} も，節点で唯一であるため，θ_A と θ_B で表すことができます．

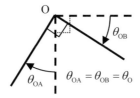

図 10.7 回転角の連続条件

以上の条件により，(10.4)式は次のように表せます．

$$\text{AO要素：} \begin{Bmatrix} M_{AO} \\ M_{OA} \end{Bmatrix} = 2E\frac{I}{l}\begin{bmatrix} 2 & 1 \\ 1 & 2 \end{bmatrix}\begin{Bmatrix} \theta_A \\ \theta_O \end{Bmatrix}$$

$$\text{OB要素：} \begin{Bmatrix} M_{OB} \\ M_{BO} \end{Bmatrix} = 2E\frac{2I}{2l}\begin{bmatrix} 2 & 1 \\ 1 & 2 \end{bmatrix}\begin{Bmatrix} \theta_O \\ \theta_B \end{Bmatrix} \quad (10.6)$$

すなわち，節点変位（回転角）を節点の記号のみで表すことが，**節点変位の連続条件**を考慮したことになります．したがって，以下では，要素方程式の節点変位は，節点の記号のみで表すことにします．

次に，図 10.5 の節点 A と節点 B の**境界条件**(固定端の条件)より，$\theta_A = 0$，$\theta_B = 0$ が成り立ちます．これを(10.6)式に代入すると，次のようになります．

$$\text{AO要素：} \begin{Bmatrix} M_{AO} \\ M_{OA} \end{Bmatrix} = 2E\frac{I}{l}\begin{bmatrix} 2 & 1 \\ 1 & 2 \end{bmatrix}\begin{Bmatrix} 0 \\ \theta_O \end{Bmatrix}$$

$$\text{OB要素：} \begin{Bmatrix} M_{OB} \\ M_{BO} \end{Bmatrix} = 2E\frac{2I}{2l}\begin{bmatrix} 2 & 1 \\ 1 & 2 \end{bmatrix}\begin{Bmatrix} \theta_O \\ 0 \end{Bmatrix} \quad (10.7)$$

ここで，(10.7)式の行列計算を行うと，**要素応力式**が次のように求められます．

$$M_{AO} = \frac{EI}{l}(2\theta_O), \quad M_{OA} = \frac{EI}{l}(4\theta_O)$$

$$M_{OB} = \frac{EI}{l}(4\theta_O), \quad M_{BO} = \frac{EI}{l}(2\theta_O) \quad (10.8)$$

④ ③の要素応力式を節点方程式に代入し，節点変位の連立方程式を解く．
(10.8)式を(10.5)式に代入すると次式の方程式（1元連立方程式）が得られます．

$$\frac{EI}{l}(4\theta_O + 4\theta_O) = M \tag{10.9}$$

上式を解くと，θ_O が次のように求められます．

$$\theta_O = \frac{1}{8}\frac{Ml}{EI} \tag{10.10}$$

⑤ ④の節点変位を要素応力式に代入し，要素の曲げモーメントを求める．
(10.10)式を(10.8)式に代入すると，要素の曲げモーメントが次のように求まります．

$$M_{AO} = \frac{1}{4}M, \quad M_{OA} = \frac{1}{2}M, \quad M_{OB} = \frac{1}{2}M, \quad M_{BO} = \frac{1}{4}M \tag{10.11}$$

(10.11)式から曲げモーメント図を作成すると，図 10.8 のようになります．ここで，曲げモーメント図の描き方は，まず，各要素で，たわみ角法の正の曲げモーメントを定義し，曲げモーメントが正なら矢印の起点側に，負なら矢先側に曲げモーメント図を描きます．

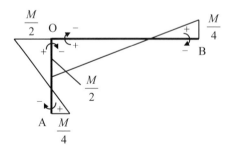

図 10.8　図 10.5 の例題の曲げモーメント図

これは，図 10.9 に示すように，曲げモーメントが正なら矢印の起点側に描かれ，負ならその反対側に描かれるためです．また，矢印の起点側に描かれるのは，図中に示すように，要素端の微小部分を取り出すと，曲げモーメントの矢印の起点側が引っ張り側となっているためです．

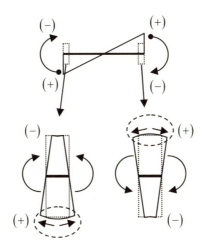

図 10.9　たわみ角法の正の曲げモーメントと曲げモーメント図の対応関係

10.2.4　中間荷重がある問題の解き方

次に，図 10.10 の例題の解き方を考えてみましょう．なお，この例題では，E は一定とし，I は図に示すとおりとしています．

図 10.10 の例題の要素方程式を立てる場合，AB 要素では，**中間荷重 P が加わっている**ため，(10.3)式の要素方程式が適用できません．そこで，まず，このような**中間荷重が加わる場合の要素方程式**（たわみ角法の基本式）を導きます．

図 10.11 に示すように，要素 AB を単純ばりとして，図の上段に示すように，中間荷重 P によって生じる節点 A，B のたわみ角を γ_A，γ_B とします．また，図の中段に示すように，要素両端に加わる曲げモーメント M_{AB}，M_{BA} によって生じる節点 A，B のたわみ角を α_A，α_B とします．そして，図の下段に示すように，これら 2 つの力を合わせた場合の節点 A，B のたわみ角を θ_A，θ_B とします．

186　第10章　構造解析の基礎

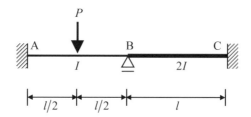

図10.10　中間荷重が加わる例題（その1）

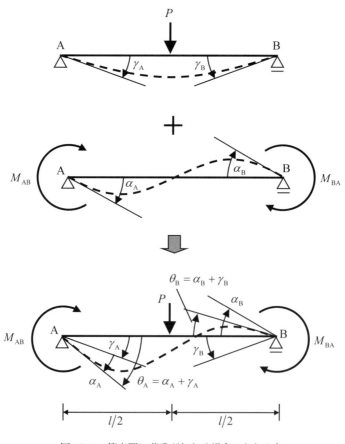

図10.11　節点間に荷重が加わる場合のたわみ角

このとき，図 10.11 に示すように，$\theta_A = \alpha_A + \gamma_A$, $\theta_B = \alpha_B + \gamma_B$ が成り立ちます．また，(10.3)式より，次式が成り立つため，

$$\begin{Bmatrix} M_{AB} \\ M_{BA} \end{Bmatrix} = 2E\frac{I}{l}\begin{bmatrix} 2 & 1 \\ 1 & 2 \end{bmatrix}\begin{Bmatrix} \alpha_A \\ \alpha_B \end{Bmatrix} \tag{10.12}$$

これに，$\alpha_A = \theta_A - \gamma_A$, $\alpha_B = \theta_B - \gamma_B$ を代入すると，次式となります．

$$\begin{Bmatrix} M_{AB} \\ M_{BA} \end{Bmatrix} = 2E\frac{I}{l}\begin{bmatrix} 2 & 1 \\ 1 & 2 \end{bmatrix}\begin{Bmatrix} \theta_A - \gamma_A \\ \theta_B - \gamma_B \end{Bmatrix} \tag{10.13}$$

ここで，中間荷重 P によって生じるたわみ角 γ_A, γ_B は，あらかじめ求めておくことができますから，(10.13)式は次式のように書けます．

$$\begin{Bmatrix} M_{AB} \\ M_{BA} \end{Bmatrix} = 2E\frac{I}{l}\begin{bmatrix} 2 & 1 \\ 1 & 2 \end{bmatrix}\begin{Bmatrix} \theta_A \\ \theta_B \end{Bmatrix} + \begin{Bmatrix} C_{AB} \\ C_{BA} \end{Bmatrix} \tag{10.14}$$

ただし，

$$\begin{Bmatrix} C_{AB} \\ C_{BA} \end{Bmatrix} = 2E\frac{I}{l}\begin{bmatrix} 2 & 1 \\ 1 & 2 \end{bmatrix}\begin{Bmatrix} -\gamma_A \\ -\gamma_B \end{Bmatrix} \tag{10.15}$$

ここで，C_{AB} と C_{BA} は，**固定端モーメント**と呼ばれます．

図 10.12 は，中央集中荷重が加わる場合の γ_A, γ_B をモールの定理によって計算したものです．この γ_A, γ_B を(10.15)式に代入すると，中央集中荷重が加わる場合の固定端モーメントが次のように求められます．

$$\begin{Bmatrix} C_{AB} \\ C_{BA} \end{Bmatrix} = 2E\frac{I}{l}\begin{bmatrix} 2 & 1 \\ 1 & 2 \end{bmatrix}\begin{Bmatrix} -\gamma_A \\ -\gamma_B \end{Bmatrix} = 2E\frac{I}{l}\begin{bmatrix} 2 & 1 \\ 1 & 2 \end{bmatrix}\begin{Bmatrix} -\dfrac{Pl^2}{16EI} \\ \dfrac{Pl^2}{16EI} \end{Bmatrix} = \begin{Bmatrix} -\dfrac{Pl}{8} \\ \dfrac{Pl}{8} \end{Bmatrix} \tag{10.16}$$

したがって，**中央集中荷重が加わる場合の要素方程式**(たわみ角法の基本式)は，次式となります．

$$\begin{Bmatrix} M_{AB} \\ M_{BA} \end{Bmatrix} = 2E\frac{I}{l}\begin{bmatrix} 2 & 1 \\ 1 & 2 \end{bmatrix}\begin{Bmatrix} \theta_A \\ \theta_B \end{Bmatrix} + \begin{Bmatrix} -Pl/8 \\ Pl/8 \end{Bmatrix} \tag{10.17}$$

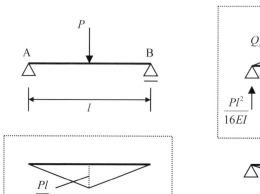
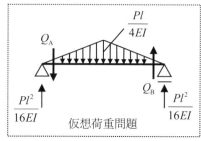
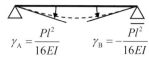

図 10.12　中央集中荷重が加わる場合の固定端モーメントの求め方

それでは，(10.17)式を用いて，図 10.10 の例題を解いてみましょう．

① 要素方程式を立てる

図 10.10 の例題の要素方程式は次のようになります．なお，ここでは，**連続条件を代入した節点変位**（たわみ角）としています．

$$\text{AB要素：} \begin{Bmatrix} M_{AB} \\ M_{BA} \end{Bmatrix} = 2E\frac{I}{l}\begin{bmatrix} 2 & 1 \\ 1 & 2 \end{bmatrix}\begin{Bmatrix} \theta_A \\ \theta_B \end{Bmatrix} + \begin{Bmatrix} -Pl/8 \\ Pl/8 \end{Bmatrix}$$
$$\text{BC要素：} \begin{Bmatrix} M_{BC} \\ M_{CB} \end{Bmatrix} = 2E\frac{2I}{l}\begin{bmatrix} 2 & 1 \\ 1 & 2 \end{bmatrix}\begin{Bmatrix} \theta_B \\ \theta_C \end{Bmatrix} \tag{10.18}$$

② 節点方程式を立てる．

図 10.10 より，節点 B の節点方程式は，次のようになります．

$$M_{BA} + M_{BC} = 0 \tag{10.19}$$

③ 要素方程式に節点における境界条件を代入し，要素応力式を求める．

(10.18)式に図 10.10 の A, C 点の固定端条件を代入すると，次のようになります．

AB要素：$\begin{Bmatrix} M_{AB} \\ M_{BA} \end{Bmatrix} = 2E\dfrac{I}{l}\begin{bmatrix} 2 & 1 \\ 1 & 2 \end{bmatrix}\begin{Bmatrix} 0 \\ \theta_B \end{Bmatrix} + \begin{Bmatrix} -Pl/8 \\ Pl/8 \end{Bmatrix}$

BC要素：$\begin{Bmatrix} M_{BC} \\ M_{CB} \end{Bmatrix} = 2E\dfrac{2I}{l}\begin{bmatrix} 2 & 1 \\ 1 & 2 \end{bmatrix}\begin{Bmatrix} \theta_B \\ 0 \end{Bmatrix}$
(10.20)

(10.20)式の行列計算を行うと，要素応力式が次のように求まります．

$$M_{AB} = \dfrac{EI}{l}(2\theta_B) - \dfrac{Pl}{8}, \quad M_{BA} = \dfrac{EI}{l}(4\theta_B) + \dfrac{Pl}{8}$$
$$M_{BC} = \dfrac{EI}{l}(8\theta_B), \quad M_{CB} = \dfrac{EI}{l}(4\theta_B)$$
(10.21)

④ ③の要素応力式を節点方程式に代入し，節点変位の連立方程式を解く．

(10.21)式を(10.19)式に代入すると，次式が得られます．

$$\dfrac{EI}{l}(4\theta_B + 8\theta_B) + \dfrac{Pl}{8} = 0 \tag{10.22}$$

上式を解くと，θ_B が次のように求められます．

$$\theta_B = -\dfrac{1}{96}\dfrac{Pl^2}{EI} \tag{10.23}$$

⑤ ④の節点変位を要素応力式に代入し，要素の曲げモーメントを求める．

(10.23)式の解を(10.21)式に代入すると，要素の曲げモーメントが次のように求まります．

$$M_{AB} = -\dfrac{7}{48}Pl, \quad M_{BA} = \dfrac{4}{48}Pl, \quad M_{BC} = -\dfrac{4}{48}Pl, \quad M_{CB} = -\dfrac{2}{48}Pl \tag{10.24}$$

これをもとに曲げモーメント図を描くと，図 10.13 のようになります．ここで，(10.18)式の解もすべて正ですから，図に示す曲げモーメントの矢印の起点側に曲げモーメントを描いています．ただし，AB 要素の中央の曲げモーメントは，中間荷重 P による曲げモーメント（$Pl/4$）を加える必要があるため，図中の計算式によって，中央の曲げモーメントを求める必要があります．なお，要素中央の曲

げモーメントが次式で計算できることは，図 10.14 に示す力の釣り合い関係から理論的に証明できます．

$$M_{中央} = \frac{Pl}{4} - \frac{-M_{AB} + M_{BA}}{2} \tag{10.25}$$

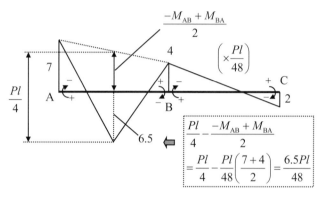

図 10.13　図 10.10 の例題の曲げモーメント図

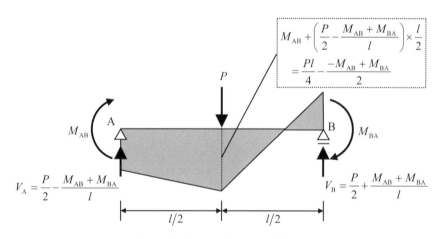

図 10.14　中央集中荷重が加わる場合の中央曲げモーメントの導出

10.2.5 不静定ラーメンの解法（節点移動がない場合）

以上は，節点方程式が1つしかない基本的な例題でしたが，以下では，節点方程式が2つ以上の不静定ラーメンの解法について説明します．ただし，ここでは，図 10.15 に示すような要素両端の節点移動がない問題を扱います．なお，節点移動があるかどうかは，図 10.16 に示すように，すべての部材を剛棒とし，すべての接合部をピン接合（ヒンジ）とした場合に，水平および垂直の力に対して節点が移動するかどうかを調べればわかります．

図 10.15 の例題を前項までに示した手順に従って解きます．

① 要素方程式を立てる．

まず，AB, CD, CE の各要素に対して(10.3)式の要素方程式を適用し，BC 要素に対して(10.17)式の要素方程式を適用します．すなわち，

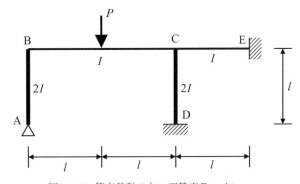

図 10.15　節点移動のない不静定ラーメン

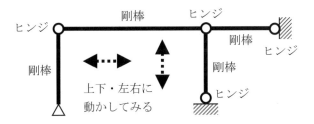

図 10.16　節点移動が生じるかどうかの確認

AB要素： $\begin{Bmatrix} M_{AB} \\ M_{BA} \end{Bmatrix} = 2E\dfrac{2I}{l}\begin{bmatrix} 2 & 1 \\ 1 & 2 \end{bmatrix}\begin{Bmatrix} \theta_A \\ \theta_B \end{Bmatrix}$

BC要素： $\begin{Bmatrix} M_{BC} \\ M_{CB} \end{Bmatrix} = 2E\dfrac{I}{2l}\begin{bmatrix} 2 & 1 \\ 1 & 2 \end{bmatrix}\begin{Bmatrix} \theta_B \\ \theta_C \end{Bmatrix} + \begin{Bmatrix} -(P\cdot 2l)/8 \\ (P\cdot 2l)/8 \end{Bmatrix}$

CD要素： $\begin{Bmatrix} M_{CD} \\ M_{DC} \end{Bmatrix} = 2E\dfrac{2I}{l}\begin{bmatrix} 2 & 1 \\ 1 & 2 \end{bmatrix}\begin{Bmatrix} \theta_C \\ \theta_D \end{Bmatrix}$

CE要素： $\begin{Bmatrix} M_{CE} \\ M_{EC} \end{Bmatrix} = 2E\dfrac{I}{l}\begin{bmatrix} 2 & 1 \\ 1 & 2 \end{bmatrix}\begin{Bmatrix} \theta_C \\ \theta_E \end{Bmatrix}$
(10.26)

② 節点方程式を立てる．

図 10.15 より，節点方程式は，固定端以外の節点 A, B, C で立てられ，次式となります．

節点A： $M_{AB} = 0$ (10.27a)

節点B： $M_{BA} + M_{BC} = 0$ (10.27b)

節点C： $M_{CB} + M_{CD} + M_{CE} = 0$ (10.27c)

ここで，A 点はピン支点であり，(10.27a)式は応力の境界条件となりますが，ここでは，節点方程式の 1 つとして扱っています．

③ 要素方程式に節点における境界条件を代入し，要素応力式を求める．

(10.26)式に，節点 D, E の固定端の境界条件を代入すると，次のようになります．

AB要素： $\begin{Bmatrix} M_{AB} \\ M_{BA} \end{Bmatrix} = 2E\dfrac{2I}{l}\begin{bmatrix} 2 & 1 \\ 1 & 2 \end{bmatrix}\begin{Bmatrix} \theta_A \\ \theta_B \end{Bmatrix}$

BC要素： $\begin{Bmatrix} M_{BC} \\ M_{CB} \end{Bmatrix} = 2E\dfrac{I}{2l}\begin{bmatrix} 2 & 1 \\ 1 & 2 \end{bmatrix}\begin{Bmatrix} \theta_B \\ \theta_C \end{Bmatrix} + \begin{Bmatrix} -(P\cdot 2l)/8 \\ (P\cdot 2l)/8 \end{Bmatrix}$

CD要素： $\begin{Bmatrix} M_{CD} \\ M_{DC} \end{Bmatrix} = 2E\dfrac{2I}{l}\begin{bmatrix} 2 & 1 \\ 1 & 2 \end{bmatrix}\begin{Bmatrix} \theta_C \\ 0 \end{Bmatrix}$

CE要素： $\begin{Bmatrix} M_{CE} \\ M_{EC} \end{Bmatrix} = 2E\dfrac{I}{l}\begin{bmatrix} 2 & 1 \\ 1 & 2 \end{bmatrix}\begin{Bmatrix} \theta_C \\ 0 \end{Bmatrix}$
(10.28)

(10.28)式の行列計算を行うと，要素応力式が次のように求まります．

$$M_{AB} = \frac{EI}{l}(8\theta_A + 4\theta_B), \quad M_{BA} = \frac{EI}{l}(4\theta_A + 8\theta_B)$$

$$M_{BC} = \frac{EI}{l}(2\theta_B + \theta_C) - \frac{Pl}{4}, \quad M_{CB} = \frac{EI}{l}(\theta_B + 2\theta_C) + \frac{Pl}{4}$$

$$M_{CD} = \frac{EI}{l}(8\theta_C), \quad M_{DC} = \frac{EI}{l}(4\theta_C) \quad (10.29)$$

$$M_{CE} = \frac{EI}{l}(4\theta_C), \quad M_{EC} = \frac{EI}{l}(2\theta_C)$$

④ ③の要素応力式を節点方程式に代入し，節点変位の連立方程式を解く．

(10.29)式を(10.27a)〜(10.27c)式に代入すると，次式が得られます．

$$8\theta_A + 4\theta_B = 0 \quad (10.30a)$$

$$4\theta_A + 10\theta_B + \theta_C = \frac{Pl^2}{4EI} \quad (10.30b)$$

$$\theta_B + 14\theta_C = -\frac{Pl^2}{4EI} \quad (10.30c)$$

上式を解くために，(10.30a)式 − (10.30b)式×2 を計算すると，

$$16\theta_B + 2\theta_C = \frac{Pl^2}{2EI} \quad (10.31)$$

が求まります．次に，(10.31)式 − (10.30c)式×16 を計算すると，

$$\theta_C = -\frac{9}{444}\frac{Pl^2}{EI} \quad (10.32)$$

が求まります．これを(10.31)式に代入すると θ_B が求まり，求められた θ_B を(10.30a)式に代入すると θ_A が求まります．すなわち，

$$\theta_B = \frac{15}{444}\frac{Pl^2}{EI}, \quad \theta_A = -\frac{15}{888}\frac{Pl^2}{EI} \quad (10.33)$$

⑤ ④の節点変位を要素応力式に代入し，要素の曲げモーメントを求める．

(10.32)式，(10.33)式で求められた節点変位を(10.29)式に代入すると，各要素の曲げモーメントが次のように求められます．

$$M_{AB} = 0, \quad M_{AB} = \frac{90}{444}Pl, \quad M_{BC} = -\frac{90}{444}Pl, \quad M_{CB} = \frac{108}{444}Pl$$
$$M_{CD} = -\frac{72}{444}Pl, \quad M_{DC} = -\frac{36}{444}Pl, \quad M_{CE} = -\frac{36}{444}Pl, \quad M_{EC} = -\frac{18}{444}Pl \tag{10.34}$$

これをもとに，曲げモーメント図を描くと，図 10.17 のようになります．ただし，BC 要素中央の曲げモーメントは，次式から計算されます．

$$\frac{P \cdot 2l}{4} - \frac{-M_{BC} + M_{CB}}{2} = \frac{Pl}{2} - \frac{Pl}{444}\left(\frac{90+108}{2}\right) = \frac{123Pl}{444} \tag{10.35}$$

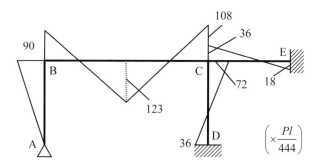

図 10.17 　図 10.15 の例題の曲げモーメント図

10.2.6 　不静定ラーメンの解法（節点移動がある場合）

次に，節点移動のある問題の解き方を説明します．図 10.18 は，節点移動のある例題を示しています．図の右に示すように，この場合は，すべての部材を剛棒とし，接合部をヒンジにすると，節点 B と C が水平移動します．そして，AB 要素が角度 R だけ傾きます．たわみ角法では，この角度 R を**部材角**と呼びます．

この場合，AB 要素には，(10.3)式の要素方程式（たわみ角法の基本式）は適用

できません.そこで,まず,部材角が生じる場合の要素方程式を導きます.

図 10.19 に示すように,AB 要素に部材角を与え,その状態で単純ばりにモデル化します.そして,要素両端に,曲げモーメント M_{AB}, M_{BA} を加えると,図に示すように,節点 A, B の回転角 θ_A, θ_B は, M_{AB}, M_{BA} によって生じる角度 α_A, α_B と部材角を R 加えた $\theta_A = \alpha_A + R, \theta_B = \alpha_B + R$ となります.

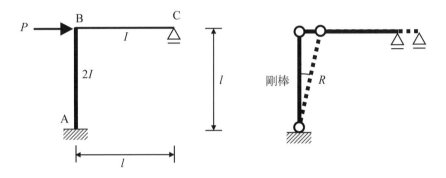

図 10.18 節点移動のある例題(その 1)

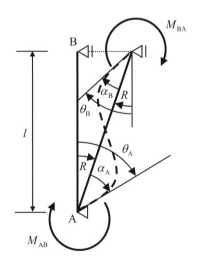

図 10.19 部材角を生じる場合の曲げモーメントと角度の関係

このとき，(10.3)式より，次式が成り立つため，

$$\begin{Bmatrix} M_{AB} \\ M_{BA} \end{Bmatrix} = 2E\frac{I}{l}\begin{bmatrix} 2 & 1 \\ 1 & 2 \end{bmatrix}\begin{Bmatrix} \alpha_A \\ \alpha_B \end{Bmatrix} \qquad (10.36)$$

これに，$\alpha_A = \theta_A - R$，$\alpha_B = \theta_B - R$ を代入すると，次式となります．

$$\begin{Bmatrix} M_{AB} \\ M_{BA} \end{Bmatrix} = 2E\frac{I}{l}\begin{bmatrix} 2 & 1 \\ 1 & 2 \end{bmatrix}\begin{Bmatrix} \theta_A - R \\ \theta_B - R \end{Bmatrix} \qquad (10.37)$$

したがって，部材角が生じる要素に関しては，(10.37)式の要素方程式を用いる必要があります．

ただし，新たな未知量となる部材角 R は，節点方程式からは求まらないため，新たな力の釣合式が必要になります．たわみ角法では，これを**層方程式**と呼んでいます．これは，図 10.20 に示すような**せん断力に関する釣合式**になります．すなわち，

$$Q_{BA} = P \qquad (10.38)$$

また，図 10.21 に示す，要素両端の曲げモーメントと要素内のせん断力の関係から，(10.38)式の層方程式は次のように表せます．

$$Q_{BA} = -\frac{M_{AB} + M_{BA}}{l} = P \qquad (10.39)$$

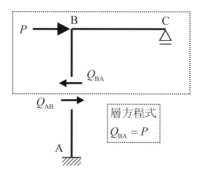

図 10.20　図 10.18 の例題の層方程式

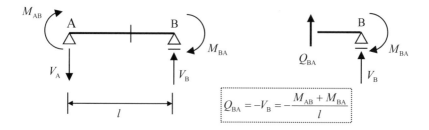

図 10.21　せん断力と曲げモーメントの関係

それでは，前項と同様の手順で，図 10.18 の問題を解いてみましょう．

① 要素方程式を立てる．

まず，AB 要素に対して(10.37)式，BC 要素に対して(10.3)式の要素方程式を適用します．すなわち，

$$\text{AB要素：} \begin{Bmatrix} M_{AB} \\ M_{BA} \end{Bmatrix} = 2E\frac{2I}{l}\begin{bmatrix} 2 & 1 \\ 1 & 2 \end{bmatrix}\begin{Bmatrix} \theta_A - R \\ \theta_B - R \end{Bmatrix}$$

$$\text{BC要素：} \begin{Bmatrix} M_{BC} \\ M_{CB} \end{Bmatrix} = 2E\frac{I}{l}\begin{bmatrix} 2 & 1 \\ 1 & 2 \end{bmatrix}\begin{Bmatrix} \theta_B \\ \theta_C \end{Bmatrix} \quad (10.40)$$

② 節点方程式と層方程式を立てる．

図 10.18 より，節点方程式は節点 B と C で立てられ，層方程式は(10.39)式となります．すなわち，

$$\text{節点B：} \quad M_{BA} + M_{BC} = 0 \quad (10.41\text{a})$$

$$\text{節点C：} \quad M_{CB} = 0 \quad (10.41\text{b})$$

$$\text{層方程式：} \quad -\frac{M_{AB} + M_{BA}}{l} = P \quad (10.41\text{c})$$

③ 要素方程式に節点における境界条件を代入し，要素応力式を求める．

(10.40)式に，節点 A の固定端の境界条件を代入すると，次のようになります．

198   第10章　構造解析の基礎

$$\text{AB要素}: \begin{Bmatrix} M_{AB} \\ M_{BA} \end{Bmatrix} = 2E\frac{2I}{l}\begin{bmatrix} 2 & 1 \\ 1 & 2 \end{bmatrix}\begin{Bmatrix} 0-R \\ \theta_B - R \end{Bmatrix}$$
$$\text{BC要素}: \begin{Bmatrix} M_{BC} \\ M_{CB} \end{Bmatrix} = 2E\frac{I}{l}\begin{bmatrix} 2 & 1 \\ 1 & 2 \end{bmatrix}\begin{Bmatrix} \theta_B \\ \theta_C \end{Bmatrix} \tag{10.42}$$

(10.42)式の行列計算を行うと，要素応力式が次のように求められます．

$$M_{AB} = \frac{EI}{l}(4\theta_B - 12R), \quad M_{BA} = \frac{EI}{l}(8\theta_B - 12R)$$
$$M_{BC} = \frac{EI}{l}(4\theta_B + 2\theta_C), \quad M_{CB} = \frac{EI}{l}(2\theta_B + 4\theta_C) \tag{10.43}$$

④　③の要素応力式を節点＋層方程式に代入し，節点変位の連立方程式を解く．
(10.43)式を(10.41a)〜(10.41c)式に代入すると，次式が得られます．

$$12\theta_B + 2\theta_C - 12R = 0 \tag{10.44a}$$
$$\theta_B + 2\theta_C = 0 \tag{10.44b}$$
$$12\theta_B - 24R = -\frac{Pl^2}{EI} \tag{10.44c}$$

上式を解くために，(10.44a)式 − (10.44b)式を計算すると，

$$11\theta_B - 12R = 0 \tag{10.45}$$

が求まります．次に，(10.44c)式 − (10.45)式×2 を計算すると，

$$\theta_B = \frac{1}{10}\frac{Pl^2}{EI} \tag{10.46}$$

が求まります．これを(10.45)式と(10.44b)式に代入すると R と θ_C が次のように求まります．

$$R = \frac{11}{120}\frac{Pl^2}{EI}, \quad \theta_C = -\frac{1}{20}\frac{Pl^2}{EI} \tag{10.47}$$

⑤　④の節点変位を要素応力式に代入し，要素の曲げモーメントを求める．
(10.46)式，(10.47)式で求められた節点変位と部材角を(10.43)式に代入すると，

各要素の曲げモーメントが次のように求められます.

$$M_{AB} = -\frac{7}{10}Pl, \quad M_{BA} = -\frac{3}{10}Pl, \quad M_{BC} = \frac{3}{10}Pl, \quad M_{CB} = 0 \tag{10.48}$$

これをもとに，曲げモーメント図を描くと，図 10.22 のようになります.

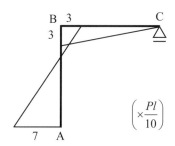

図 10.22　図 10.18 の例題の曲げモーメント図

次に，図 10.23 に示す部材角を生じる要素が複数ある問題を解いてみます．この場合，図の右に示すように，AB 要素の部材角と CD 要素の部材角は互いに連成します．すなわち，AB 要素の部材角（R_{AB}）を R とおくと，CD 要素の部材角（R_{CD}）は $2R$ となります．また，この場合の層方程式は，図 10.24 に示すように (10.49) 式となります．

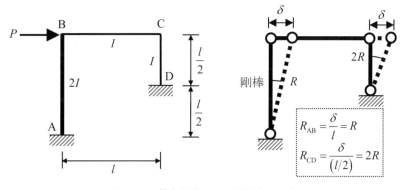

図 10.23　節点移動のある例題（その 2）

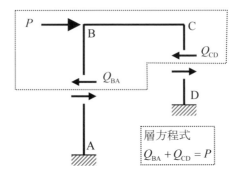

図 10.24　図 10.23 の例題の層方程式

$$Q_{BA} + Q_{CD} = -\frac{M_{AB} + M_{BA}}{l} - \frac{M_{CD} + M_{DC}}{(l/2)} = P \tag{10.49}$$

それでは，例題 (その 1) と同様の手順で，図 10.23 の問題を解いてみましょう．

① 要素方程式を立てる．

(10.37)式と(10.3)式を適用し，要素方程式を立てます．

$$\begin{aligned}
\text{AB要素：} & \begin{Bmatrix} M_{AB} \\ M_{BA} \end{Bmatrix} = 2E\frac{2I}{l}\begin{bmatrix} 2 & 1 \\ 1 & 2 \end{bmatrix}\begin{Bmatrix} \theta_A - R \\ \theta_B - R \end{Bmatrix} \\
\text{BC要素：} & \begin{Bmatrix} M_{BC} \\ M_{CB} \end{Bmatrix} = 2E\frac{I}{l}\begin{bmatrix} 2 & 1 \\ 1 & 2 \end{bmatrix}\begin{Bmatrix} \theta_B \\ \theta_C \end{Bmatrix} \\
\text{CD要素：} & \begin{Bmatrix} M_{CD} \\ M_{DC} \end{Bmatrix} = 2E\frac{I}{(l/2)}\begin{bmatrix} 2 & 1 \\ 1 & 2 \end{bmatrix}\begin{Bmatrix} \theta_C - 2R \\ \theta_D - 2R \end{Bmatrix}
\end{aligned} \tag{10.50}$$

② 節点方程式と層方程式を立てる．

図 10.18 より，節点方程式は節点 B と C で立てられ，層方程式は(10.49)式となります．すなわち，

$$\text{節点B：} \quad M_{BA} + M_{BC} = 0 \tag{10.51a}$$

$$\text{節点C：} \quad M_{CB} + M_{CD} = 0 \tag{10.51b}$$

$$\text{層方程式：} \quad -\frac{M_{AB} + M_{BA}}{l} - \frac{M_{CD} + M_{DC}}{(l/2)} = P \tag{10.51c}$$

③ 要素方程式に節点における境界条件を代入し，要素応力式を求める．

(10.40)式に，節点 A, D の固定端の境界条件を代入すると，次のようになります．

$$\text{AB要素：} \begin{Bmatrix} M_{AB} \\ M_{BA} \end{Bmatrix} = 2E\frac{2I}{l}\begin{bmatrix} 2 & 1 \\ 1 & 2 \end{bmatrix}\begin{Bmatrix} 0-R \\ \theta_B - R \end{Bmatrix}$$

$$\text{BC要素：} \begin{Bmatrix} M_{BC} \\ M_{CB} \end{Bmatrix} = 2E\frac{I}{l}\begin{bmatrix} 2 & 1 \\ 1 & 2 \end{bmatrix}\begin{Bmatrix} \theta_B \\ \theta_C \end{Bmatrix} \quad (10.52)$$

$$\text{CD要素：} \begin{Bmatrix} M_{CD} \\ M_{DC} \end{Bmatrix} = 2E\frac{I}{(l/2)}\begin{bmatrix} 2 & 1 \\ 1 & 2 \end{bmatrix}\begin{Bmatrix} \theta_C - 2R \\ 0 - 2R \end{Bmatrix}$$

(10.52)式の行列計算を行うと，要素応力式が次のように求められます．

$$\begin{aligned} M_{AB} &= \frac{EI}{l}(4\theta_B - 12R), \quad M_{BA} = \frac{EI}{l}(8\theta_B - 12R) \\ M_{BC} &= \frac{EI}{l}(4\theta_B + 2\theta_C), \quad M_{CB} = \frac{EI}{l}(2\theta_B + 4\theta_C) \\ M_{CD} &= \frac{EI}{l}(8\theta_C - 24R), \quad M_{DC} = \frac{EI}{l}(4\theta_C - 24R) \end{aligned} \quad (10.53)$$

④ ③の要素応力式を節点＋層方程式に代入し，節点変位の連立方程式を解く．

(10.53)式を(10.51a)〜(10.51c)式に代入すると，次式が得られます．

$$12\theta_B + 2\theta_C - 12R = 0 \quad (10.54a)$$

$$2\theta_B + 12\theta_C - 24R = 0 \quad (10.54b)$$

$$12\theta_B + 24\theta_C - 120R = -\frac{Pl^2}{EI} \quad (10.54c)$$

(10.54)式を解くために，(10.54a)式 − (10.54b)式×6 と(10.54a)式 − (10.54c)式を計算すると，

$$-35\theta_C + 66R = 0 \quad (10.55a)$$

$$-11\theta_C + 54R = \frac{Pl^2}{2EI} \quad (10.55b)$$

さらに，(10.55a)式×11 − (10.55b)式×35 より，R が次のように求まります．

$$R = \frac{35}{2328}\frac{Pl^2}{EI} \quad (10.56)$$

これを(10.55a)式に代入すると θ_C が求まり，R と θ_C を(10.54a)式に代入すると θ_B が求まります．すなわち，

$$\theta_C = \frac{11}{388}\frac{Pl^2}{EI}, \quad \theta_B = \frac{4}{388}\frac{Pl^2}{EI} \tag{10.57}$$

⑤　④の節点変位を要素応力式に代入し，要素の曲げモーメントを求める．

(10.56)式，(10.57)式で求められた節点変位と部材角を(10.53)式に代入すると，各要素の曲げモーメントが次のように求められます．

$$\begin{aligned} M_{AB} &= -\frac{27}{194}Pl, \quad M_{BA} = -\frac{19}{194}Pl, \quad M_{BC} = \frac{19}{194}Pl, \quad M_{CB} = \frac{26}{194}Pl \\ M_{CD} &= -\frac{26}{194}Pl, \quad M_{DC} = -\frac{48}{194}Pl \end{aligned} \tag{10.58}$$

これをもとに，曲げモーメント図を描くと，図 10.25 のようになります．

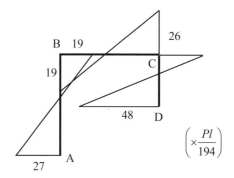

図 10.25　図 10.23 の例題の曲げモーメント図

10.3　マトリクス法

前節で学んだたわみ角法は，高次の不静定構造であるラーメン構造を解くための方法でしたが，この方法も，図 10.26 のように節点数が増えてくると手計算で解くことが難しくなります．このような現実的なラーメン構造を解く方法として，

本節で学ぶ**マトリクス法**と，第 11 章で学ぶ**固定モーメント法**,**D 値法**があります．

マトリクス法は，コンピュータを用いることを前提とする方法で，実務の構造計算では，ほとんどこの方法が用いられています．本節では，このマトリクス法の基本原理を理解し，手計算で解ける範囲の問題により，この方法の計算の流れを理解してもらうことを目的としています．

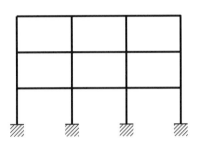

図 10.26　3 層 3 スパンのラーメン構造

10.3.1　不静定ラーメンの解法（節点移動がない場合）

ここでは，10.2.5 項で用いた図 10.15 に示す例題を，マトリクス法によって解いてみます．図 10.27 は，図 10.15 を再掲したものです．

節点移動が生じないラーメンでは，たわみ角法とマトリクス法の要素方程式が同じになります．すなわち，

AB要素：$\begin{Bmatrix} M_{AB} \\ M_{BA} \end{Bmatrix} = 2E\dfrac{2I}{l}\begin{bmatrix} 2 & 1 \\ 1 & 2 \end{bmatrix}\begin{Bmatrix} \theta_A \\ \theta_B \end{Bmatrix}$ (10.59a)

BC要素：$\begin{Bmatrix} M_{BC} \\ M_{CB} \end{Bmatrix} = 2E\dfrac{I}{2l}\begin{bmatrix} 2 & 1 \\ 1 & 2 \end{bmatrix}\begin{Bmatrix} \theta_B \\ \theta_C \end{Bmatrix} + \begin{Bmatrix} -(P\cdot 2l)/8 \\ (P\cdot 2l)/8 \end{Bmatrix}$ (10.59b)

CD要素：$\begin{Bmatrix} M_{CD} \\ M_{DC} \end{Bmatrix} = 2E\dfrac{2I}{l}\begin{bmatrix} 2 & 1 \\ 1 & 2 \end{bmatrix}\begin{Bmatrix} \theta_C \\ \theta_D \end{Bmatrix}$ (10.59c)

CE要素：$\begin{Bmatrix} M_{CE} \\ M_{EC} \end{Bmatrix} = 2E\dfrac{I}{l}\begin{bmatrix} 2 & 1 \\ 1 & 2 \end{bmatrix}\begin{Bmatrix} \theta_C \\ \theta_E \end{Bmatrix}$ (10.59d)

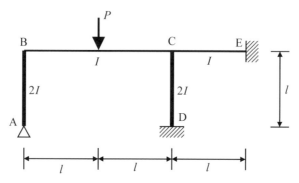

図 10.27　節点移動のない不静定ラーメン

次に，マトリクス法では，(10.60)式に示す**全体剛性方程式**を作成することより，システム的にたわみ角法の節点方程式（連立方程式）を作成します．

$$\begin{array}{c}\begin{array}{ccccc}\theta_A & \theta_B & \theta_C & \theta_D & \theta_E\end{array}\\ \left[\begin{array}{ccccc} & & & & \\ & & & & \\ & & & & \\ & & & & \\ & & & & \end{array}\right]\left\{\begin{array}{c}\theta_A\\ \theta_B\\ \theta_C\\ \theta_D\\ \theta_E\end{array}\right\}=\left\{\begin{array}{c}\text{節点Aに作用する力}\\ \text{節点Bに作用する力}\\ \text{節点Cに作用する力}\\ \text{節点Dに作用する力}\\ \text{節点Eに作用する力}\end{array}\right\}\end{array} \qquad (10.60)$$

ここで，(10.60)式のマトリクス（行列）部分は，節点の回転角と節点に作用する力を関係づけるもので，マトリクス法では，**全体剛性マトリクス**と呼ばれています．また，このマトリクスの列の成分は，回転角の係数を表しており，各行は，節点での釣合式を表していることがわかります．

次に，(10.59a)〜(10.59d)式の要素方程式（マトリクス法では**要素剛性方程式**と呼ぶ）を(10.60)式に埋め込んでいきます．この作業をマトリクス法では，**重ね合わせ**と呼びます．まず，(10.59a)式を(10.60)式に埋め込みます．この場合，(10.59a)式の列は θ_A, θ_B に関係し，行は節点 A と節点 B に関係しているので，(10.61)式のようになります．

$$\frac{EI}{l}\begin{bmatrix} 8 & 4 \\ 4 & 8 \end{bmatrix}\begin{Bmatrix} \theta_A \\ \theta_B \\ \theta_C \\ \theta_D \\ \theta_E \end{Bmatrix} = \begin{Bmatrix} M_{AB} \\ M_{BA} \end{Bmatrix} \tag{10.61}$$

続いて，(10.59b)式を埋め込むと，(10.62)式のようになります．ただし，マトリクスの成分で重なるところは加算します．また，固定端モーメントは外力として，右辺に移項します．この場合，正負の符号が逆になることに注意してください．

$$\frac{EI}{l}\begin{bmatrix} 8 & 4 & & & \\ 4 & 8+2 & 1 & & \\ & 1 & 2 & & \end{bmatrix}\begin{Bmatrix} \theta_A \\ \theta_B \\ \theta_C \\ \theta_D \\ \theta_E \end{Bmatrix} = \begin{Bmatrix} M_{AB} \\ M_{BA} + M_{BC} + Pl/4 \\ M_{CB} - Pl/4 \end{Bmatrix} \tag{10.62}$$

同様に，(10.59c)式を埋め込むと，

$$\frac{EI}{l}\begin{bmatrix} 8 & 4 & & & \\ 4 & 8+2 & 1 & & \\ & 1 & 2+8 & 4 & \\ & & 4 & 8 & \end{bmatrix}\begin{Bmatrix} \theta_A \\ \theta_B \\ \theta_C \\ \theta_D \\ \theta_E \end{Bmatrix} = \begin{Bmatrix} M_{AB} \\ M_{BA} + M_{BC} + Pl/4 \\ M_{CB} + M_{CD} - Pl/4 \\ M_{DC} \end{Bmatrix} \tag{10.63}$$

最後に，(10.59d)式を埋め込むと次式のようになります．

$$\frac{EI}{l}\begin{bmatrix} 8 & 4 & & & \\ 4 & 8+2 & 1 & & \\ & 1 & 2+8+4 & 4 & 2 \\ & & 4 & 8 & \\ & & 2 & & 4 \end{bmatrix}\begin{Bmatrix} \theta_A \\ \theta_B \\ \theta_C \\ \theta_D \\ \theta_E \end{Bmatrix} = \begin{Bmatrix} M_{AB} \\ M_{BA} + M_{BC} + Pl/4 \\ M_{CB} + M_{CD} + M_{CE} - Pl/4 \\ M_{DC} \\ M_{EC} \end{Bmatrix} \tag{10.64}$$

次に，(10.64)式に，節点 A, B, C の内力の釣合式（$M_{AB}=0$，$M_{BA}+M_{BC}=0$，$M_{CB}+M_{CD}+M_{CE}=0$）を代入し，マトリクスの成分を計算すると，次のようになります．

$$\frac{EI}{l}\begin{bmatrix} 8 & 4 & 0 & 0 & 0 \\ 4 & 10 & 1 & 0 & 0 \\ 0 & 1 & 14 & 4 & 2 \\ 0 & 0 & 4 & 8 & 0 \\ 0 & 0 & 2 & 0 & 4 \end{bmatrix}\begin{Bmatrix} \theta_A \\ \theta_B \\ \theta_C \\ \theta_D \\ \theta_E \end{Bmatrix} = \begin{Bmatrix} M_{AB} = 0 \\ M_{BA} + M_{BC} + Pl/4 \\ M_{CB} + M_{CD} + M_{CE} - Pl/4 \\ M_{DC} \\ M_{EC} \end{Bmatrix} = \begin{Bmatrix} 0 \\ Pl/4 \\ -Pl/4 \\ M_{DC} \\ M_{EC} \end{Bmatrix} \quad (10.65)$$

(10.65)式からわかるように，全体剛性マトリクスは必ず**対称マトリクス**になります．また，右辺のベクトルを見ると，**固定端モーメント（外力）**と**反力**のみが残っていることがわかります．したがって，マトリクス法では，右辺ベクトルに内力の加算は行いませんし，反力項も 0 のままにしておきます．

次に，(10.65)式に，節点 D, E の固定端の境界条件 $\theta_D = 0$, $\theta_E = 0$ を代入します．

$$\frac{EI}{l}\begin{bmatrix} 8 & 4 & 0 & 0 & 0 \\ 4 & 10 & 1 & 0 & 0 \\ 0 & 1 & 14 & 4 & 2 \\ 0 & 0 & 4 & 8 & 0 \\ 0 & 0 & 2 & 0 & 4 \end{bmatrix}\begin{Bmatrix} \theta_A \\ \theta_B \\ \theta_C \\ 0 \\ 0 \end{Bmatrix} = \begin{Bmatrix} 0 \\ Pl/4 \\ -Pl/4 \\ M_{DC} \\ M_{EC} \end{Bmatrix} \quad (10.66)$$

マトリクス法では，(10.66)式の節点変位が未知となる行（この場合は 1～3 行）のみが抜き出されて計算されるため，次式が計算されることになります．

$$\frac{EI}{l}\begin{bmatrix} 8 & 4 & 0 \\ 4 & 10 & 1 \\ 0 & 1 & 14 \end{bmatrix}\begin{Bmatrix} \theta_A \\ \theta_B \\ \theta_C \end{Bmatrix} = \begin{Bmatrix} 0 \\ Pl/4 \\ -Pl/4 \end{Bmatrix} \quad (10.67)$$

(10.67)式を展開すると，

$$8\theta_A + 4\theta_B = 0 \quad (10.68a)$$

$$4\theta_A + 10\theta_B + \theta_C = Pl^2/(4EI) \quad (10.68b)$$

$$\theta_B + 14\theta_C = -Pl^2/(4EI) \quad (10.68c)$$

となり，(10.30a)～(10.30c)式の節点方程式と一致することがわかります．したがって，マトリクス法では，たわみ角法において節点変位で表した節点方程式を，コンピュータのプログラムで扱いやすいようにシステム的に作り上げているといえ

ます.

　なお，マトリクス法では，(10.67)式の解を，**ガウス消去法**などの数値計算プログラム[3)]を用いて求めますが，ここでは，(10.68)式の連立方程式を手計算で解くことになります．また，たわみ角法の⑤の手順を行うため，(10.59a)〜(10.59d)式に境界条件（$\theta_D = 0, \theta_E = 0$）を代入し，(10.29)式の要素応力式を求め，これに求まった節点変位（$\theta_A, \theta_B, \theta_C$）を代入し，要素の曲げモーメントを求めます．なお，コンピュータを用いたマトリクス法では，これらの計算は，すべて数値計算プログラムによるマトリクス・ベクトル演算によって処理されます[3)]．

10.3.2　不静定ラーメンの解法（節点移動がある場合）

　次に，マトリクス法による節点移動のある問題の解法について少し触れておきます（詳しくは文献2)の第3章3.4節または文献3)の第2章参照）．まず，マトリクス法では，**節点移動のある問題の要素方程式**は次式のように表されます．

$$\frac{EI}{l^3}\begin{bmatrix} 12 & 6l & -12 & 6l \\ 6l & 4l^2 & -6l & 2l^2 \\ -12 & -6l & 12 & -6l \\ 6l & 2l^2 & -6l & 4l^2 \end{bmatrix}\begin{Bmatrix} v_A \\ \theta_A \\ v_B \\ \theta_B \end{Bmatrix} = \begin{Bmatrix} Q_{AB} \\ M_{AB} \\ Q_{BA} \\ M_{BA} \end{Bmatrix} \tag{10.69}$$

ここで，v_A, v_B は，要素両端の節点A, Bのたわみ，Q_{AB}, Q_{BA} は，節点A, Bのせん断力を表します．ここでは，(10.69)式の導出法については触れませんが，この式とたわみ角法の要素方程式との関連を考えてみます．たわみ角法では，曲げモーメントと回転角の関係のみですから，(10.69)式の2行目と4行目を取りだして展開すると，

$$M_{AB} = 2E\frac{I}{l}(2\theta_A + \theta_B) - \frac{6EI}{l}\frac{(v_B - v_A)}{l} \tag{10.70a}$$

$$M_{BA} = 2E\frac{I}{l}(\theta_A + 2\theta_B) - \frac{6EI}{l}\frac{(v_B - v_A)}{l} \tag{10.70b}$$

ここで，$R = (v_B - v_A)/l$ であることを考慮すると，

$$M_{AB} = 2E\frac{I}{l}(2\theta_A + \theta_B) - \frac{6EI}{l}R$$
$$M_{BA} = 2E\frac{I}{l}(\theta_A + 2\theta_B) - \frac{6EI}{l}R \tag{10.71}$$

となり，$R = 0$ の場合は，(10.3)式のたわみ角法の要素方程式と一致します．

しかしながら，マトリクス法では，(10.69)式の1行と3行のせん断力に関する方程式があります．この式の意味を探るために，(10.69)式の1行と3行を展開してみます．

$$Q_{AB} = \frac{1}{l}\left\{\frac{6EI}{l}(\theta_A + \theta_B) - \frac{12EI}{l}\frac{(v_B - v_A)}{l}\right\}$$
$$Q_{BA} = -\frac{1}{l}\left\{\frac{6EI}{l}(\theta_A + \theta_B) - \frac{12EI}{l}\frac{(v_B - v_A)}{l}\right\} \tag{10.72}$$

上式に，(10.70a)式と(10.70b)式を加えたものを代入すると，次式が得られます．

$$Q_{AB} = \frac{M_{AB} + M_{BA}}{l}, \quad Q_{BA} = -\frac{M_{AB} + M_{BA}}{l} \tag{10.73}$$

これは，図 10.21 に示した曲げモーメントとせん断力の関係式に相当します．すなわち，(10.73)式は，たわみ角法の層方程式に関係することがわかります．

以上から，節点移動のある場合のたわみ角法とマトリクス法の違いは，たわみ角法では，部材角 R を未知量とするのに対して，マトリクス法では，たわみ v_A, v_B を直接未知量とする点と，たわみ角法では，せん断力に関する方程式を層方程式として扱うのに対して，マトリクス法では，曲げモーメントと同様に**せん断力に関する節点方程式**として扱う点です．

部材角を用いる利点は，部材の材軸の方向が異なっても座標変換を行う必要がない点です．マトリクス法では，部材によってたわみ v_A, v_B の方向が異なるため，1つの共通の座標系（**全体座標系**）に**座標変換**を行う必要があります．したがって，手計算ではたわみ角法の方が有利ですが，たわみ角の連成（たわみ角同士の関連）を求めることや層方程式を立てることは，プログラム作成が複雑になるため，コンピュータを用いる計算では，マトリクス法の方が有利になります．

10.4 演習問題

10.4.1 たわみ角法

以下の問題の曲げモーメントをたわみ角法を用いて求めよ．ただし，E は一定とし，I は図に示すとおりとする．

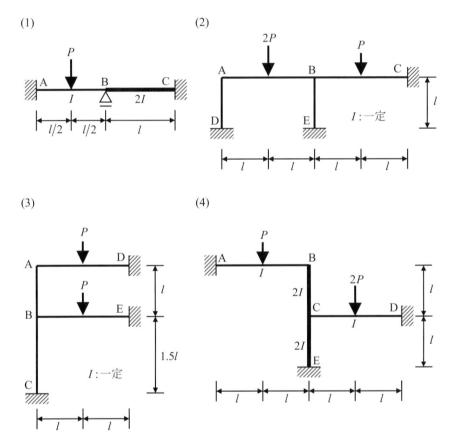

(1)

(2)

(3)

(4)

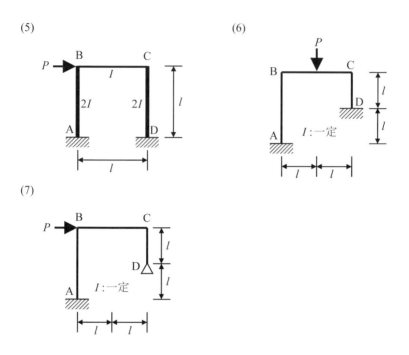

10.4.2 マトリクス法

10.4.1 項の演習問題の内, (1)〜(4)の問題をマトリクス法によって解け. ただし, 全体剛性方程式は展開して手計算で解くこと.

10.5 ま と め

本章では, たわみ角法とマトリクス法により不静定ラーメン構造の曲げモーメントを求める方法について学びました.

次章では, 手計算によって不静定ラーメン構造の曲げモーメントを求める方法として, 固定モーメント法と D 値法について学びます.

第11章 手計算による構造解析

11.1 は じ め に

　最近では，コンピュータを利用した構造解析が主流ですが，手計算で解く手法は，力学的なセンスを身につけるために重要です．そこで，本章では，手計算で不静定骨組の応力を求める方法として，**固定モーメント法**と **D 値法**を学びます．

11.2 固定モーメント法

　固定モーメント法は，たわみ角法の原理にもとづく方法ですが，たわみ角法のように連立方程式を直接解くのではなく，節点回転角（たわみ角）を固定した解を初期解として，連立方程式の右辺と左辺の誤差（残差）を繰り返し計算によって小さくしていく方法です．このような方法は，連立方程式を反復計算によって解く**間接法**に相当します．

11.2.1 基本問題の解法

　固定モーメント法による解き方を理解するために，まず，図 11.1 に示す基本的な問題を解いてみます．ただし，この問題の EI は一定としています．

　固定モーメント法では，その名のとおり，まず，すべての節点の回転角を固定します．そうすると，図 11.1 の例題の**たわみ角法の要素方程式**（基本式）は，次式のようになります（(10.18)式参照）．

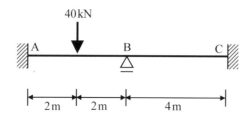

図 11.1　基本例題

AB要素： $\begin{Bmatrix} M_{AB} \\ M_{BA} \end{Bmatrix} = 2E\dfrac{I}{l}\begin{bmatrix} 2 & 1 \\ 1 & 2 \end{bmatrix}\begin{Bmatrix} 0 \\ 0 \end{Bmatrix} + \begin{Bmatrix} -Pl/8 \\ Pl/8 \end{Bmatrix} = \begin{Bmatrix} -(40\times 4)/8 \\ (40\times 4)/8 \end{Bmatrix} = \begin{Bmatrix} -20 \\ 20 \end{Bmatrix}$ (11.1a)

BC要素： $\begin{Bmatrix} M_{BC} \\ M_{CB} \end{Bmatrix} = 2E\dfrac{I}{l}\begin{bmatrix} 2 & 1 \\ 1 & 2 \end{bmatrix}\begin{Bmatrix} 0 \\ 0 \end{Bmatrix} = \begin{Bmatrix} 0 \\ 0 \end{Bmatrix}$ (11.1b)

ここで，(11.1a)式では，**固定端モーメント**((10.15)式)のみが残ることになり，固定モーメント法では，これを **FEM**（fixed end moment）という記号で表します．

図 11.2 は，全節点の回転角を固定した場合の曲げモーメント図を示しますが，このとき，節点 B の節点方程式は，次のようになります．

$$M_{BA} + M_{BC} = 20 \tag{11.2}$$

上式の右辺は，本来 0 になるべきものですから，固定モーメント法では，右辺の 20 kNm（以下単位は省略）を**不釣合モーメント**と呼びます．

固定モーメント法では，この不釣合モーメントを 0 にするために，節点 B に，−20 のモーメント外力を加えます．固定モーメント法では，このモーメント外力を**解放モーメント**と呼びます．図 11.3 は，この解放モーメントを加えた問題を示します．

図 11.3 の問題の節点 B の節点方程式は次式となります．

$$M_{BA} + M_{BC} = -20 \tag{11.3}$$

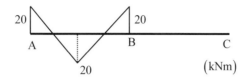

図 11.2　全節点を固定したときの曲げモーメント図

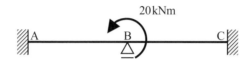

図 11.3　解放モーメントを加えた問題

　この場合，−20 のモーメントを M_{BA} と M_{BC} に分配する必要がありますが，固定モーメント法では，力学法則にもとづき AB 要素と BC 要素の剛比によってこれを分配します．
　ここで，**剛比**というのは，要素の**剛度**を**標準剛度**で割った値です．本章では，剛度を K で表し，標準剛度を K_0 で表します．この剛度 K は，(10.3)式にも出てきましたが，次式で定義される定数です．

$$K = I/l \tag{11.4}$$

また，**標準剛度** K_0 は基準となる剛度で，どのような値を用いてもいいのですが，ここでは，AB 要素の剛度を標準剛度とします．
　したがって，剛比を k で表すと，図 11.1 の AB 要素と BC 要素の剛比は，$k_{AB} = 1$，$k_{BC} = 1$ となります．固定モーメント法の場合，この剛比による**分配率**を DF（distribution factor）という記号で表し，(11.2)式の曲げモーメントを次式から求めます．

$$\begin{aligned}M_{BA} &= (DF_{BA})(-20) = \frac{k_{AB}}{k_{AB} + k_{BC}}(-20) = \left(\frac{1}{1+1}\right) \times (-20) = -10 \\ M_{BC} &= (DF_{BC})(-20) = \frac{k_{BC}}{k_{AB} + k_{BC}}(-20) = \left(\frac{1}{1+1}\right) \times (-20) = -10\end{aligned} \tag{11.5}$$

そして，(11.5)式で得られる曲げモーメントを，固定モーメント法では**第1回分配モーメント**と呼び，D1 という記号で表します．なお，この D は，distribution の D です．

次に，図 11.3 の問題の要素方程式に節点 A と C の境界条件を代入すると，次のようになります．

$$
\text{AB要素：} \begin{Bmatrix} M_{AB} \\ M_{BA} \end{Bmatrix} = 2E\frac{I}{l}\begin{bmatrix} 2 & 1 \\ 1 & 2 \end{bmatrix}\begin{Bmatrix} 0 \\ \theta_B \end{Bmatrix}
$$
$$
\text{BC要素：} \begin{Bmatrix} M_{BC} \\ M_{CB} \end{Bmatrix} = 2E\frac{I}{l}\begin{bmatrix} 2 & 1 \\ 1 & 2 \end{bmatrix}\begin{Bmatrix} \theta_B \\ 0 \end{Bmatrix}
\quad (11.6)
$$

上式を展開すると，

$$
\begin{aligned}
M_{AB} &= (EI/l)(2\theta_B), & M_{BA} &= (EI/l)(4\theta_B) \\
M_{BC} &= (EI/l)(4\theta_B), & M_{CB} &= (EI/l)(2\theta_B)
\end{aligned}
\quad (11.7)
$$

上式から，次式の関係が得られます．

$$
M_{AB} = (1/2)M_{BA}, \quad M_{CB} = (1/2)M_{BC} \quad (11.8)
$$

すなわち，固定端側の曲げモーメントは，分配モーメントの 1/2 になるという性質があるということです．固定モーメント法では，この固定端側の曲げモーメントを**第1回到達モーメント**と呼び，C1 という記号で表します．なお，この C は，carry over の C です．これは，分配モーメントの 1/2 が要素（部材）の逆側に"到達"したという見方ができるためこのような呼び名になっています．

(11.5)式と(11.8)式によって，図 11.3 の問題の曲げモーメント図を描くと，図 11.4 となります．

最後に，図 11.2 と図 11.4 を足し合わせると，図 11.5 に示す曲げモーメント図が得られます．

以上が固定モーメント法による解法ですが，固定モーメント法では，このような計算を図 11.6 に示すような表を用いて行います．

11.2 固定モーメント法

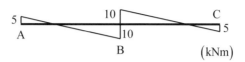

図 11.4　解放モーメントによる曲げモーメント図

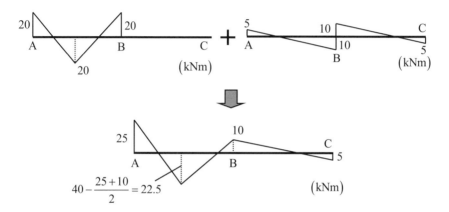

図 11.5　例題の曲げモーメント図

	A			B		解放モーメント		C	
		AB		BA	BC			CB	
DF			DF	0.5	0.5		DF		
FEM		-20	FEM	20	0	-20	FEM		0
C1		-5	D1	-10	-10		C1		-5
Σ		-25	C1	0	0		Σ		-5
			Σ	10	-10				

図 11.6　固定モーメント法の計算表

216　第 11 章　手計算による構造解析

また，計算手順としては，以下のようになります．

> ① 固定端以外の節点で分配率（DF）を計算する．
> ② 中間荷重が加わる要素の固定端モーメント（FEM）を計算する．
> ③ 節点方程式から解放モーメントを計算する．
> ④ 第 1 回分配モーメント（D1）を計算する（解放モーメント×分配率（DF））．
> ⑤ 第 1 回到達モーメント（C1）を計算する（分配モーメント×1/2）．
> ⑥ FEM + D1 + C1 により，曲げモーメントを計算する．

以上を図 11.6 の計算表で説明すると，① 節点 B の分配率は，(11.5)式により，$DF_{BA} = 0.5$，$DF_{BC} = 0.5$ となります．② AB 要素の固定端モーメント（FEM）は，(11.1a)式により，$C_{AB} = -20$，$C_{BA} = 20$ となります．③ 解法モーメントは，(11.2)式より –20（不釣合モーメントの符号を正負逆にしたもの）になります．④ 分配モーメント（D1）は，(11.5)式より，–10 と –10 になります．⑤ 到達モーメント（C1）は，(11.8)式より，–5 と –5 になります．⑥ 最後に，FEM + D1 + C1（Σ）を計算すると，図に示すような解が得られます．なお，固定端では，分配モーメントは存在しないため，欄に斜線を引いています．この表で得られた結果（Σ）をもとに曲げモーメント図を描くと，図 11.5 となります．

11.2.2　不静定ラーメンの解法

次に，図 11.7 に示す不静定ラーメンの例題を固定モーメント法で解いてみます．図では，E は一定とし，I は図に示すとおりとしています．また，図の右には，各要素の剛度 K と剛比（丸数字）を示しています．この場合，標準剛度をはりの剛度（$K_0 = I/6$）としています．

図 11.8 は，固定モーメント法の計算表を示しています．解法の手順は，前項に示した手順①～⑤までは同じですから，まず，手順①～⑤の計算を行ってみます．

① 固定端以外の節点で分配率（DF）を計算する．

図 11.7 の右図より，分配率（DF）は次のように計算されます．

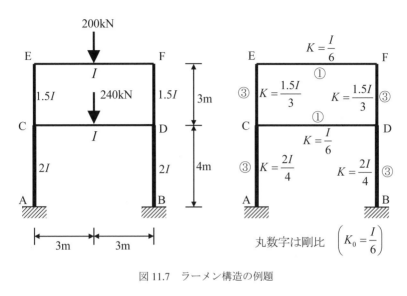

図 11.7 ラーメン構造の例題

$$節点C： DF_{CA} = \frac{3}{3+1+3}, \quad DF_{CE} = \frac{3}{3+1+3}, \quad DF_{CD} = \frac{1}{3+1+3}$$
$$節点D： DF_{DB} = \frac{3}{3+1+3}, \quad DF_{DF} = \frac{3}{3+1+3}, \quad DF_{DC} = \frac{1}{3+1+3}$$
$$節点E： DF_{EC} = \frac{3}{3+1}, \quad DF_{EF} = \frac{1}{3+1}$$
$$節点F： DF_{FE} = \frac{1}{3+1}, \quad DF_{FD} = \frac{3}{3+1}$$
(11.9)

(11.9)式の計算を行って，図 11.8 の DF 行の該当する欄に書き込みます．なお，割り切れない場合は，小数点以下 4 桁目を四捨五入しています．

② 中間荷重が加わる要素の固定端モーメント（**FEM**）を計算する．

CD 要素，EF 要素の固定端モーメントは次のように計算されます．

$$CD要素： C_{CD} = -\frac{Pl}{8} = -\frac{240 \times 6}{8}, \quad C_{DC} = \frac{Pl}{8} = \frac{240 \times 6}{8}$$
$$EF要素： C_{EF} = -\frac{Pl}{8} = -\frac{200 \times 6}{8}, \quad C_{FE} = \frac{Pl}{8} = \frac{200 \times 6}{8}$$
(11.10)

218　第11章　手計算による構造解析

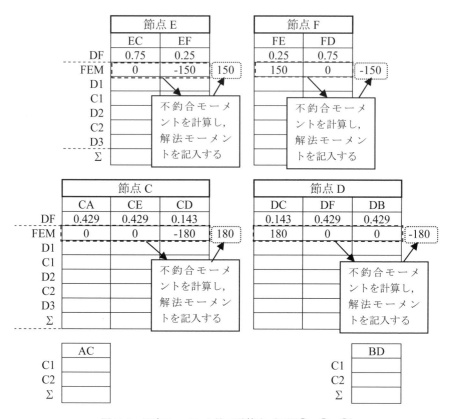

図 11.8　固定モーメント法の計算表（手順①，②，③）

(11.10)式を計算して，図 11.8 の FEM 行の CD, DC と EF, FE の欄に書き込みます．

③　節点方程式から解放モーメントを計算する．

　図 11.8 に示すように，節点 C, D, E, F の節点方程式（FEM 行）から不釣合モーメントを計算し，解放モーメント（不釣合モーメントの符号を正負逆にしたもの）を表の欄外に書き込みます．

④　第1回分配モーメント（D1）を計算する（解放モーメント×分配率（DF））．

　図 11.9 に示すように，節点 C, D, E, F の第1回分配モーメントを計算し，D1 の行の該当する欄に書き込みます．

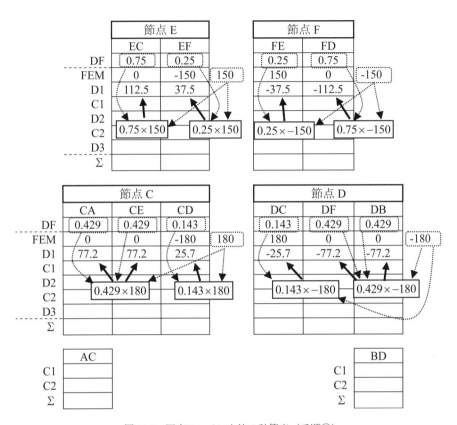

図 11.9　固定モーメント法の計算表（手順④）

⑤　第 1 回到達モーメント（C1）を計算する（分配モーメント×1/2）.

　この場合，AC，BD 要素以外は，分配モーメントの相手側の節点が固定端ではありませんが，固定モーメント法では，相手側の節点を固定端と仮定して，前項と同様に，分配モーメントの 1/2 を相手側節点の到達モーメントとします．すなわち，図 11.10 に示すように，C1 行の各欄に数値を書き込みます．このとき，たとえば，"EF" 要素 D1 の 1/2 を，アルファベットの順を逆にした "FE" 要素の C1 に記入するというように作業を行っていくと間違いが少なくなります．

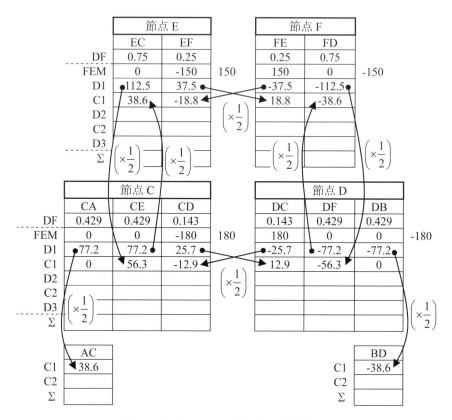

図 11.10 固定モーメント法の計算表（手順⑤）

　ここからが前項とは異なるところで，前項のように，分配側に到達する到達モーメントが 0 であれば，節点方程式は 0 になりますが，この場合，節点 C, D, E, F の到達モーメントによる節点方程式は 0 にはなりません．したがって，固定モーメント法では，この到達モーメントの不釣合を解消するため，さらに同様の繰り返し計算を行います．以降の計算手順を以下に示します．ここで，⑥と⑨の手順は，図 11.8 で説明した③の手順と，⑦と⑩の手順は，図 11.9 で説明した④の手順と，⑧の手順は，図 11.10 で説明した⑤の手順と同様です．

> ⑥ 到達モーメント C1 の節点方程式から解放モーメントを計算する．
> ⑦ 第 2 回分配モーメント（D2）を計算する（⑥の解放モーメント×分配率（DF））．
> ⑧ 第 2 回到達モーメント（C2）を計算する（⑦の分配モーメント×1/2）．
> ⑨ 到達モーメント C2 の節点方程式から解放モーメントを計算する．
> ⑩ 第 3 回分配モーメント（D3）を計算する（⑨の解放モーメント×分配率（DF））．
> ⑪ FEM～D3 行の値の総和（Σ）を計算する．

以上の計算手順を実行した結果を図 11.11 に示します．

	節点 E				節点 F		
	EC	EF			FE	FD	
DF	0.75	0.25			0.25	0.75	
FEM	0	-150	150		150	0	-150
D1	112.5	37.5			-37.5	-112.5	
C1	38.6	-18.8	-19.8		18.8	-38.6	19.8
D2	-14.9	-4.95			4.95	14.9	
C2	-9.3	2.48	6.8		-2.48	9.3	-6.8
D3	5.1	1.7			-1.7	-5.1	
Σ	132.0	-132.1			132.1	-132.0	

	節点 C					節点 D			
	CA	CE	CD			DC	DF	DB	
DF	0.429	0.429	0.143			0.143	0.429	0.429	
FEM	0	0	-180	180		180	0	0	-180
D1	77.2	77.2	25.7			-25.7	-77.2	-77.2	
C1	0	56.3	-12.9	-43.4		12.9	-56.3	0	43.4
D2	-18.6	-18.6	-6.2			6.2	18.6	18.6	
C2	0	-7.5	3.1	4.4		-3.1	7.5	0	-4.4
D3	1.9	1.9	0.6			-0.6	-1.9	-1.9	
Σ	60.5	109.3	-169.7			169.7	-109.3	-60.5	

	AC			BD
C1	38.6		C1	-38.6
C2	-9.3		C2	9.3
Σ	29.3		Σ	-29.3

図 11.11　固定モーメント法の計算表（手順⑥～⑪）

固定モーメント法の場合，このような繰り返し回数を増やすことで，より精度の高い解が得られますが，手計算で行う場合，第3回分配モーメント（D3）で終了するのが一般的です．

図 11.11 の Σ の行は，FEM〜D3 までの総和を計算したもので，これらが各要素の曲げモーメントの近似解となります（⑪の手順）．なお，総和を計算するときに，分配率 DF を加えないように注意してください．図 11.11 の表で，この Σ で得られた曲げモーメントから節点 C, D, E, F の節点方程式の値を計算すると，いずれも 0.1 となっており，十分な精度で解が得られていることがわかります．

最後に，図 11.11 で得られた結果から曲げモーメント図を描くと，図 11.12 のようになります．ただし，はり中央の曲げモーメントは，次式から計算されます．

$$\begin{aligned}
\text{CD要素：} \quad M_{中央} &= \frac{Pl}{4} - \frac{-M_{CD} + M_{DC}}{2} = \frac{240 \times 6}{4} - \frac{169.7 + 169.7}{2} = 190.3 \,\text{kNm} \\
\text{EF要素：} \quad M_{中央} &= \frac{Pl}{4} - \frac{-M_{EF} + M_{FE}}{2} = \frac{200 \times 6}{4} - \frac{132.1 + 132.1}{2} = 167.9 \,\text{kNm}
\end{aligned} \tag{11.11}$$

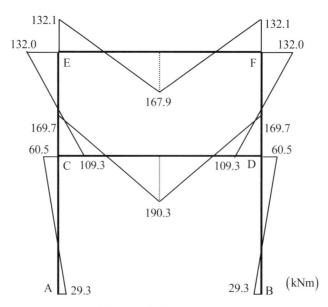

図 11.12　曲げモーメント図

11.3　D　値　法

固定モーメント法は，部材角が生じない問題に対しては有効ですが，地震力などの水平力が作用する問題では，各層の部材角を未知量として層方程式を立て，これを連立して解く必要があるため，計算が煩雑になります．**D 値法**は，このような水平力が作用する問題を近似的に解くために開発された方法です．また，D 値法は，柱や壁の地震力の分担を考える場合にも有用で，建築技術者としてはぜひ知っておくべき方法です．

11.3.1　D 値法による解法

図 11.13 に示す具体的な例題で，D 値法による解法を説明します．ただし，この問題では，全要素（部材）の EI は一定としています．図には，各要素の剛度 K と剛比（丸数字）を示しています．ここでは，標準剛度を $K_0 = I/12$ としています．

まず，D 値法の大まかな計算手順は次のようになります．

---
① 柱のせん断力を計算する．
② 柱の曲げモーメントを計算する．
③ はりの曲げモーメントとせん断力を計算する．

以下では，この手順に従って，D 値法による解法を説明します．

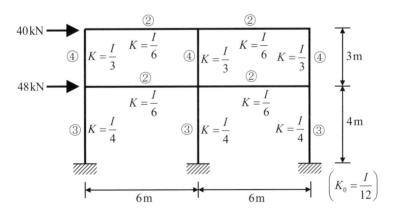

図 11.13　水平力が加わる問題（丸数字は剛比）

① 柱のせん断力を計算する.

図 11.13 の 1 層目と 2 層目の柱のせん断力は，1 層目と 2 層目を水平に切断すると，図 11.14 に示すように定義できます．ただし，ここでは，柱番号を (IJ) という記号で表します (I は層番号，J は左から数えた番号)．また，これに対応して，柱のせん断力を Q_{IJ} で表します．このとき，図 11.14 の力の釣り合いから，次式が成り立ちます．

$$Q_{11} + Q_{12} + Q_{13} = 48 + 40 = 88 \text{kN} \tag{11.12a}$$

$$Q_{21} + Q_{22} + Q_{23} = 40 \text{kN} \tag{11.12b}$$

ここで，固定モーメント法で，解放モーメントを剛比によって分配したように，1層目と 2 層目の各柱のせん断力に対する剛性比がわかれば，(11.12)式から各柱のせん断力を求めることができます．ただし，図 11.15 に示すように，ラーメン構造では，水平力に対して，柱とはりが協働して抵抗するため，柱のせん断力の分担率は，柱の剛性だけでなく，柱の上下端につながるはりの剛性にも関係します．

いま，柱のせん断力の分担率を定めるための各柱剛性を K_{IJ} で表すと，D 値法では，この K_{IJ} を次のように定義します．

$$K_{IJ} = D_{IJ} \left(\frac{12EK_0}{h_I^2} \right) \tag{11.13}$$

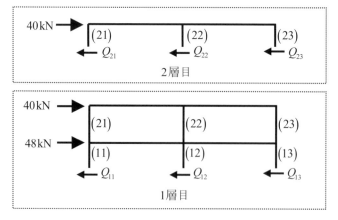

図 11.14　1 層目と 2 層目の柱のせん断力と水平力の釣り合い

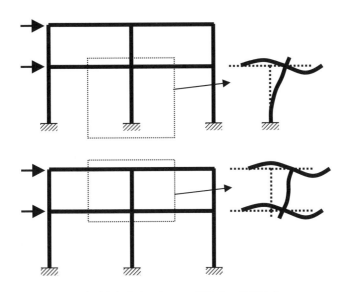

図 11.15　水平力を受けるラーメン構造柱の抵抗形式

ただし，h_I は I 層の高さ（**構造階高**）を表します．

この場合，たとえば 1 層目の Q_{11} は，(11.13)式の剛性を用いると次のように表されます．

$$Q_{11} = \frac{K_{11}}{K_{11} + K_{12} + K_{13}} \times 88 = \frac{D_{11} \times \left(12EK_0/h_1^2\right)}{\left(D_{11} + D_{12} + D_{13}\right) \times \left(12EK_0/h_1^2\right)} \times 88 \\ = \frac{D_{11}}{\left(D_{11} + D_{12} + D_{13}\right)} \times 88 \quad (11.14)$$

同様に，2 層目の Q_{21} も次のように表されます．

$$Q_{21} = \frac{D_{21}}{\left(D_{21} + D_{22} + D_{23}\right)} \times 40 \quad (11.15)$$

また，$Q_{12}, Q_{13}, Q_{22}, Q_{23}$ も Q_{11}, Q_{21} と同様に表せます．

D 値法では，(11.13)式の D_{IJ} を **D 値**（**せん断力分布係数**）と呼び，次式から計算されます．

$$D_{IJ} = a_{IJ}k_{IJ} \tag{11.16}$$

ここで，k_{IJ} は，柱（IJ）の剛比を表し，また，a_{IJ} は，図 11.16 左に示すように柱につながるはりの剛比を定義すると，次式から計算される係数です．

$$a_{IJ} = \frac{\overline{k}_{IJ}}{2+\overline{k}_{IJ}}, \quad \overline{k}_{IJ} = \frac{k_{b1}^{IJ}+k_{b2}^{IJ}+k_{b3}^{IJ}+k_{b4}^{IJ}}{2k_{IJ}} \tag{11.17}$$

ただし，図 11.16 右に示すように柱脚が固定端の場合は，次式から計算されます．

$$a_{IJ} = \frac{0.5+\overline{k}_{IJ}}{2+\overline{k}_{IJ}}, \quad \overline{k}_{IJ} = \frac{k_{b1}^{IJ}+k_{b2}^{IJ}}{k_{IJ}} \tag{11.18}$$

なお，(11.13)式と(11.16)～(11.18)式の導出に関しては，11.3.2 項で説明します．

それでは，図 11.13 の例題について，各柱の D 値（D_{IJ}）を計算し，せん断力 Q_{IJ} を求めてみましょう．まず，各柱の D 値は次のように計算されます．

$$\begin{aligned}
&柱(11): \overline{k}_{11} = \frac{0+2}{3} = 0.667, \quad a_{11} = \frac{0.5+0.667}{2+0.667} = 0.438, \quad D_{11} = 0.438 \times 3 = 1.314 \\
&柱(12): \overline{k}_{12} = \frac{2+2}{3} = 1.333, \quad a_{12} = \frac{0.5+1.333}{2+1.333} = 0.550, \quad D_{12} = 0.550 \times 3 = 1.650 \\
&柱(13): \overline{k}_{13} = \frac{2+0}{3} = 0.667, \quad a_{13} = \frac{0.5+0.667}{2+0.667} = 0.438, \quad D_{13} = 0.438 \times 3 = 1.314 \\
&柱(21): \overline{k}_{21} = \frac{0+2+0+2}{2\times 4} = 0.5, \quad a_{21} = \frac{0.5}{2+0.5} = 0.2, \quad D_{21} = 0.2 \times 4 = 0.8 \\
&柱(22): \overline{k}_{22} = \frac{2+2+2+2}{2\times 4} = 1.0, \quad a_{22} = \frac{1.0}{2+1.0} = 0.333, \quad D_{22} = 0.333 \times 4 = 1.332 \\
&柱(23): \overline{k}_{23} = \frac{2+0+2+0}{2\times 4} = 0.5, \quad a_{23} = \frac{0.5}{2+0.5} = 0.2, \quad D_{23} = 0.2 \times 4 = 0.8
\end{aligned} \tag{11.19}$$

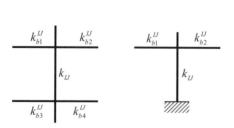

図 11.16　柱の上下端につながるはりの剛比の定義

(11.14)式，(11.15)式より，各柱のせん断力 Q_{IJ} は次のように求められます．

$$Q_{11} = \frac{D_{11}}{D_{11}+D_{12}+D_{13}} \times 88 = \frac{1.314}{1.314+1.650+1.314} \times 88 = \frac{1.314}{4.278} \times 88 = 27.03\,\mathrm{kN}$$

$$Q_{12} = \frac{D_{12}}{D_{11}+D_{12}+D_{13}} \times 88 = \frac{1.650}{1.314+1.650+1.314} \times 88 = \frac{1.650}{4.278} \times 88 = 33.94\,\mathrm{kN}$$

$$Q_{13} = \frac{D_{13}}{D_{11}+D_{12}+D_{13}} \times 88 = \frac{1.314}{1.314+1.650+1.314} \times 88 = \frac{1.314}{4.278} \times 88 = 27.03\,\mathrm{kN}$$

(11.20)

$$Q_{21} = \frac{D_{21}}{D_{21}+D_{22}+D_{23}} \times 40 = \frac{0.8}{0.8+1.332+0.8} \times 40 = \frac{0.8}{2.932} \times 40 = 10.91\,\mathrm{kN}$$

$$Q_{22} = \frac{D_{22}}{D_{21}+D_{22}+D_{23}} \times 40 = \frac{1.332}{0.8+1.332+0.8} \times 40 = \frac{1.332}{2.932} \times 40 = 18.17\,\mathrm{kN}$$

$$Q_{23} = \frac{D_{23}}{D_{21}+D_{22}+D_{23}} \times 40 = \frac{0.8}{0.8+1.332+0.8} \times 40 = \frac{0.8}{2.932} \times 40 = 10.91\,\mathrm{kN}$$

② 柱の曲げモーメントを計算する．

次に，①で求められた柱のせん断力から柱の上下端の曲げモーメントを求めます．

D 値法では，図 11.17 に示すように，柱の曲げモーメントが 0 になる高さを構造階高で割った**反曲点高比**（はんきょくてんこうひ）を近似的に与えることで，柱の上下端の曲げモーメントを求めます．なお，図 11.17 では，せん断力 Q_{IJ} が曲げモーメント関数（直線）の傾きを表すことから，反曲点高比 y と構造階高 h_I から柱上下端の曲げモーメント（$M_{IJ}^{上}, M_{IJ}^{下}$）が図に示す式で求められています．

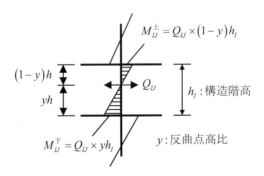

図 11.17　柱のせん断力と曲げモーメントの関係

ただし，D 値法の半曲点高比 (y) は，層数，層位置，上下はりの剛比変化，上層との階高の変化，下層との階高の変化などを考慮して決められるもので，本書に示すような基本的な問題には適用が難しいものとなっています．したがって，本書の例題および演習問題では，この反曲点高比は，条件として与えられるものとします．ここでは，図 11.13 の例題の反曲点高比 y を，1 層目の柱を 0.6，2 層目の外柱を 0.16，2 層目の内柱を 0.4 で与えるものとします．なお，これらの反曲点高比は，マトリクス法の解を参考にして与えています．

図 11.17 から，図 11.13 の各柱の上下端の曲げモーメントは次のように計算されます．ただし，以下の計算では，曲げモーメントの単位は省略しています．

$$\begin{aligned}
&柱(11): & M_{11}^{下} &= 27.03 \times 0.6 \times 4 = 64.87, & M_{11}^{上} &= 27.03 \times (1-0.6) \times 4 = 43.25 \\
&柱(12): & M_{12}^{下} &= 33.94 \times 0.6 \times 4 = 81.46, & M_{12}^{上} &= 33.94 \times (1-0.6) \times 4 = 54.30 \\
&柱(13): & M_{13}^{下} &= 27.03 \times 0.6 \times 4 = 64.87, & M_{13}^{上} &= 27.03 \times (1-0.6) \times 4 = 43.25 \\
&柱(21): & M_{21}^{下} &= 10.91 \times 0.16 \times 3 = 5.24, & M_{21}^{上} &= 10.91 \times (1-0.16) \times 3 = 27.49 \\
&柱(22): & M_{22}^{下} &= 18.17 \times 0.4 \times 3 = 21.80, & M_{22}^{上} &= 18.17 \times (1-0.4) \times 3 = 32.71 \\
&柱(23): & M_{23}^{下} &= 10.91 \times 0.16 \times 3 = 5.24, & M_{23}^{上} &= 10.91 \times (1-0.16) \times 3 = 27.49
\end{aligned} \tag{11.21}$$

以上を図に示すと，図 11.18 のようになります．

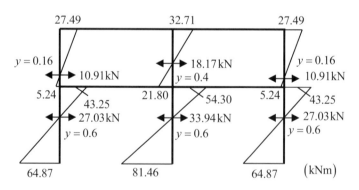

図 11.18　柱の曲げモーメント図

③ はりの曲げモーメントとせん断力を計算する．

次に，図 11.18 に示す柱の曲げモーメントから，はりの曲げモーメントを求めます．ここでは，以下の説明のために，図 11.19 に示すように，骨組の各節点に A〜I の記号を付けます．最初に，節点 D の節点方程式より，

$$M_{DA} + M_{DG} + M_{DE} = 0 \tag{11.22}$$

となり，M_{DA} と M_{DG} は柱の曲げモーメントで，$M_{DA} = -43.25$，$M_{DG} = -5.24$ となっているため，(11.22)式より $M_{DE} = 48.49$ が得られます．

次に，節点 E の節点方程式より，

$$M_{EB} + M_{EH} + M_{ED} + M_{EF} = 0 \tag{11.23}$$

となり，$M_{EB} = -54.30$，$M_{EH} = -21.80$ を代入すると，$M_{ED} + M_{EF} = 76.10$ が得られ，この場合は，はり ED とはり EF の剛比によって，76.10 を分配します．すなわち，

$$M_{ED} = \frac{2}{2+2} \times 76.10 = 38.05, \quad M_{EF} = \frac{2}{2+2} \times 76.10 = 38.05 \tag{11.24}$$

次に，節点 F の節点方程式より，

$$M_{FC} + M_{FI} + M_{FE} = 0 \tag{11.25}$$

となり，$M_{FC} = -43.25$，$M_{FI} = -5.24$ を代入すると，$M_{FE} = 48.49$ が得られます．

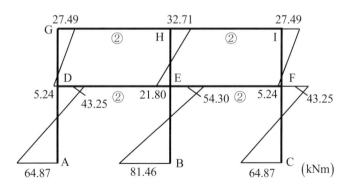

図 11.19 節点記号を付した柱の曲げモーメント図（丸数字は剛比）

以上と同様に，節点 G の節点方程式より，

$$M_{GD} + M_{GH} = 0 \tag{11.26}$$

となり，$M_{GD} = -27.49$ を代入すると，$M_{GH} = 27.49$ が得られます．

次に，節点 H の節点方程式より，

$$M_{HE} + M_{HG} + M_{HI} = 0 \tag{11.27}$$

となり，$M_{HE} = -32.71$ を代入すると，$M_{HG} + M_{HI} = 32.71$ となり，HG と HI のはりの剛比による分配により，$M_{HG} = 16.36$，$M_{HI} = 16.36$ が得られます．

最後に，節点 I の節点方程式より，

$$M_{IF} + M_{IH} = 0 \tag{11.28}$$

となり，$M_{IF} = -27.49$ を代入すると，$M_{IH} = 27.49$ が得られます．

以上のように，はりの曲げモーメントは，節点につながるはりが 1 本の場合は，柱の曲げモーメントを合計したもの，節点につながるはりが 2 本の場合は，柱の曲げモーメントの合計をはりの剛比で分配したものになります．

一方，はりのせん断力は，はり両端の曲げモーメントをはりの長さで割ることによって求められます（せん断力は曲げモーメント関数の傾きになるため）．

以上から，はりの曲げモーメント図とはりのせん断力を描くと，図 11.20 のようになります．

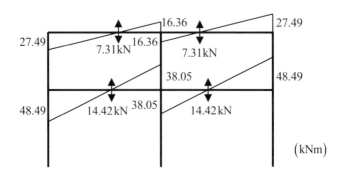

図 11.20　はりの曲げモーメント図とはりのせん断力

11.3.2　せん断力分布係数の導出

　補足として，(11.13)式の柱剛性と(11.16)〜(11.18)式の D 値の計算式の導出について説明します。

　図 11.21 に示すように，柱 AB のせん断力を Q_{AB}，層間変位を δ で表すと，柱剛性 K_{IJ} は次式で表されます。ただし，h_I は h としています。

$$K_{IJ} = \frac{Q_{AB}}{\delta} = \frac{Q_{AB}}{hR} \tag{11.29}$$

ここで，Q_{AB} は，図 10.21 より，次式で表されます。

$$Q_{AB} = -\frac{M_{AB} + M_{BA}}{h} \tag{11.30}$$

上式の曲げモーメント M_{AB} と M_{BA} を固定モーメント法によって求めます。

　まず，節点 A と節点 B における AB 要素の分配モーメントは次式となります。

$$\mathrm{DF}_{AB} = \frac{k_c}{k_b + k_b + k_c + k_c}, \quad \mathrm{DF}_{BA} = \frac{k_c}{k_b + k_b + k_c + k_c} \tag{11.31}$$

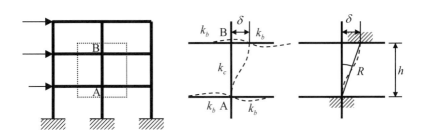

図 11.21　柱とはりの変形

ただし，ここでは，柱の上下端につながるはり部材の剛比はすべて k_b とし，上層および下層の柱の剛比も k_c としています。また，図 11.21 の右図より，AB 要素の固定端モーメント（FEM）は次式で表されます。

$$\left\{\begin{array}{c}C_{AB}\\C_{BA}\end{array}\right\}=2Ek_cK_0\begin{bmatrix}2&1\\1&2\end{bmatrix}\left\{\begin{array}{c}0-R\\0-R\end{array}\right\}=-6Ek_cK_0\left\{\begin{array}{c}R\\R\end{array}\right\} \qquad (11.32)$$

ここで，K_0 は標準剛度を表します．ただし，この固定端モーメントは，上下層の柱にも生じますから，節点 A, B の不釣合力は，$-6Ek_cK_0R\times2$ となり，解放モーメントは，$12Ek_cK_0R$ となります．したがって，(11.31)式より，節点 A, B の第1回分配モーメントは，$12Ek_cK_0R\{k_c/(2k_b+2k_c)\}$ となります．したがって，固定端モーメントと第1回分配モーメントを加えることにより，M_{AB} と M_{BA} の近似解が次のように求まります．

$$M_{AB}=M_{BA}=-6Ek_cK_0R+12Ek_cK_0R\left(\frac{k_c}{2k_b+2k_c}\right)=-6Ek_cK_0R\left(1-\frac{k_c}{k_b+k_c}\right) \qquad (11.33)$$

上式を(11.30)式に代入し，さらに(11.29)式に代入すると，

$$K_{IJ}=\frac{Q_{AB}}{hR}=\left(1-\frac{k_c}{k_c+k_b}\right)k_c\left(\frac{12EK_0}{h^2}\right)=\left\{\left(\frac{k_b}{k_c}\right)\Big/\left(1+\frac{k_b}{k_c}\right)\right\}k_c\left(\frac{12EK_0}{h^2}\right) \qquad (11.34)$$

したがって，(11.13)式と比較すると，D 値が次式で表されることがわかります．

$$D_{IJ}=\left\{\left(\frac{k_b}{k_c}\right)\Big/\left(1+\frac{k_b}{k_c}\right)\right\}k_c \qquad (11.35)$$

ただし，一般的には，はりの剛比は均一とは限らないため，図 11.16 左に示すように，はりの剛比を定義し，k_b にはその平均値

$$k_b=\frac{k_{b1}^{IJ}+k_{b2}^{IJ}+k_{b3}^{IJ}+k_{b4}^{IJ}}{4} \qquad (11.36)$$

を用います．(11.36)式を(11.35)式に代入すると，(11.16)式，(11.17)式の D_{IJ} が次のように導かれます．ただし，ここでは $k_c=k_{IJ}$ としています．

$$D_{IJ} = \left\{ \left(\frac{k_{b1}^{IJ} + k_{b2}^{IJ} + k_{b3}^{IJ} + k_{b4}^{IJ}}{4k_{IJ}} \right) \Big/ \left(1 + \frac{k_{b1}^{IJ} + k_{b2}^{IJ} + k_{b3}^{IJ} + k_{b4}^{IJ}}{4k_{IJ}} \right) \right\} k_{IJ}$$
$$= \frac{\overline{k}_{IJ}}{2 + \overline{k}_{IJ}} k_{IJ} = a_{IJ} k_{IJ} \quad (11.37)$$

また，図 11.16 右に示すように柱脚が固定されている場合は，M_{AB} の分配モーメントがなくなり，節点 B からの到達モーメントに置き換わるため，M_{AB} は次式となります．

$$M_{AB} = -6Ek_c K_0 R + 6Ek_c K_0 R \left(\frac{k_c}{2k_b + 2k_c} \right) = -6Ek_c K_0 R \left(1 - \frac{0.5k_c}{k_b + k_c} \right) \quad (11.38)$$

したがって，(11.34)式は，次のようになります．

$$K_{IJ} = \left(1 - \frac{1.5k_c}{2(k_c + k_b)} \right) k_c \left(\frac{12EK_0}{h^2} \right) = \left\{ \left(0.5 + 2\frac{k_b}{k_c} \right) \Big/ \left(2 + 2\frac{k_b}{k_c} \right) \right\} k_c \left(\frac{12EK_0}{h^2} \right) \quad (11.39)$$

したがって，$k_b = \left(k_{b1}^{IJ} + k_{b2}^{IJ} \right)/2$ を代入すると，(11.16)式，(11.18)式の D_{IJ} が次のように導かれます．ただし，ここでは $k_c = k_{IJ}$ としています．

$$D = \left\{ \left(0.5 + \frac{k_{b1}^{IJ} + k_{b2}^{IJ}}{k_{IJ}} \right) \Big/ \left(2 + \frac{k_{b1}^{IJ} + k_{b2}^{IJ}}{k_{IJ}} \right) \right\} k_{IJ} = \frac{0.5 + \overline{k}_{IJ}}{2 + \overline{k}_{IJ}} k_{IJ} = a_{IJ} k_{IJ} \quad (11.40)$$

11.4 演習問題

11.4.1 固定モーメント法

以下の問題の曲げモーメント図を，固定モーメント法を用いて求めよ．

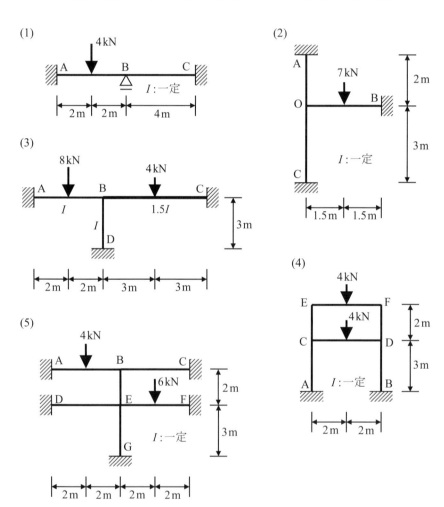

11.4.2 D値法

以下の問題の曲げモーメント図を，D値法を用いて求めよ．また，各部材のせん断力も求めよ．ただし，E は一定とし，I と柱の反曲点高比 y は，図中に示す値とする．

(1)

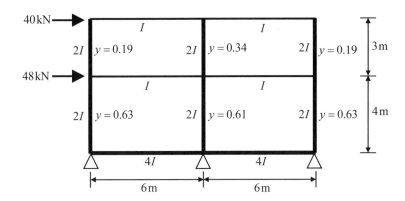

(2)

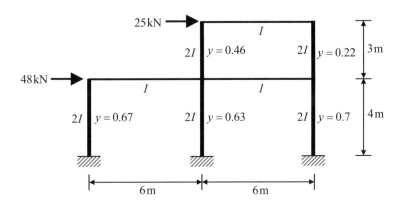

(3)

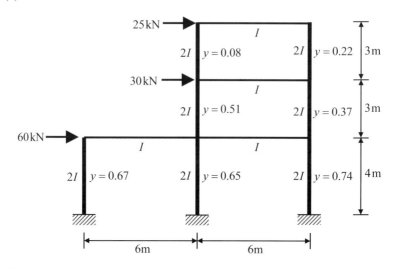

(4)

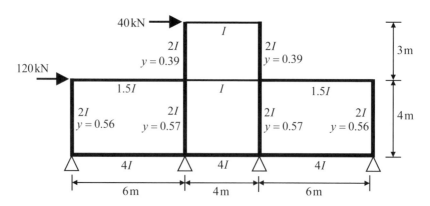

11.5 まとめ

本章では，手計算によって不静定骨組の応力を求める方法として，固定モーメント法と D 値法について学びました．

次章では，骨組構造の耐力計算について学びます．

第 12 章 耐力計算の基礎

12.1 はじめに

　第 10 章，第 11 章の構造解析（応力計算）は，構造設計の **1 次設計（許容応力度設計）** に用いられるものです．一方，**2 次設計** の **保有水平耐力計算** では，骨組構造が地震力に対してどの程度の耐力を有しているかを計算する必要があります．最近では，このような計算もコンピュータを用いて行われるのが一般的ですが，力学的なセンスを身につけるためには，手計算で計算できる手法で，耐力計算の基本原理を知っておくことが重要です．
　そこで，本章では，不静定ラーメンの **保有水平耐力（崩壊荷重）** を計算する方法として，不静定ラーメンの **塑性ヒンジ** による **崩壊機構** を仮定して崩壊荷重を求める，**仮想仕事法** による計算法を取り上げ，耐力計算の基本原理を学びます．

12.2 骨組の崩壊荷重

12.2.1 基本問題の解法

　図 12.1 の基本的な例題で，仮想仕事法による崩壊荷重の計算法を説明します．図 12.1 の左図は，水平荷重 P が加わる不静定ラーメンの例題を示し，右図は，**塑性ヒンジ** によって形成される **崩壊機構** を示しています．また，左図に示される M_p は，塑性ヒンジを生成する曲げモーメント（**全塑性モーメント** と呼ぶ）を表します．

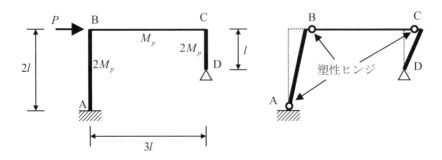

図 12.1　不静定ラーメンの例題と仮定された崩壊機構

　この例題は，図の右に示す崩壊に至らしめる水平荷重Pの値を計算するもので，ここでは，このPを**崩壊荷重**と呼びます．

　この問題を解くためには，まず，はり部材の全塑性モーメントM_pを求める必要があります．この全塑性モーメントは，塑性ヒンジを生成する曲げモーメントで，図 12.2 に示す全塑性状態の曲げモーメントを表します．ただし，図 12.2 のσ_yは，図 12.3 に示す**降伏応力度**を表します．つまり，図 12.3 のように材料の応力度－ひずみ度関係をモデル化した場合，断面内の応力度はσ_y以上にはなれないため，M_pはその断面が保持できる最大の曲げモーメントになります．しかし，応力度はσ_yのままでひずみ度は大きくなりますから，全塑性状態の断面はM_pを保持したままヒンジのように回転できます．そのため塑性ヒンジと呼ばれています．

　はりの断面に，図 12.4 左に示すはり幅b，はり成Dの長方形断面を仮定すると，はりの全塑性モーメントM_pは，図 12.4 の右図より，次式から計算できます．

$$M_P = C \times j = T \times j = \frac{bD}{2}\sigma_y \times \frac{D}{2} = \frac{bD^2}{4}\sigma_y = Z_P \sigma_y \tag{12.1}$$

ここで，Tは引張側断面の合力（応力度の積分），Cは圧縮側断面の合力を示し，jは，合力の中心間距離を示します．また，Z_pは**塑性断面係数**と呼ばれ，6.2 節に示される（弾性）断面係数Zに対応するものです．

12.2 骨組の崩壊荷重　239

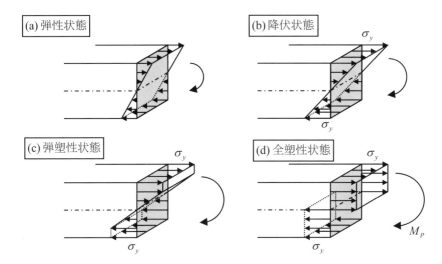

図 12.2　完全弾塑性モデルの曲げモーメントと部材断面内の応力の関係

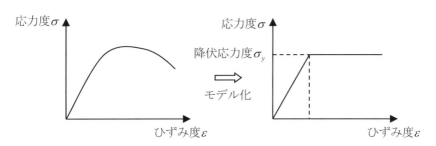

(a) 実材料の応力度－ひずみ度関係　　(b) モデル化された関係

図 12.3　材料の応力とひずみの関係

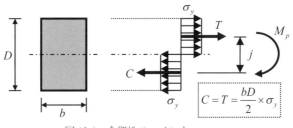

図 12.4　全塑性モーメント

(12.1)式より，**長方形断面の塑性断面係数**は次式で表されることがわかります．

$$Z_p = \frac{bD^2}{4} \tag{12.2}$$

これは，弾性断面係数 $Z = bD^2/6$ より大きいことがわかります．

次に，図 12.1 右の崩壊機構から，仮想仕事法により崩壊荷重 P を求めます．ここで用いる仮想仕事法は，崩壊機構の外力の仕事量と塑性ヒンジを生成する全塑性モーメントの仕事量（内力の仕事量）を計算し，両者を等値することにより崩壊荷重を求めるものです．

図 12.1 の例題では，まず，図 12.5 に示すように，崩壊機構の荷重点の変位 δ と塑性ヒンジの回転角の関係を求めます．なお，崩壊機構の塑性ヒンジの回転角は，図に示すように，1 つの回転角の比例で表すことができます．この場合，左柱の柱脚の塑性ヒンジの回転角を θ とすると，左側の柱の長さが $2l$ なのに対し，右側の柱の長さは l なので，右側の柱の頂部とはりの右端の塑性ヒンジの回転角は 2θ となることに注意が必要です．

図 12.5 より，外力の仕事量が $P\delta$ であるのに対して，内力の仕事量は次式で表されます．

$$\text{内力仕事量} = 2M_p \times \theta + M_p \times \theta + M_p \times 2\theta \tag{12.3}$$

ここで，柱の全塑性モーメントは，はりの 2 倍（$2M_p$）であることに注意してください．また，塑性ヒンジが，はりで発生しているのか，柱で発生しているのかを塑性ヒンジの位置で見分けることも重要です．

図 12.5 より，δ は近似的に $2l\theta$ で表されることから，次式の仮想仕事式が成り立ちます．

$$P \cdot 2l\theta = 2M_p \times \theta + M_p \times \theta + M_p \times 2\theta \tag{12.4}$$

(12.4)式を解くと，次のように崩壊荷重 P が求められます．

$$P = \frac{5M_p}{2l} \tag{12.5}$$

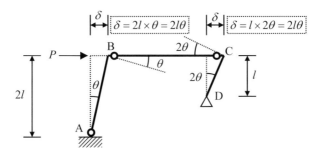

図 12.5　崩壊機構の塑性ヒンジの回転角と荷重点の変位の関係

12.2.2　不静定ラーメンの解法

次に，図 12.6 に示す，不静定ラーメンの問題を解いてみましょう．ただし，はりの断面は $b \times D = 80\,\text{mm} \times 160\,\text{mm}$ とし，降伏応力度 σ_y は $345\,\text{N/mm}^2$ とします．

まず，図 12.7 は，崩壊機構の塑性ヒンジの回転角と荷重点の変位の関係を示します．

次に，(12.1)式より，はりの全塑性モーメント M_P を計算すると，次のようになります．

$$M_P = Z_P \sigma_y = \frac{bD^2}{4}\sigma_y = \frac{80 \times 160^2}{4} \times 345 = 176.64 \times 10^6\,\text{Nmm} = 176.64\,\text{kNm} \tag{12.6}$$

次に，図 12.7 を参照して，仮想仕事式を立てると，次のようになります．

$$P \cdot \delta_1 + 2P \cdot \delta_2 = 3M_P \theta \times 2 + M_P \theta \times 4 \tag{12.7}$$

また，$\delta_1 = 3\theta$，$\delta_2 = 6\theta$ の関係を代入すると，

$$P \cdot 3\theta + 2P \cdot 6\theta = 3M_P \theta \times 2 + M_P \theta \times 4 \Rightarrow P = \frac{2}{3}M_P \tag{12.8}$$

上式に，(12.6)式の M_P の値を代入すると，崩壊荷重 P は $117.76\,\text{kN}$ となります．

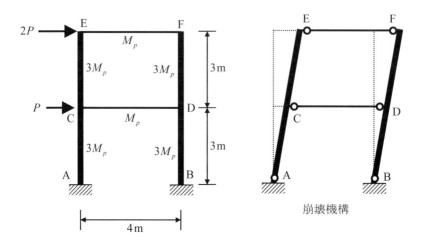

図 12.6　不静定ラーメンの例題と仮定された崩壊機構

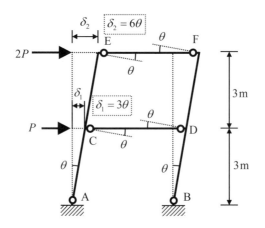

図 12.7　崩壊機構の塑性ヒンジの回転角と荷重点の変位の関係

12.3 演習問題

(1) 下図のような不静定ラーメンの崩壊荷重を求めよ．ただし，1 階はりの全塑性モーメント(M_P)は，はり断面を$b \times D = 250\,\text{mm} \times 550\,\text{mm}$，降伏応力度($\sigma_y$)を$240\,\text{N/mm}^2$として求めるものとする．

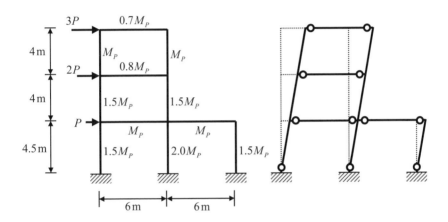

(2) 下図のような不静定ラーメンの崩壊荷重を求めよ．ただし，2 階はりの全塑性モーメント(M_P)は，はり断面を$b \times D = 100\,\text{mm} \times 200\,\text{mm}$，降伏応力度($\sigma_y$)を$200\,\text{N/mm}^2$として求めるものとする．

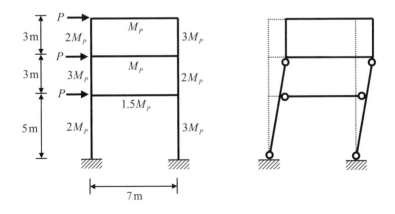

12.4 ま　と　め

　本章では，不静定ラーメンの崩壊荷重（保有水平耐力）を求める方法として，仮想仕事法による方法について学びました．

　なお，崩壊機構の仮定を必要としない，静的荷重増分法による解析については，『建築構造設計・解析入門』[2]の第 3 章を参照してください．また，実際に耐力計算用のプログラムを作成したり，使用してみたい方は，『Excel で解く構造力学 第 2 版』[3]の第 3 章と第 5 章を参照してください．

参 考 文 献

1) 大田和彦，藤井大地共著『はじめて学ぶ建築構造力学』，森北出版，2008
2) 藤井大地，松本慎也共著『建築構造設計・解析入門』，丸善出版，2017
3) 藤井大地，松本慎也共著『Excelで解く構造力学 第2版』，丸善出版，2021
4) 藤井大地，松本慎也共著『Excelで解く構造力学 3次元解析編』，丸善出版，2022
5) 藤井大地，松本慎也共著『Excelで解く構造力学 振動解析編』，丸善出版，2023
6) 藤井大地，松本慎也共著『Excelで解く構造力学 最適設計編』，丸善出版，2023

索　引

●記号・英字
D値·································· 225
　　──法······························ 223

●あ行
圧縮·································· 25
オイラーの座屈荷重式················ 99
応力····························· 1, 23, 24
　　──図······························ 27
　　──法······························ 161
応力度································ 23
　　許容──··························· 83
　　降伏──··························· 238
　　座屈──··························· 100
　　垂直──··························· 53
　　せん断──························· 58
　　縁──···························· 61, 73

●か行
解放モーメント······················ 212
荷重································· 1
　　座屈──··························· 99
　　集中──··························· 11
　　中間──··························· 185
　　分布──··························· 13

崩壊···························· 103, 238
　　モーメント──····················· 14
仮想荷重問題························ 141
仮想仕事式·························· 142
仮想仕事法·························· 139
片持ばり····························· 14
片持ばり型ラーメン·············· 17, 38
間接法······························ 211
境界条件························ 99, 111
強軸································· 75
強度································· 51
　　降伏──··························· 102
極点································· 5
曲率································· 59
　　──半径···························· 59
許容応力度··························· 83
形状係数·························· 59, 88
ゲルバーはり························ 34
剛性································· 51
合成骨組····························· 161
剛接合······························ 16
構造解析····························· 177
剛度································· 180
剛比································· 213
降伏応力度··························· 238

降伏強度・・・・・・・・・・・・・・・・・・・・・・・ 102
合力・・・・・・・・・・・・・・・・・・・・・・・・・・・・・ 2, 5
固定支点・・・・・・・・・・・・・・・・・・・・・・・・・ 15
固定端モーメント・・・・・・・・・・・・・・・ 187
固定モーメント法・・・・・・・・・・・・・・・ 211

●さ行
材軸・・・・・・・・・・・・・・・・・・・・・・・・・・・・・・ 4
座屈・・・・・・・・・・・・・・・・・・・・・・・・・・・・・ 97
　──応力度・・・・・・・・・・・・・・・・・・ 100
　──荷重・・・・・・・・・・・・・・・・・・・・・ 99
　オイラーの座屈荷重式・・・・・・ 99
座標変換・・・・・・・・・・・・・・・・・・・・・・・ 208
軸力・・・・・・・・・・・・・・・・・・・・・・・・・・・・・ 25
　──図・・・・・・・・・・・・・・・・・・・・・・・・ 27
実荷重問題・・・・・・・・・・・・・・・・・・・・ 141
支点・・・・・・・・・・・・・・・・・・・・・・・・・・・・・ 11
　固定── ・・・・・・・・・・・・・・・・・・・・ 15
　ピン── ・・・・・・・・・・・・・・・・・・・・ 11
　ローラー── ・・・・・・・・・・・・・・・ 11
重心・・・・・・・・・・・・・・・・・・・・・・・・・・・・・ 69
集中荷重・・・・・・・・・・・・・・・・・・・・・・・・ 11
主断面2次モーメント・・・・・・・・・ 75
示力図・・・・・・・・・・・・・・・・・・・・・・・・ 5, 47
垂直応力度・・・・・・・・・・・・・・・・・・・・・ 53
垂直ひずみ度・・・・・・・・・・・・・・・・・・ 53
数式解法・・・・・・・・・・・・・・・・・・・・・・・・ 3
図解法・・・・・・・・・・・・・・・・・・・・・・・・ 2, 5
図心・・・・・・・・・・・・・・・・・・・・・・・・・・・・・ 67
静定基本形・・・・・・・・・・・・・・・・・・・・ 162
静定トラス・・・・・・・・・・・・・・・・・・・・・ 42
静定骨組・・・・・・・・・・・・・・・・・・・・・・・・ 11
接合
　剛── ・・・・・・・・・・・・・・・・・・・・・・・ 16
　ピン── ・・・・・・・・・・・・・・・・・・・・ 18
切断法・・・・・・・・・・・・・・・・・・・・・・・・・・ 42
節点法・・・・・・・・・・・・・・・・・・・・・・ 42, 44
線材・・・・・・・・・・・・・・・・・・・・・・・・・・・・・・ 1
線素・・・・・・・・・・・・・・・・・・・・・・・・・・・・・ 68
全塑性モーメント・・・・・・・・・・・・・ 237

全体剛性方程式・・・・・・・・・・・・・・・ 204
全体剛性マトリクス・・・・・・・・・・ 204
せん断応力度・・・・・・・・・・・・・・・・・・ 58
　最大── ・・・・・・・・・・・・・・・・・・・・ 58
　平均── ・・・・・・・・・・・・・・・・ 58, 88
せん断弾性係数・・・・・・・・・・・・・・・・ 56
せん断ひずみ度・・・・・・・・・・・・・・・・ 58
せん断力・・・・・・・・・・・・・・・・・・・・・・・・ 25
　──図・・・・・・・・・・・・・・・・・・・・・・・・ 27
層間変位・・・・・・・・・・・・・・・・・・・・・・ 139
相反定理・・・・・・・・・・・・・・・・・・・・・・ 143
層方程式・・・・・・・・・・・・・・・・・・・・・・ 196
塑性断面係数・・・・・・・・・・・・・・・・・ 238
塑性ヒンジ・・・・・・・・・・・・・・・・・・・・ 237

●た行
縦ひずみ度・・・・・・・・・・・・・・・・・・・・・ 57
たわみ・・・・・・・・・・・・・・・・・・・・・・・・・ 107
　──角・・・・・・・・・・・・・・・・・・・・・・ 107
　──角法・・・・・・・・・・・・・・・・・・・ 177
　──曲線・・・・・・・・・・・・・・・・・・・ 107
単純ばり・・・・・・・・・・・・・・・・・・・・・・・・ 11
単純ばり型ラーメン・・・・・・・ 16, 35
弾性曲線方程式・・・・・・・・・・・・・・・ 107
断面1次モーメント・・・・・・・・・・・ 68
断面2次半径・・・・・・・・・・・・・・・・・ 100
断面2次モーメント・・・・・・・・ 60, 71
断面係数・・・・・・・・・・・・・・・・・・・・ 62, 72
　塑性── ・・・・・・・・・・・・・・・・・・ 238
断面相乗モーメント・・・・・・・・・・・ 74
断面の主軸・・・・・・・・・・・・・・・・・ 67, 75
中間荷重・・・・・・・・・・・・・・・・・・・・・・ 185
中立軸・・・・・・・・・・・・・・・・・・・・・・・・・・ 69
釣合力・・・・・・・・・・・・・・・・・・・・・・・・・・・ 5
適合条件・・・・・・・・・・・・・・・・・・・・・・ 162

●な行
内力・・・・・・・・・・・・・・・・・・・・・・・・・・・・・・ 1

●は行

はり
- ゲルバー── ······················· 34
- 片持ばり ························· 14
- 単純ばり ························· 11

反曲点高比························· 227
反力······························ 11

ひずみ度
- 垂直── ······················· 53
- せん断── ····················· 58
- 縦── ························· 57
- 横── ························· 57

ヒンジ···························· 18
ピン支点·························· 11
ピン接合·························· 18
部材角···························· 194
不静定骨組························ 161
不静定力·························· 162
縁応力度······················ 61, 73
不釣合モーメント·················· 212
分配率···························· 213
分布荷重·························· 13
分力······························ 3
平行軸定理···················· 72, 75
変位法···························· 177
- たわみ角法 ····················· 177
- マトリクス法 ··················· 203

ポアソン比························ 57
崩壊荷重······················ 103, 238
崩壊機構·························· 237
細長比···························· 100
骨組······························ 1
- ──構造物 ······················ 11

保有水平耐力······················ 237

●ま行

曲げモーメント···················· 25
- ──図 ························· 27

マトリクス法······················ 203
右手直交座標系···················· 13

面積素···························· 68
モーメント························ 2
- 解放── ······················· 212
- 固定端── ····················· 187
- 主断面2次── ·················· 75
- 全塑性── ····················· 237
- 断面1次── ···················· 68
- 断面2次── ················ 60, 71
- 断面相乗── ··················· 74
- 不釣合── ····················· 212
- ──荷重 ······················· 14
- ──の釣り合い ················· 4
- ──力 ························· 15

●や行

要素方程式························ 179
横ひずみ度························ 57

●ら行

ラーメン·························· 16
- 片持ばり型── ·············· 17, 38
- 単純ばり型── ·············· 16, 35

連続条件·························· 183
連力図···························· 5
ローラー支点······················ 11

著者紹介
藤井　大地（ふじい　だいじ）
近畿大学工学部建築学科教授．博士（工学）．

崎野　良比呂（さきの　よしひろ）
近畿大学工学部建築学科教授．博士（工学）．

建築構造力学の基礎

　　　　　　　　　　　　　　令和6年11月30日　発　行

著作者　　藤　井　大　地
　　　　　崎　野　良比呂

発行者　　池　田　和　博

発行所　　丸善出版株式会社
　　　　　〒101-0051　東京都千代田区神田神保町二丁目17番
　　　　　編集：電話（03）3512-3266／FAX（03）3512-3272
　　　　　営業：電話（03）3512-3256／FAX（03）3512-3270
　　　　　https://www.maruzen-publishing.co.jp

© Daiji Fujii, Yoshihiro Sakino, 2024
印刷・日経印刷株式会社／製本・株式会社 松岳社
ISBN 978-4-621-31041-0　C 3052　　　　　Printed in Japan

JCOPY〈（一社）出版者著作権管理機構　委託出版物〉
本書の無断複写は著作権法上での例外を除き禁じられています．複写
される場合は，そのつど事前に，（一社）出版者著作権管理機構（電話
03-5244-5088, FAX 03-5244-5089, e-mail：info@jcopy.or.jp）の許諾
を得てください．